COLLECTION MICHEL LÉVY

LES

DAMNÉS DE L'INDE

OUVRAGES DE MÉRY

PARUS DANS LA COLLECTION MICHEL LEVY

ANDRÉ CHÉNIER	1 VOL.
LA CHASSE AU CHASTRE	1 —
LE CHATEAU DES TROIS TOURS	1 —
LE CHATEAU VERT	1 —
UNE CONSPIRATION AU LOUVRE	1 —
LES DAMNÉS DE L'INDE	1 —
UNE HISTOIRE DE FAMILLE	1 —
UNE NUIT DU MIDI	1 —
LES NUITS ANGLAISES	1 —
LES NUITS ESPAGNOLES	1 —
LES NUITS ITALIENNES	1 —
LES NUITS D'ORIENT	1 —
LES NUITS PARISIENNES	1 —
SALONS ET SOUTERRAINS DE PARIS	1 —

NOUVEAUX OUVRAGES DE MÉRY

Format grand in-18

UN CRIME INCONNU	1 VOL.
MARSEILLE ET LES MARSEILLAIS. 2ᵉ édition	1 —
MONSIEUR AUGUSTE. 2ᵉ édition	1 —
LE PARADIS TERRESTRE. 2ᵉ édition	1 —
POÉSIES INTIMES	1 —
THÉATRE DE SALON. 2ᵉ édition	1 —
URSULE	1 —
LA VIE FANTASTIQUE (sous presse)	1 —

POISSY, TYP. ET STÉR. DE A. BOURET.

LES DAMNÉS
DE L'INDE

PAR

MÉRY

NOUVELLE ÉDITION

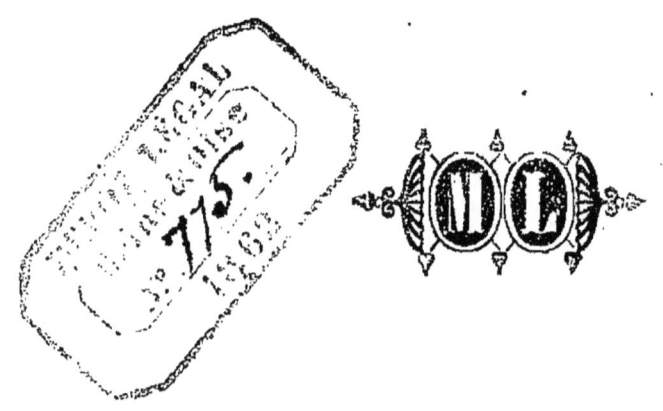

PARIS

MICHEL LÉVY FRÈRES, LIBRAIRES ÉDITEURS

RUE VIVIENNE, 2 BIS, ET BOULEVARD DES ITALIENS, 15

A LA LIBRAIRIE NOUVELLE

—

1862

Tous droits réservés

L'AUTEUR

A L'HONNEUR DE DÉDIER CETTE HISTOIRE

DES

DAMNÉS DE L'INDE

A MONSIEUR AUGUSTE SURCOUF

NEVEU DU HÉROS DE L'INDE

LES
DAMNÉS DE L'INDE

PREMIÈRE PARTIE

LES COLONS

I

Non loin de Samarang, au fond d'un golfe que la mer s'est creusé en face de la petite île de Madura, s'étend une plaine où la végétation puissante des zones tropicales, une végétation de jungles, disparaissait, à l'époque de notre récit, sous les efforts intelligents de quelques colons européens. Ceux-ci avaient choisi ce lieu isolé pour s'y livrer à des cultures qui payèrent au centuple leurs peines et leurs sueurs. Hommes infatigables, anciens marins, dégoûtés de l'Océan, sur lequel quelques-uns d'entre eux avaient navigué plus souvent comme forbans que comme amateurs, ils s'étaient réunis au nombre de cinq, pour défricher, à l'aide d'un travail dont le chant du coq donnait chaque matin le signal, une terre où les eaux vaseuses et croupissantes, sur lesquelles des plantes aux larges feuilles étendaient leur éventail, où une forêt serrée comme les mailles d'un corselet de fer, opposaient aux labeurs des cinq colons des obstacles dont leur infatigable activité et leur santé robuste finirent par triompher.

Ces cinq colons, venus de différentes contrées de l'Europe, formaient une association à laquelle chacun apportait sa part d'intelligence et d'activité. En descendant au fond des âmes de quelques-uns de ces rudes travailleurs, on aurait trouvé bien d'ardentes convoitises déguisées sous une apparence de flegme, un mépris profond à l'égard des convenances sociales, des passions, que le désir d'arriver à la fortune au moyen d'un labeur opiniâtre réprimait pour quelque temps, et le dépit de n'avoir pu encore amasser, malgré les plus énergiques et quelquefois les moins morales tentatives, assez d'argent, non pas dans le but d'aller mener, sous le toit d'une maison de campagne, une existence bucolique, mais plutôt dans celui de satisfaire largement les exigences de leur imagination.

Au moment où notre histoire s'ouvre, les cinq colons cherchaient à tirer le meilleur parti d'une vaste concession de terre qu'ils avaient obtenue de la libéralité du gouvernement hollandais. Leur habitation, peu éloignée de la rivière, s'élevait sur une petite éminence d'où la vue embrassait une étendue de terrain sauvage et accidenté. Derrière cette habitation, à une distance assez rapprochée, se dessinait une de ces hautes collines qui se rattachent à la chaîne de montagnes par laquelle Java est traversée. Sur toutes les faces de cette colline, la nature tropicale avait magnifiquement jeté un vaste manteau de feuillage, d'un vert sombre comme la teinte de l'ébénier. Une forte pallissade de bois, hérissée de pointes aiguës, clôturait l'habitation avec ses dépendances domestiques; ce rempart, trop faible pour protéger ces cinq planteurs européens contre une agression du côté de la campagne ou de la mer, était suffisant pour protéger le repos de leurs nuits contre les bêtes fauves des bois voisins.

Le chef apparent de cette petite réunion coloniale se nommait Vandrusen ; ce jeune homme, né à Rotterdam, montra de bonne heure cette vivacité d'imagination, plus commune qu'on ne pense chez les habitants des zones du Nord, et qui les pousse, à l'âge des entreprises hasardeuses, vers les pays antipodes, où le soleil féconde les colonisations. Le jeune Vandrusen s'était surtout enflammé la tête au récit des merveilleux voyages que Levaillant avait faits depuis le cap de Bonne-Espérance jusqu'au fleuve de l'Orange, dans le pays des Cafres et des grands Namaquois. Les histoires de voyages font naître des voyageurs.

Avec Vandrusen, l'homme le plus remarquable de cette colonie naissante, était le marquis Raymond de Clavières, jeune émigré, qui, ne trouvant jamais la France assez éloignée après le 21 janvier 1793, avait descendu et remonté toutes les échelles maritimes de l'Afrique et de l'Inde, et s'était arrêté à Samarang en 1798. Nous le laisserons se peindre et se dessiner lui-même dans ses paroles et ses actions ; c'est ainsi que nous connaîtrons, à mesure qu'ils entreront en scène, les trois autres camarades de Raymond de Clavières et de Vandrusen.

Les veillées du soir se ressemblaient presque toutes devant la porte de la grande cabane, où les cinq colons causaient aux étoiles, pour abréger la longueur des nuits équinoxiales. Chacun racontait quelque épisode d'une vie aventureuse, et les récits ne s'épuisaient jamais. Ils avaient tous beaucoup vécu, quoique jeunes, vécu sur les terres et les océans, parmi les hommes barbares et les hommes civilisés. Cette distinction entre la civilisation et la barbarie amenait même souvent des comparaisons assez étranges. Ainsi, lorsque Vandrusen avait raconté quelque histoire patriarcale passée dans un archipel sauvage, M. de Clavières racontait, à son tour, une scène de barbarie révolutionnaire, jouée autour d'un échafaud, sur un sol civilisé.

Une nuit, au moment même où M. de Clavières demandait à Vandrusen s'il avait vu l'équivalent des journées du 2 septembre 1792 sur les côtes sauvages du détroit de Magellan, un bruit du dehors se fit entendre et termina tout à coup la conversation. La cloche suspendue à la porte du premier enclos sonnait avec violence, et le chien de garde aboyait en faisant retentir sa chaîne sur le bois de la palissade. A pareille heure, ce duo d'aboiement et de cloche n'avait jamais été entendu.

M. de Clavières se leva, et, tirant sa montre, il dit avec beaucoup de sang-froid :

— Il est près de minuit, voilà qui est fort étrange. Serait-ce un naufrage?

— Impossible! dit Vandrusen, la journée a été superbe, la mer calme; pas une feuille d'arbre ne remue, il n'y a pas un souffle de vent aux environs.

— Alors, ce doit être une attaque de nos voisins, dit Paul Tanneron.

C'était un jeune marin provençal de vingt-cinq ans, déserteur par amour d'indépendance, et cachant un caractère de feu sous une allure somnolente et un accent monotone de langueur. Il se leva nonchalamment et décrocha un fusil à deux coups.

— Paul, lui dit M. de Clavières en l'arrêtant, nos voisins les Namaquois sont à une lieue d'ici, et ils ne nous attaqueront pas cette nuit. Ainsi ne bouge pas.

Cependant la cloche tintait à coups redoublés; le chien avait perdu le diapason de l'aboiement : il hurlait.

— On y va! on y va! dit Paul.

Et il s'acheminait vers la porte de l'enclos.

— Laissez-moi faire cette reconnaissance tout seul, dit de Clavières; si c'est une embuscade, vous n'y tomberez pas. Ne compromettez point une colonie au berceau. Attendez-moi, mes amis.

— Vous ne voulez donc pas que je vous accompagne, monsieur le comte? dit Paul d'un ton de respect.

— Non, mon ami, ni toi, ni personne.

Les quatre colons s'inclinèrent, en se résignant à attendre.

De Clavières rajusta sa camisole de coutil, et sa chevelure, que le ruban noir et la poudre n'emprisonnaient plus, pour cause d'émigration et de tropique, et, prenant son épée de combat, sans l'assujettir au ceinturon, il s'avança d'un pas tranquille vers la frontière de la colonie. La nuit était noire sous les arbres; mais un sillon blanc indiquait encore assez bien la route de la mer, malgré l'obscurité la plus profonde. La cloche ne sonnait plus; on n'entendait d'autre bruit qu'un léger murmure de vagues sur les récifs de la côte de Samarang.

A quelques pas de la porte, M. de Clavières mit l'épée à la main et profita de la soudaine éclaircie que le voisinage de la mer et l'absence des arbres donnaient au terrain pour explorer du regard les environs. Aucune forme humaine ne se montrait à travers les claires-voies de la palissade et de la porte. La nuit était belle comme une aurore indienne, toutes les constellations inconnues de notre hémisphère luisaient au ciel et dans la mer. Il semblait impossible de soupçonner la présence d'un ennemi au milieu de la sérénité de cette nature et de cette nuit.

Consulté par M. de Clavières, Asthon, le chien de garde, répondit par des plaintes sourdes et des murmures d'inquiétude contenue, qui avaient fort peu de chose à faire pour devenir des syllabes et des mots. L'animal — c'est ainsi que nous nommons de plus intelligents que nous — l'animal allongea ses narines entre les barreaux de palissades, en fermant les yeux comme pour se recueillir, et aspirant un air encore chargé d'émanations inconnues des autres nuits, il regarda fixement son maître et sembla lui dire, ou lui dit :

— Prenez garde! il y a un ennemi dans les environs.

Puis, secouant sa chaîne et appuyant une large patte sur la palissade, Asthon semblait ajouter que, s'il était libre de ses mouvements il se chargerait bien de découvrir l'ennemi.

Raymond de Clavières devina tout de suite la proposition; mais une idée l'arrêta. Si ce n'était pas un ennemi, mais un malheureux qui venait de sonner à une porte hospitalière, il ne fallait pas l'exposer aux attaques furieuses du molosse indien, vrai tigre déchaîné. Toutefois, le service offert méritait une récompense : le maître caressa le chien avec effusion, mais il ne le déchaîna pas.

Une idée est la mère d'une autre, dans ces moments solennels : Raymond de Clavières allongea sa main à travers les barreaux de la porte, et, saisissant la corde de la cloche, il sonna vivement pour rappeler l'ami ou l'ennemi et sortir d'un doute intolérable.

Cette idée eut une prompte réussite : du milieu d'un épais massif de tamarins et de gazons, une forme humaine se leva et marcha lentement vers la porte de l'enclos. Le chien se mit en arrêt de chasse, le maître jeta son épée et ouvrit.

C'était une femme.

— Seule! dit Raymond en joignant les mains.

— Seule! répondit une voix émue qui sortait du cœur et non des lèvres.

Le gentilhomme de Versailles arrondit gracieusement son bras droit, l'offrit à l'étrangère, referma la porte, dit quelques paroles obligeantes au gardien Asthon, et prit le chemin de la cabane. Trop poli pour interroger, il respecta le silence de l'inconnue, et attendit sa première parole pour répondre. Les quatre colons étaient debout et armés sur la terrasse, et prêts à voler au premier cri d'alarme de leur cinquième compagnon.

Un murmure de joie et de surprise accueillit l'étrangère sur le seuil hospitalier. On l'introduisit dans la salle commune avec une sorte de cérémonial respectueux, et très-significatif pour rassurer une femme dans un moment de crainte fort naturelle. Les cinq colons se tinrent debout, tête découverte, comme des serviteurs qui attendent un ordre. L'inconnue s'assit sur une banquette formée avec des rameaux flexibles de nancléas, et dit d'une voix pleine de larmes :

— Je vous remercie, messieurs, de votre excellent accueil ; un instant j'ai désespéré d'être reçue au milieu de la nuit, et je m'étais résignée à attendre le soleil, sous la protection de Dieu. Mais je comptais aussi beaucoup sur vous, pour demain, parce que la Providence et l'homme qui m'ont déposée sur cette terre ne pouvaient pas me tromper.

— Madame, dit Raymond de Clavières, qui se crut alors autorisé à parler ; madame, vous paraissez accablée de fatigue : ainsi nous ne prolongerons pas plus longtemps la veillée. Vous êtes ici en lieu sûr, si toutefois il y a un lieu sûr dans ce monde. Prenez un repos qui vous est si nécessaire. Demain, si vous daignez faire quelque concession aux légitimes exigences de notre curiosité, nous vous écouterons avec un intérêt tout fraternel.

En disant cela, Raymond de Clavières ouvrit une porte, et donnant à l'étrangère la lampe de la salle commune, il ajouta :

— Voici notre petite chambre de réserve ; elle est destinée aux voyageurs, aux naufragés, aux malheureux. Si vous l'acceptez pour votre nuit, jamais elle n'aura reçu tant d'honneur.

L'inconnue répondit par un sourire de reconnaissance, prit la lampe, serra les mains des colons et sortit.

Raymond de Clavières fit un signe à ses compagnons et les entraîna sur la terrasse.

— Parlons bien bas, mes amis, leur dit-il ; ne lui laissons pas croire que nous veillons pour la protéger ou la calomnier par des conjectures. Nous ne savons rien, il nous est donc permis de supposer qu'il y a encore un danger autour de cette femme. Notre devoir est donc de veiller toute la nuit et de garder son sommeil.

Cette proposition fut accueillie très-favorablement.

— En Europe, dit Vandrusen, on trouverait cette aventure fort étrange ; mais ici, tout cela nous paraît très-naturel. Au reste, nous avons tous vu tant de choses extraordinaires, que rien ne nous étonne plus.

— M'étonner de quelque chose, moi ! dit Raymond de Clavières avec un long soupir ; m'étonner ! j'ai vu des hommes envoyer à la guillotine de jeunes filles et de jeunes femmes comme coupables de n'avoir rien fait ; voulez-vous que je m'étonne de voir sur la côte de Java une jeune femme sauvée par la Providence et par nous ! Il faut des compensations.

— C'est qu'elle est très-belle ! très-belle ! dit Paul Tanneron en s'asseyant sur le banc de la terrasse, pour charger sa pipe plus à l'aise.

— Très-belle ! dit Vandrusen.

— Et Française, j'ajoute, moi, dit Raymond. Française créole. J'ai cru le reconnaître à l'accent.

— De vingt-quatre à vingt-cinq ans, dit Paul en battant le briquet avec précaution.

— Tout au plus, dit Vandrusen. Je la croirais veuve.

— Oui, elle a l'air veuve, ajouta Raymond. Pourquoi ne nous a-t-elle pas parlé de son mari ?

— Oui, c'est une veuve, dit Vandrusen.

— Et créole, oui, vous avez raison, dit Paul ; j'ai reconnu cela aux pieds. Elle a des pieds comme les femmes de la Ciotat ; ils entreraient dans ma main.

— Avez-vous remarqué ses cheveux ? demanda Vandrusen avec un léger ton d'enthousiasme.

— A peu près, répondit Raymond de Clavières ; son madras lui couvrait presque toute la tête.

— Oui, reprit Vandrusen ; mais j'ai vu deux boucles épaisses et noires comme des grappes d'ébénier et souples comme des grappes de fuchsia, qui tombaient sur ses épaules, et ces échantillons promettaient beaucoup.

— Vandrusen a raison, dit Paul. Ces deux boucles m'ont frappé... Oh! c'est une très-belle femme! je la verrais partir avec bien du plaisir demain, à moins qu'elle n'amène ses quatre sœurs, avec le maire et le curé de la Ciotat.

Cette simple réflexion de Paul fit sourire tristement la colonie et amena un silence assez long, que Vandrusen rompit le premier.

— Mais comment est-elle venue ici, dit-il, venue au milieu de la nuit et du côté de la mer?

— Nous le saurons demain, murmura Paul.

— Oui, si elle nous le dit, remarqua Raymond; ce n'est pas moi qui le lui demanderai.

— Attendez! dit Vandrusen; il y a un moyen de savoir quelque chose tout de suite... car je vous avoue que ce mystère commence à me fatiguer, et qu'il est lourd à porter jusqu'à demain, si nous veillons... Qui m'accompagne là-bas? le sable nous dira quelque chose.

— Il a raison, le Hollandais, dit Paul en se levant avec effort; je t'accompagne, Vandrusen... Allons, Vilpran et Torrijos resteront ici au corps de garde.

— Je reste aussi, moi, avec eux, dit Raymond de Clavières en s'asseyant; une femme est là qui dort sous ma protection, je ne m'éloigne pas.

— Il est chevalier français jusqu'au bout des ongles, dit Vandrusen; nous sommes très-curieux, nous...

— Eh bien! allons nous deux, dit Paul.

Les deux colons descendirent aux bords du golfe, et examinèrent avec une attention scrupuleuse le terrain autour de quelques planches vermoulues qui servaient d'embarcadère.

Tout en cherchant, Paul, lui, faisait ce monologue:

— La belle nuit pour faire une pêche, si nous avions des *thys*, comme à la Ciotat... C'est que cela ressemble beaucoup à mon pays, Vandrusen ; ce n'est pas une mer fausse comme celle de la Hollande... Tenez, s'il y avait là, vis-à-vis, l'île Verte et la montagne du Bec-de-l'Aigle, on se croirait à la Ciotat... Seulement, chez nous, c'est beaucoup plus beau... Enfin, l'Inde fait ce qu'elle peut quand elle imite la Provence. Pauvre Inde !... En attendant, ce sable ne nous dit rien... Cette femme n'est pas tombée de la lune cependant !... Elle est bien belle !

— Demain, premier quartier, dit Vandrusen.

— Eh ! je ne parle pas de la lune ! dit Paul, je parle de la femme... Quel pied ! Je crois bien que nous ne voyons pas leurs traces sur le sable... Ah !... oui... voici... voici des traces de pieds !... de pieds nus... plus grands que les miens... Regardez, Vandrusen, ce sont des pieds de corsaires ; je les reconnais aux griffes d'abordage... et à côté... oui... baissez-vous bien... regardez... il y a d'autres traces imperceptibles... des souliers de paille de Manille... je les reconnais à l'empreinte... Voyez, tout s'explique très-bien : ces pieds de corsaires arrivent jusqu'ici, au gazon, devant la porte, et on les suit encore, mais en sens inverse, jusqu'à la mer. On a donc accompagné cette femme, et on est reparti, en la laissant toute seule... Voilà ce que je n'aurais pas fait.

— Nous n'en saurons pas davantage cette nuit, dit Vandrusen ; et ce que nous avons appris embrouille encore plus le mystère, qui n'était pas mal obscur déjà.

— Ce sont des corsaires de Madura ou de Timor, dit Paul, qui ont pris cette belle femme et l'ont déposée ici comme un lest trop lourd. En voilà, des corsaires honnêtes comme des marguilliers ! ce n'est pas le capitaine Mordeille de la Ciotat qui aurait jeté ce lest à la terre quand il commandait *la Mouche*, un *aviso* grand comme mon soulier ; mais avec ça il vous prenait un anglais de quatre cents tonneaux. Oh ! si nous l'avions ici, le capitaine Mordeille !

— Mais nous avons Surcouf, qui vaut bien Mordeille, je crois, dit Vandrusen.

— Surcouf a du mérite, je ne dis pas non; mais c'est un Ponantais... il n'a pas, comme Mordeille, le soleil de la Ciotat dans la tête; tenez, parlez un peu de lui à M. Semainier...

— Je ne connais pas ce monsieur...

— C'est le maire de la Ciotat, un bon loup de mer aussi!...

— Allons retrouver nos amis, dit Vandrusen, ils doivent être inquiets.

— Pas M. le comte, dit Paul, celui-là n'est jamais triste...

— Oui, devant nous, remarqua Vandrusen; mais quand il est seul...

— Oh! interrompit Paul, quand il est seul, il fait ce qu'il veut, cela m'est bien égal; mais il nous donne toujours à nous le bon côté du caractère. S'il n'avait pas les mains fines et délicates comme tous les nobles, il travaillerait à la terre avec nous; il défricherait, il sèmerait, il planterait. Il a des doigts de fer pour manier une épée et des doigts de femme pour manier un râteau. Je crois qu'on a mal fait de détruire les nobles en France; ils ne cultivent pas la terre, mais ils cultivent les esprits. Nous étions, nous, de vrais sauvages, sans nous flatter, n'est-ce pas? Nous faisions tout, excepté le bien. M. le comte est venu, il a vécu avec nous, il nous a apprivoisés, il nous a faits meilleurs, sans nous humilier jamais et sans nous ennuyer, ce qui est pis. Chacun de nous a pris un peu de sa noblesse. Aussi, lui sommes-nous dévoués corps et âme. Il a beau vouloir se faire notre égal, nous comprenons toujours qu'il nous est supérieur, comme ce boabab est supérieur à ces tulipiers. Quant à moi, s'il me disait d'aller lui chercher une pierre-ponce pour ses ongles au sommet du volcan *Mara-Api*, je partirais à jeun.

— Taisons-nous, interrompit Vandrusen; on entend de loin, et nous approchons de la terrasse.

— Vous avez raison, ajouta Paul; il faut cacher aux gens le bien qu'on dit d'eux.

Paul et Vandrusen trouvèrent Raymond de Clavières debout, comme une sentinelle, sur le seuil de la cabane. Torrijos et Vilpran dormaient sous les arbres, à côté de leurs fusils.

Raymond écouta le récit de Paul et dit :

— Demain le soleil éclairera tout avec un rayon, l'obscurité de ce mystère et de ce bois.

II

A six heures, le lendemain, au lever du soleil, Vandrusen, Vilpran et Torrijos se mettaient en marche pour achever le dessèchement d'un petit terrain et remplacer l'eau stagnante par une plantation de riz.

— Vous ne venez pas avec nous? dit Vandrusen à Paul, qui ressemblait en ce moment à un ouvrier en grève.

— Allez toujours, je vous suis, leur dit Paul d'un ton railleur d'un homme qui engage les autres à partir et cache sa résolution de ne pas les suivre.

Vandrusen poussa un soupir et menaça du doigt Paul, mais ce geste était amical.

Paul haussa les épaules et étendit au soleil sa provision de tabac, pour avoir l'air de faire quelque chose, aux yeux du comte Raymond qui arrivait du golfe, dans la toilette dévastée du nageur.

— Eh bien! lui dit Paul, l'eau était-elle bonne avant le soleil?

— Excellente, Paul.

— C'est que le vent tourne au mistral, ajouta Paul en continuant son semblant de travail; la fin de la nuit a été fraîche.

— Eh! vous avez donc retrouvé le mistral à Java? demanda Raymond en riant.

— Le mistral est partout, monsieur le comte. Toutes les fois que le nord-ouest souffle, c'est le mistral.

— Les autres sont-ils partis pour le travail? demanda Raymond en regardant autour de lui.

— Les autres!... monsieur le comte... oui, je crois... ils étaient là tout à l'heure.

— Vous ne les avez pas suivis, Paul? vous avez bien fait.

— J'allais partir, monsieur le comte, quand vous êtes arrivé.

— Eh bien! il faut encore partir.

Paul tressaillit involontairement et parut plus occupé que jamais de la chose qu'il ne faisait pas.

Raymond poursuivit.

— Il faut, vous qui êtes le plus agile, faire six lieues en six heures, et aller au village de Kalima.

Paul regarda fixement Raymond, avec des yeux ébahis.

— Nous avons un devoir d'hospitalité à remplir, mon cher Paul, poursuivit Raymond. Cette jeune femme est arrivée ici comme une naufragée. Il y a aujourd'hui, au village de Kalima, grand marché de toiles, d'indiennes et de *saris* tout confectionnés; il faut employer en achat de toilettes de femme le peu d'argent que nous avons, et surtout il faut nous hâter par délicatesse. Nous devons aller au-devant d'une demande toujours pénible pour une femme qui la fait.

La figure de Paul s'éclaircit dans un sourire.

— Ah! monsieur le comte, dit-il, j'avais pensé à tout cela avant vous. Que trouverai-je au marché de ce petit village? des défroques de négresses, voilà tout. J'ai mieux que cela ici : j'ai un bazar de brahmanesses et de Chinoises; c'est un dépôt que m'a laissé le corsaire de l'île de Lubeck. Le choix est déjà fait et sera du goût de la personne. C'est un trousseau complet; il a été proprement enfermé par moi dans six aunes de basin anglais, et suspendu au verrou extérieur de la chambre de réserve; les yeux et les mains d'une femme ne le manqueront pas.

— C'est bien! c'est bien! dit le comte avec un sourire pénible; mais si le corsaire de Lubeck vient vous redemander son dépôt?

— Monsieur le comte, le corsaire n'a pas de lettres de marque; il a été pendu l'an dernier, à Batavia, comme un pirate de Bornéo. Je suis donc tranquille. On pend très-bien à Batavia; il y a un professeur anglais.

— Mais, mon cher Paul, vous n'avez pas quelque scrupule de recéler ainsi ce dépôt d'étoffes d'un forban?

— Oui, monsieur le comte; mais à qui voulez-vous que je le rende? J'attends qu'un autre forban vienne me l'enlever. Vous n'êtes ici que depuis deux ans, et je vous affirme que nous sommes exposés, par le voisinage de la mer, à des débarquements de corsaires et de pirates...

— Je le sais! je le sais!...

— Il est vrai qu'ils ne débarquent que le jour. Déjà trois fois nous avons reçu leurs visites, et, croyez-le bien, si nous eussions été les plus forts, pas un d'eux ne revoyait la mer. Il y en a un surtout, le petit Malais Bantam, un diable incarné, qui se moque de l'eau bénite, et à qui je garde une dent de requin!... Oh! si celui-là vient se percher un jour comme une grive de passage sur un *cimeau* de ma bastide, je lui envoie du plomb de seize à la livre au milieu du nez, foi de Paul Tanneron de la Ciotat!

— C'est donc un ennemi personnel? demanda Raymond.

— Je ne le connais pas, reprit Paul, et Dieu m'en préserve, de le connaître! mais il a une mauvaise réputation chez les pirates. Il est traité de bandit à Banjermassing, qui est un nid de bandits, là, de l'autre côté, à la pointe de Bornéo. On m'a dit, il y a six semaines, chez nos voisins les petits Namaquois, que ce démon de Bantam a pris du service comme second à bord du *Malaca*.

— Le brick du brave Surcouf! interrompit Raymond.

— Justement, poursuivit Paul. Bantam est un fin drôle; il a flairé l'odeur de la corde de pendu, et il s'est réfugié chez les honnêtes gens.

— Et comment Surcouf a-t-il pris ce bandit pour second? demanda le comte.

— Ah! voici : d'abord Surcouf ne connaît pas la vie de Bantam, et puis ce diable de Malais, quand il n'est plus bandit, est un homme fort aimable à bord; il amuse un équipage comme un perroquet instruit; il chante des *pantouns* à ravir; il danse le *congo* à faire mourir de rire; il pince de la mandoline comme un saradacaren de profession. Enfin, il connaît la mer javanaise, les côtes de Bornéo, la Malaisie et tous les écueils des îles de la Sonde, comme une carte géographique. C'est un pilote lamaneur accompli. Probablement le brave Surcouf se sert de cet homme provisoirement, et, quand Surcouf en saura autant que son second, il le jettera par-dessus le bord, comme un lest trop lourd.

En prolongeant ainsi la conversation avec sa nonchalance de récit ordinaire, Paul suivait son plan du matin. Il avait bien résolu de ne pas s'éloigner de la case pour assister le premier au lever de la belle étrangère. Rien ne trahissait cette intention dans son attitude pleine d'insouciance et de langueur. Le comte Raymond, qui n'avait jamais étudié ces natures méridionales où l'engourdissement de l'épiderme cache si bien jusqu'à l'explosion la flamme intérieure, favorisa naïvement les calculs de son interlocuteur et ne songea plus lui-même à l'éloigner.

Paul fit un signe brusque, inclina l'oreille sur la porte de l'habitation et dit à voix basse :

— La porte s'ouvre... on se lève!... Ah! monsieur le comte vous êtes en grand négligé de bain de mer; vous ne pouvez pas recevoir une femme dans ce costume-là.

Raymond tressaillit, et jetant un coup d'œil sur la dévastation de sa toilette, il trouva bon le conseil de Paul, et, ouvrant à l'extérieur la fenêtre de sa chambre il s'en servit comme d'une porte, et disparut, de peur d'être surpris dans ce désordre inexcusable, même au désert.

Paul, resté seul, fit un éclat de rire muet, comme un

écolier qui a dupé son maître, et se félicita intérieurement sur son habileté.

Tout à coup les perruches multicolores qui se balançaient aux perchoirs de la salle commune firent éclater une gerbe de gammes d'or, comme si le soleil se fût levé une heure plus tard que de coutume. Paul entra tout ému et vit rayonner dans l'ombre ménagée par les persiennes un astre nouveau inconnu des solitaires de Samarang. Le jeune homme salua par une demi-genuflexion et balbutia quelques mots dépourvus de sens, mais le ton en était fort respectueux; cela suffisait dans un moment de surprise et de fiévreuse impression.

L'étrangère prit la main de Paul, et la serrant, elle lui dit:

— Je vous remercie, vous, monsieur, que je rencontre le premier, et vos amis. Vous avez veillé toute la nuit pour moi.

— Oui, madame, dit Paul en essayant de maîtriser son émotion; nous avons veillé, mais ne nous en soyez pas reconnaissante; cela nous arrive souvent. Ce sont les habitudes de la Ciotat: nous dormons après midi, l'été; et ici l'été dure douze mois tous les ans.

La jeune femme répondit par un léger sourire, et tourna gracieusement la tête pour présenter ses lèvres de corail à une perruche qui venait de s'abattre sur son épaule, comme une fleur ailée tout éblouissante des plus riches couleurs.

Paul voulut profiter de cet incident pour se débarrasser de son émotion en prenant le ton de la familiarité.

— Ah! par exemple, dit-il en battant des mains, voilà un vrai miracle! une perruche, sauvage comme une panthère noire, et qui vient jouer avec vous le premier jour!

— Cela ne m'étonne pas, moi, dit la jeune étrangère; connaissez-vous un *pantoun* malais, avec ce titre: *les Bêtes et la Femme?*

— Non, madame, dit Paul, je ne connais pas ce *pantoun*, et j'en suis au désespoir en ce moment.

— Eh bien ! poursuivit-elle, ce pantoun attribue à certaines femmes un privilége merveilleux, un prodige d'attraction. Cela tient, dit-on, à la forme ou à la nuance de leurs yeux. Un naturaliste indien a écrit un livre pour expliquer ce phénomène, mais il n'a rien expliqué. L'aimant se montre, et ne s'explique pas. Croiriez-vous, monsieur, qu'à Sourabaïa, dans un bois de palmiers-nains, j'ai appelé un lori, et qu'il est venu là, sur ce doigt, comme un oiseau privé ?

— Je crois tout, madame, dit Paul ; ce lori n'était pas bête.

— Au reste, poursuivit-elle, je ne me donne aucune vanité d'aucun privilége qui est celui d'un très-grand nombre de femmes. Cela même cesse d'être un phénomène, c'est trop commun.

Sur ces derniers mots, le comte Raymond entra en s'excusant de son retard avec la meilleure grâce du monde. Il avait revêtu un élégant costume de planteur, et le jeune gentilhomme était aussi à l'aise qu'en habit de cour. Sa fière et noble figure gagnait même beaucoup à la suppression de la coiffure poudrée, que de beaux cheveux noirs remplaçaient très-avantageusement.

— Je regrette d'autant plus, madame, d'être arrivé si tard, dit-il. que j'ai perdu le récit de vos aventures et que je suis obligé de vous prier de recommencer en ma faveur.

— Oh ! ne regrettez rien, dit la jeune femme en souriant, nous causions avec votre ami de choses tout à fait indifférentes.

— Tant mieux ! dit le comte ; nous allons passer au récit.

La jeune femme secoua la tête avec une ineffable expression de mélancolie, et dit :

— Hélas ! messieurs, je ne puis rien vous conter ; rien... Vous m'avez accueillie cette nuit avec une grâce et une bonté toutes françaises, et moi, je suis obligée de répondre par un refus à la première chose que vous me demandez.

Raymond et Paul parurent vivement contrariés de ce refus étrange, mais ils n'insistèrent pas. La jeune femme changea subitement de ton et ajouta :

— Vous me permettez, messieurs, de jeter un coup d'œil sur votre pays ? Cette nuit, il faisait très-sombre sous les arbres, je n'ai rien vu, et d'ailleurs...

La phrase s'interrompit dans un soupir.

Raymond de Clavières offrit son bras à la jeune femme obstinément inconnue, et sortit sur la terrasse. Paul les suivit de l'air mécontent d'un homme qui s'invite lui-même à une partie de plaisir.

Elle parut au grand jour de la terrasse, dans tout l'éclat de sa beauté créole ; son *sari* indien, serré par une ceinture de perles, permettait de rendre complète justice à l'exquise élégance de la taille ; ses yeux d'iris velouté semblaient avoir emprunté au golfe bengalien deux de ces paillettes lumineuses que le soleil lui prodigue à midi. Un crêpe nanquin de Chine ne voilait qu'à demi ses épaules ; le hâle de la mer avait bruni leur teinte d'ivoire ; et, comme tout était prétexte à conjectures dans le mystère de l'inconnue, ce dédain des précautions de la coquetterie contre les ardeurs du soleil annonçaient que l'étrangère venait sans doute de traverser une de ces aventures émouvantes qui enlèvent à la femme l'idée même de défendre son teint et sa beauté.

L'expression calme de sa figure démentait cet indice, peut-être trop subtil dans son interprétation, et le comte de Clavières, en examinant avec toutes les précautions de la politesse les lignes de ce visage charmant pour y découvrir un autre indice et fortifier sa conjecture, ne pouvait saisir au vol la trace du plus léger nuage. La sérénité de la pensée se révélait dans la pureté du front, le rayon limpide du regard, la fraîcheur savoureuse du teint. « Décidément, pensait alors le comte, cette femme ne souffre pas·

elle n'a traversé aucune catastrophe récente ; c'est une aventurière ou une créole blasée qui cherche des émotions. »

A peine ce jugement admis, le comte le cassait, en rougissant de sa calomnie mentale. Une aurore de pudeur et de bonté semblait couronner l'inconnue et la défendre contre des soupçons téméraires si prompts. Le mystère subsistait donc dans ses premières ténèbres. Pas un coin du voile ne se levait.

Toutes les fois que le jeune comte Raymond, par une adroite tactique de parole, amenait naturellement la conversation sur cette cloche qui avait sonné le tocsin d'une naufragée, dans le silence de la dernière nuit, l'inconnue, avec l'adresse de son interlocuteur, brisait le fil de l'entretien et s'évadait avec bonheur par la fausse porte d'un épisode improvisé. Restait une dernière ressource, le comte ne la négligea pas. Il venait de montrer à l'inconnue, avec l'orgueil d'un propriétaire européen, toutes les *attenances* et *dépendances* de l'immeuble colonial, le jardin, la ferme, la laiterie, l'étable, le verger, et Paul avait accompagné de ses commentaires cette nomenclature de procureur; nos trois personnages étaient descendus au bord de la mer, non par la ligne droite, mais par des méandres d'allées qui semblaient mettre la subite apparition du débarcadère sur le conte du hasard de la promenade.

— Maintenant, dit le comte Raymond avec une légèreté dépourvue en apparence d'intention, maintenant, madame, vous connaissez le grand commun de notre colonie. Cette palissade de bois qui nous fait clôture est une simple précaution de nuit contre les bêtes fauves ou non fauves. Elle ne serait d'aucun secours contre une attaque de pirates ; ce n'est pas un rempart.

— Et que feriez-vous si vous étiez sérieusement attaqués par des forbans? demanda la jeune femme en cueillant avec insouciance une fleur d'hibiscus.

— Oh ! madame, le cas est prévu. Nous avons devant la

terrasse cette forêt profonde qui est pour nous un asile impénétrale. Nous laisserions les pirates ravager nos meubles, si cela les amusait. Des pirates sont des oiseaux de mer qui se posent un instant et s'envolent tout de suite. Notre exil dans les bois voisins ne serait pas long.

— Ensuite, ajouta Paul, si nous étions les plus forts, nous pillerions les pirates ; ce serait bonne prise ; ils ne l'auraient pas volé.

— Voilà une vue superbe, madame, dit Raymond en décrivant avec son doigt un demi-cercle dans l'air. Maintenant, la mer est tranquille ; mais il faut la voir un jour de tempête ! C'est magnifique ! on croirait voir dix mille cataractes de Niagara tombant des nues sur nos rochers avec leur neige d'écume... Au reste, je suppose que vous avez vu des tempêtes ; on n'habite pas l'Inde sans voir ces beaux spectacles de la nature maritime.

— Si, la nuit dernière, ajouta Paul, madame avait eu de ces mauvais temps comme nous en voyons quelquefois, elle n'aurait jamais pu aborder ici.

Paul se promettait une bonne réussite de cette réflexion adroite ; le comte Raymond la reprit en sous-œuvre et la développa ; mais la jeune femme n'eut pas l'air d'entendre ; elle fixait en auvent, avec sa main gauche, le large bord de son chapeau de paille de Manille, et paraissait prendre un vif plaisir à contempler les petites vagues de saphir et d'argent qui venaient de la haute mer, et jouaient follement sur le rivage avec les grandes fleurs de velours rouge et vert que la flore marine prodigue dans ses bas-fonds des côtes de Samarang.

Le son d'une cloche se fit entendre du côté de la cabane, et Raymond dit en riant :

— Voilà une cloche toujours entendue avec plaisir : c'est notre servante Aglaé, une Grâce noire, qui sonne notre premier repas du matin, un repas bien frugal, mais, tel qu'il est, madame, nous vous l'offrons de grand cœur.

— Je l'accepte de grand cœur aussi, dit la jeune femme

en tournant légèrement sur ses pieds pour reprendre le bras du comte.

— Nous menons ici, dit Raymond, une vie fort monotone, mais elle a ses agréments.

— La vie a des agréments partout... dit-elle.

— Pas toujours, reprit le comte ; j'ai vu, moi, en France, des choses si horribles que la vie m'a paru peu agréable dans mon pays ; et maintenant, je puis tout voir, tout subir, jamais je ne rencontrerai rien de plus affreux chez les pirates de Timor, de Malaca et de Bornéo. J'ai couru devant moi tant que j'ai trouvé une île sous mes pieds. Me voici au bout du monde ; la Chine est vis-à-vis. J'ai vu Robespierre, Marat, Fouquier-Tinville, et tous leurs collaborateurs de guillotine ; j'ai besoin de voir les pirates de Bornéo et les sauvages de Kalimaïa pour ne pas rougir d'être homme. J'ai vu tomber sous le couteau, au nom de la liberté, des têtes de vieillards, d'enfants, de femmes, de jeunes filles ; je ne redoute plus de voir des cannibales tuer leurs prisonniers pour les manger. Monstres pour monstres, puisqu'il faut en subir, j'aime mieux avoir pour voisins les cannibales : je suis tranquille s'ils n'ont pas faim. Voilà, madame, pourquoi je suis venu ici demander un asile à ces colons, en mettant dans la caisse commune le peu d'or que l'émigration m'a laissé... Et vous, madame, pardonnez mon indiscrétion, êtes-vous venue aussi chercher un refuge parmi les sauvages contre la liberté ?

La forme de cette sortie était vive, mais le ton en était modéré. Le jeune gentilhomme, poussé à bout par le silence obstiné de l'inconnue, tentait un suprême effort, abandonnant les subterfuges des détours, et attaquait enfin l'énigme en face et directement.

Paul fit deux pas en arrière, et exécuta pour lui une pantomime provençale qui signifiait : Il faudra bien qu'elle réponde maintenant.

La jeune femme, arrivée sous les berceaux des grands arbres, se débarrassa de son lourd chapeau de paille, et inclinant sa tête vers Raymond, elle lui donna un de ces sourires et un de ces regards à la Circé qui éteignent l'énergie de l'homme, et elle lui dit :

— Les loisirs sont longs dans cette solitude, et on a le temps de se raconter bien des histoires, aux heures de l'ennui... Tenez, cher monsieur, voici un coin de votre royaume que je trouve adorable, et j'y viendrai souvent à midi. C'est un abrégé en miniature de toutes les choses que j'aime : il y a une jolie source d'eau vive, des touffes de grands myrtes et de genêts, un gazon de velours, le printemps éternel, des iris, des fleurs de nénufar, et les plus beaux de tous les rosiers, ceux qui craignent la pluie et n'aiment que l'ombre ; ils produisent en toutes saisons des roses d'un blanc magnolia, légèrement carné au milieu.

— Madame, dit Paul, demain vous trouverez ici un siége de repos en baguettes de naucléas.

— Merci! dit la jeune femme en serrant la main de Paul.

— Je vois, madame... madame...

Le comte Raymond s'arrêta sur ce mot avec affectation, comme s'il eût cherché le titre ou le nom qu'il devait ajouter à madame.

L'étrangère sourit et dit :

— Appelez-moi comtesse, puisqu'il vous faut un nom.

Le comte s'inclina pour remercier et poursuivit :

— Je vois, madame la comtesse, que vous avez fait des études en botanique...

— Moi! monsieur, je n'ai jamais eu le temps de faire des études. Je connais cette espèce de rosiers, voilà tout.

En causant ainsi ils arrivaient sur la terrasse, où les attendaient Vandrusen, Vilpran et Torrijos, inondés des sueurs du travail. La comtesse leur distribua gracieusement à tous de bonnes paroles de reconnaissance, et elle entra dans la salle commune, où elle fut accueillie par des battements d'ailes et des gammes d'or.

La servante noire Aglaé se tenait debout devant la table

pour recevoir sa maîtresse inconnue et ne servir qu'elle pendant le repas.

Les trois colons travailleurs paraissaient très-soucieux, et leur attitude sombre n'échappa point à Raymond, qui les interrogea du regard sur le seuil de la porte. Vandrusen fit le signe qui veut dire : Ce n'est pas le moment de parler...

— Oh! moi! dit Paul à voix basse, je n'ai plus la patience de vivre avec des énigmes. Il est toujours le moment de parler...

— Entrez, vous autres... Venez, Vandrusen, là, un peu à l'écart; tout de suite, je veux savoir ce que vous savez.

Et Paul, quittant son indolence habituelle, prit vivement la main de Vandrusen et l'entraîna.

— Je soupçonne déjà quelque chose, dit Paul avec une parole précipitée, il y a quelque chose de noir du côté de nos voisins les petits Namaquois.

— Tout juste! dit Vandrusen.

— Oh! dit Paul en agitant ses poings vers le nord et en contenant un cri de rage, ces hommes-là sont des tigres noirs! ils veulent la guerre : ils l'auront.

— Écoutez, Paul, dit Vandrusen en s'efforçant de calmer le jeune homme, écoutez; ce matin, les deux plus intraitables, le mulâtre Strimm et le pirate en retraite Gotchak, sont venus au marécage, et ils nous ont dit que nous n'avions pas le droit de semer du riz dans ce terrain, parce qu'il leur appartenait.

— Ils en ont menti! interrompit Paul; ce terrain appartient au bon Dieu; nous sommes ses fermiers et nous ne rendrons nos comptes qu'à lui!

— Laissez-moi parler, mon cher Paul; reprit Vandrusen... Je leur ai répondu, moi, que le défrichement était dans notre limite; que nous travaillions depuis six semaines sur ce marécage, et que, s'il y avait contestation, nous étions prêts à nous soumettre à l'arbitrage du grand prévôt de Samarang.

— Je les aurais assommés comme deux buffles! dit Paul; voilà mon arbitrage.

— Non, Paul, reprit le grave Hollandais; les affaires ne se traitent pas ainsi. Il faut d'abord épuiser toutes les ressources du bon droit, et après...

— Voyons, interrompit Paul avec des convulsions fébriles, ont-ils accepté l'arbitrage de cet imbécile de grand prévôt?

— Non.

— Tant mieux! Enfin, ils ont fait quelque chose de bien, ces maudits!

— Écoutez, Paul... Strimm, qui est le plus insolent...

— Qu'on me le mette à cinquante pas, comme une cible...

— Paul, laissez-moi finir, on nous attend à table...

— C'est juste! parlez, Vandrusen...

— Strimm a ri aux éclats en entendant parler d'arbitrage...

— Oh! il a ri! il ne rira pas toujours!

— Oui, il a ri, mon cher Paul; en faisant résonner le canon de sa carabine, « il a dit: Voilà mon grand prévôt! »

Vandrusen arrêta Paul qui s'élançait vers la cabane et dit :

— Eh bien! où allez-vous?

— Je vais prendre mon grand prévôt, cria Paul, je veux...

— Êtes-vous fou, mon cher Paul? ils sont neuf contre un; attendez; modérez-vous. Êtes-vous seul ici? Avez-vous pris conseil du comte Raymond?

A ce nom respecté, la fureur de Paul se calma, et, baissant le front, il dit :

— Eh bien! il faut raconter l'affaire à M. le comte; je suis de cet avis, mais il n'est pas endurant, lui : je sais comment il prendra la chose.

— Alors, nous agirons, dit Vandrusen.

— Oui, nous agirons, Vandrusen.

Les deux colons rejoignirent tout de suite leurs amis dans la salle commune, et s'efforcèrent de montrer des visages calmes, pour ne pas inquiéter leur belle et jeune convive. Ce mystère était fort clair pour le comte Raymond. Il avait deviné toutes ces mauvaises nouvelles venues du chantier du défrichement ; mais son sang-froid de gentilhomme lui était venu en aide pour dissimuler une émotion alarmante aux yeux de la comtesse ; il racontait avec une gaieté naturelle l'histoire de deux perruches, l'une verte, de l'île Bourbon, l'autre, multicolore, du Tinnevely, qui, s'étant rencontrées dans deux cages voisines, passèrent quinze grands jours à se contempler, immobiles toutes deux, en ayant l'air de chercher à deviner pourquoi les perruches n'étaient pas de la même couleur. Cette histoire, longuement racontée, avec des détails minutieux, causait un plaisir infini à la jeune femme, et éloignait d'elle toute idée de péril sérieux. En racontant ce chapitre d'histoire naturelle, oublié par les naturalistes, le comte Raymond faisait des plans de défense contre ses formidables voisins, et, pour la première fois, malgré son courage, il ressentait au fond du cœur une poignante émotion, en songeant que cette calme demeure, ouverte comme un asile sûr à une jeune femme, allait devenir peut-être le lendemain une arène de sang et de destruction.

III

Au milieu du jour, quand le soleil, arrivé au vrai zénith, incendiait toutes les terres qui n'avaient pas l'abri des grandes ombres, notre jeune comtesse (laissons-lui ce titre qu'elle s'est donné) dirigea sa promenade vers la source des Rosiers d'ivoire, où jamais un rayon du ciel n'a pénétré depuis le premier âge de la création.

Les cinq colons suivirent quelque temps des yeux cette

forme radieuse qui semblait éclairer l'ombre de l'allée, et, quand elle disparut, ils se réunirent pour délibérer sur la grave question du moment. Les opinions exaltées se produisirent d'abord, et Paul surtout se prononça résolûment pour une attaque immédiate.

— Nous sommes cinq et ils sont neuf, dit-il; une attaque hardie nous fait gagner ce que nous perdons du côté du nombre. Au contraire, si nous sommes attaqués par eux à l'improviste, nous sommes perdus. Dans un autre moment, hier encore, je n'aurais pas tenu ce langage; mais aujourd'hui, c'est différent. Une femme est venue se placer sous notre protection; d'où vient cette femme? quel est son nom? quel est son but? Je m'inquiète peu de le savoir; c'est une femme. Les sauvages défendent la gazelle qui vient se réfugier dans leurs cases, quand elle est poursuivie par une bête fauve. Pour mieux défendre notre protégée, il faut attaquer nos ennemis et mettre la fumée du combat bien loin de notre toit. La justice d'ailleurs est toute pour nous. Depuis deux ans, nous supportons les avanies de ces farouches créoles; ils ont violé cent fois le pacte de bon voisinage; ils ont pillé nos récoltes et ont mis ce vol sur le compte des singes, ce qui est une indigne fausseté, parce qu'il y avait aussi une plantation de tabac : elle a disparu comme le reste, et les singes ne fument pas. Nos voisins sont de paresseux créoles qui veulent vivre de notre travail et ne rien faire. Eh bien! nous ne voulons pas être les fermiers de ces grands seigneurs. Les abeilles tuent les frelons.

Vandrusen, Vilpran et Torrijos donnèrent une complète adhésion à Paul; le comte Raymond fit un signe de la main, et, resté seul calme au milieu de l'agitation de ses amis, il leur dit :

— Votre irritation est bien naturelle; je la comprends. Il est triste de penser que quatorze créatures humaines établies dans un vaste désert, où le sol est fécond, vivent comme deux peuples voisins en état permanent d'hostilité, lorsqu'il leur serait si aisé de vivre en bon voisinage. Je déplore cela comme vous, mes amis ; mais je ne m'en étonne point. J'ai perdu la faculté de l'étonnement. Je sors d'un pays civilisé par l'instruction, les bibliothèques, les principes de la fraternité ; on s'y égorge dans les rues, et les prisonniers de tout âge et de tout sexe y sont assassinés, chaque jour, par les juges et le bourreau. Je trouve donc que nos voisins les petits Namaquois sont d'honnêtes gens ; ils sont neuf, nous ne sommes que cinq, ils nous laissent vivre ! dans un pays civilisé nous aurions été égorgés depuis longtemps. Il faut donc leur être reconnaissants du mal qu'ils pouvaient nous faire, et qu'ils n'ont pas fait. Le terrain de défrichement est un prétexte de querelle : eh bien ! abandonnons ce terrain. Allons défricher ailleurs. Ce quartier de Java est très-vaste. Une civilisation merveilleuse a passé sur le sol que nous foulons ; il y aura place au soleil pour quatorze convives de la nature, croyez-le, mes amis. Épuisons d'abord toutes les ressources de la conciliation ; mettons toute la logique du bon droit de notre côté. Ensuite, s'il faut prendre les armes, nous les prendrons. La justice doublera notre force. Ce n'est pas un grand prévôt inconnu qui est notre juge, c'est Dieu !

Ces paroles, prononcées avec un calme et une grâce charmante, produisirent le meilleur effet. Paul, qui tenait déjà sa carabine à deux mains, la déposa machinalement, et dit avec sa nonchalance normale :

— Monsieur le comte doit avoir raison, puisqu'il a parlé. Désarmons.

Vandrusen ajouta :

— Nous pouvons faire un défrichement du côté de Marjaïa ; ensuite, il nous reste toujours ce qu'on ne peut pas nous ôter, notre verger, notre jardin de légumes et notre basse-cour. Nous pouvons aller faire nos provisions de riz à Samarang ; cette denrée coûte fort peu. Avec quelques piastres, nous achetons du meilleur riz benatouli pour six mois.

— Oui, dit Paul, je suis de votre avis. Ce que nous avons dans le voisinage de l'enclos ou dans l'enclos nous suffit, tant que nous ne serons que cinq ; mais nous sommes tous très-jeunes, et ce n'est pas pour vivre toujours comme des sauvages que nous sommes ici. Rappelons-nous notre premier projet. Nous voulons fonder ici une colonie européenne, comme j'en ai vu commencer une au Port-Natal, sur la côte d'Afrique. Tous les pays commencent par une cabane. Il y a mille ans, la Ciotat était un *mas* sur la *Tasse*. Un bon terrain, un beau soleil, un port sûr appelleront toujours des colons. Aussi, je pense que nous devons rester fidèles à notre première idée. Oui, pour le moment, nos petites ressources nous suffiront à nous cinq ; mais ne renonçons pas au défrichement et à la grande colonisation.

Cet avis reçut aussi une approbation unanime. Le comte Raymond serra la main de Paul et lui dit :

— Mon cher Paul, vous avez un bon sens naturel qui corrigera toujours les défauts de votre tête. Oui, vous avez raison, et croyez bien que, moi aussi, je n'ai jamais oublié l'idée du défrichement. Notre repos sera provisoire. Attendons, dans la sagesse, l'avenir que Dieu nous fera. Lorsque la Providence semble abandonner un grand peuple à ses folies, croyez bien qu'elle veille du haut du ciel sur cinq pauvres créatures isolées qui ne font du mal à personne, et attendent, aux bords d'un écueil de l'océan Indien, des naufragés ou des voyageurs pour les accueillir selon les lois de la religion et de l'humanité.

Après la délibération, les colons se levèrent, tous pleins d'espoir dans un avenir meilleur, car la parole et l'organe du comte Raymond avaient cette onction pénétrante qui semble appartenir aux élus de Dieu, et fait luire la sérénité dans les heures de l'affliction.

Raymond, du haut de la terrasse, fit à ses compagnons un signe amical qui leur recommandait de ne pas troubler l'asile que s'était réservé la jeune femme pour goûter la fraîcheur ou se livrer au recueillement. La promesse demandée fut faite en termes muets, mais énergiques. Le jeune comte s'enchaînait ainsi lui-même, en s'interdisant, du côté de la fontaine des Roses d'ivoire, une promenade bien douce. Le sentiment qu'il éprouvait pour la belle créole était sans doute une de ces affections qui ne font rien redouter de l'avenir : une passion sérieuse pour une femme inconnue n'éclate pas en si peu de temps. Seulement, il y avait un grand charme dans des entretiens avec elle, au milieu de ces bois où la grâce de la nature ne voilait pas suffisamment les horreurs du désert. C'était donc comme ressource de conversation que la jeune femme paraissait très-précieuse à de Clavières, gentilhomme élevé dans les boudoirs de Versailles, parmi tant d'élégants seigneurs, bien plus courtisans des femmes que des rois.

Ainsi fixé sur les dispositions de son cœur, Raymond descendit de la terrasse et fit quelques pas dans la direction de la fontaine des Roses d'ivoire ; mais, malgré lui, et comme à son insu, l'aimant se tournait vers le nord. Les quatre colons avaient disparu.

— Probablement, pensait le comte, ils font la sieste après une nuit blanche ; — et il hasardait encore plusieurs pas timides vers la fontaine, en s'accusant tout bas de sa faiblesse, comme un législateur qui violerait sa propre loi un quart d'heure après sa promulgation. L'heure, le paysage, la solitude étaient aussi des conseillers perfides, et l'Ève invisible de cet Éden s'offrait à l'imagination de Raymond avec un charme qu'aucune femme ne peut avoir au même degré dans une grande capitale ou à la cour d'un roi ; le bonheur de ce moment avait une ambition si modeste ! Lui parler, la voir, l'entendre, pensait Raymond, là, dans cette ombre délicieuse qui tempère l'éternel solstice de l'équateur ! au bruit de cette fontaine, dont la voix est moins douce que la sienne ! au murmure de cette mer qui nous apporte tous les parfums de Manille et de Ceylan !...

Et le comte avançait toujours, malgré lui : la solitude avait perdu ses terreurs ; la vie y était entrée avec une femme ; le souffle du golfe apportait des mélodies inconnues ; les arbres, les fleurs, le gazon, les rochers, les collines, l'éclat du jour, les teintes de l'ombre, tout venait de prendre une physionomie nouvelle. La veille, c'était encore la mort; tout venait de ressusciter.

Un bruit de feuilles sèches fit retourner brusquement le comte Raymond, et une vive rougeur colora sa figure; Paul s'avançait dans la même direction.

Deux hommes qui se surprennent commettant la même faute ont une réciprocité d'indulgence fort naturelle et sont disposés à s'absoudre mutuellement.

— Je descendais à la mer pour voir si la vigie ne signale rien, dit Paul sur un ton noté par l'ennui.

— Moi aussi, dit le comte; j'allais à la découverte de quelque voile.

— Ne passons pas là... devant... vous savez, ajouta Paul, en désignant la voûte d'arbres de la fontaine sacrée.

— Oh! dit le comte, ce n'était pas mon intention, j'allais prendre à gauche par l'allée des mancenilliers... Vous comprenez bien que je ne transgresse pas mes propres règlements.

— Oui, oui, je comprends, dit Paul avec l'accent finement railleur de l'homme qui comprend trop.

Les deux jeunes colons suivirent alors le sentier qu'ils ne voulaient pas suivre, et arrivèrent sur un rocher qui dominait le golfe et la haute mer. Il y avait une espèce de belvédère naturel, ombragé chaudement par des pourpiers gigantesques et des tamarins à chevelures flottantes. Une brume immense et lumineuse, voile indien tissu de rayons de soleil, couvrait la mer javanaise et laissait voir, assez près de la rive, des voiles d'une blancheur éblouissante, comme des ailes de cygnes tendues au souffle de midi.

Pour deux solitaires, la découverte de deux navires est toujours chose émouvante; mais l'intérêt allait devenir plus vif dans peu d'instants. Le plus petit de ces navires avait mis toutes ses voiles dehors, et courait sur l'autre comme un épervier de mer.

— Je le reconnais au pavillon, dit le comte de Clavières, c'est Surcouf!

— Oui, c'est lui!... dit Paul. Et l'autre est un trois-mâts de la Compagnie... qui va de Manille à Batavia... Une riche cargaison de poivre, de gingembre, d'écailles, de safran, d'indigo! je la flaire d'ici.

Toute parole cessa subitement. Une fumée d'azur s'élança vivement du corsaire; un coup de canon éclata, et l'écho en prolongea le bruit sur la côte de Samarang. Le trois-mâts avait des canons pour défendre son commerce; il riposta vivement, et, tournant sa quille, parut vouloir accepter le combat et renoncer à une fuite d'ailleurs impossible devant un corsaire bien plus leste que lui. Une épaisse fumée couvrit bientôt ce duel de mer : on entendit le combat sans le voir, la brise étant trop faible pour donner une éclaircie au tableau.

Tout à coup, le jeune colon de la Ciotat saisit le bras de Raymond, et un regard passionné lui désigna le rivage au-dessous du rocher du belvédère. Raymond suivit la direction des yeux de Paul, et ce qu'il aperçut le fit tressaillir.

Debout sur la planche de l'embarcadère, la jeune femme regardait le même tableau dans une immobilité de statue, et ne paraissait pas trop se préoccuper d'une chaleur équinoxiale qui semblait sortir d'un cratère de volcan.

— Si ce n'est pas Surcouf, dit le comte, notre belle comtesse commet une grande imprudence; on peut très-bien la voir du bord avec une lunette d'approche. Nous aurons une descente de pirates, c'est sûr.

— Tant mieux! nous nous battrons! dit Paul.

— Mon cher Paul, dit Raymond, habituez-vous à être prudent, et vous serez complétement brave. Le courage sans la prudence n'est qu'une folie honorable. Si vingt pirates, armés jusqu'aux dents, débarquaient chez nous, la lutte serait impossible, et que deviendrait alors cette femme placée sous notre protection?

2.

— Vous avez toujours raison, monsieur le comte, dit Paul; je serai prudent.

— Très-bien, Paul! reprit Raymond; maintenant, il faut arracher notre belle protégée à sa contemplation dangereuse et l'appeler auprès de nous. Quand la fumée du combat sera dissipée, il fera trop clair sur notre rive; du bord du corsaire, on verrait même la comtesse à l'œil nu.

En disant cela, il fit rouler par la crevasse du rocher une pierre qui tomba dans la mer avec un bruit glauque et souleva une gerbe d'écume; mais la comtesse ne bougea pas, tant elle était absorbée par le tableau du corsaire. Une seconde pierre n'eut pas plus de succès. Alors Raymond, qui voulait ménager l'émotion d'une surprise trop vive, se décida, quoique malgré lui, à parler à haute voix pour attirer l'attention de la jeune femme du côté du belvédère. Cette fois, la comtesse tressaillit, regarda, et vit les deux colons dans le massif de pourpiers et de tamarins.

— Madame, lui cria Raymond, ne vous montrez pas ainsi; c'est dangereux pour vous et pour nous. Suivez le lit desséché de ce petit torrent, montez cette pente, et venez nous joindre.

La comtesse lança un dernier regard au corsaire, fit à Raymond un signe de la main, et suivit d'un pied leste et résolu le chemin que le doigt de Raymond lui indiquait.

L'acharnement du combat était au comble. La fumée couvrant même une si vaste étendue de mer qu'on aurait cru voir l'engagement de deux flottes, un véritable combat naval.

Paul courut au-devant de la comtesse pour l'aider à gravir la rampe; la main rude du défricheur saisit une de ces petites mains dont parle Macbeth, *this little hand*, qui donnent toujours une commotion électrique, et, dans ce moment solennel, le jeune colon s'alarma de voir que la main d'une femme était plus redoutable pour lui que l'artillerie d'un vaisseau.

Raymond, qui ne perdait jamais ses bonnes habitudes de

cour, et aurait conduit la galanterie de Versailles jusqu'au dernier pic du cap Horn, reçut au sommet d'un roc la jeune étrangère, comme s'il se fût trouvé sur l'escalier de Trianon. Hélas! il n'avait à lui offrir ni tabouret de duchesse ni divan de sultane, mais la grâce exquise du gentilhomme tenait lieu de tout dans ce salon où il n'y avait rien, pas même le salon.

La jeune femme paraissait très-émue ; c'était fort naturel; la cause de l'émotion se devinait tout de suite, devant le spectacle de la mer. Un sourire plein de mélancolie traversa le plus doux et le plus charmant des visages, lorsque Raymond dit, en montrant du doigt les deux navires :

— Voilà des spectacles auxquels nous assistons quelquefois ; nous aimerions mieux vous offrir *Œdipe à Colonne*, *Iphigénie en Tauride*, ou *Didon*, mais chacun offre ce qu'il peut.

— Vous croyez donc, demanda la jeune femme d'un air d'indifférence, que les hommes de ces navires pourraient distinguer une créature humaine debout sur votre embarcadère?

— Je le crois très-bien, madame, dit Raymond.

— Et même savoir, ajouta Paul, si c'est un homme ou une belle femme?

— Ah! dit la comtesse... Et, abaissant l'aile de son chapeau de paille du côté du soleil, elle se mit à regarder le combat.

Les deux colons attendaient une question ; mais la jeune femme n'avait probablement rien à demander ; elle continua d'examiner la mer et se tut.

Ce silence était trop irritant. Paul frappa la terre du pied, croisa les bras et regarda le ciel, pantomime provençale qui signifie textuellement : Ceci commence à m'ennuyer.

Le comte Raymond pensait probablement la même pantomime, mais le galant gentilhomme la gardait prisonnière au fond du cœur ; il eut même recours au procédé de ceux qui, par luxe de complaisance, veulent instruire leurs voisins malgré eux, et, n'osant s'adresser directement à la jeune femme, il dit à Paul :

— Le combat se prolonge ; voilà un marchand qui se défend très-bien.

— Monsieur de Clavières, dit Paul, qui devina la pensée du comte, j'ai navigué à bord du *Solide*, capitaine Marchand ; pauvre capitaine ! que Dieu ait son âme ! il s'est brûlé la cervelle à l'Ile de France, après avoir perdu toute la cargaison à la *Dame de cœur* !... Nous faisions le commerce des pelleteries sur les côtes de Chine. Un jour, entre Formose et Luçon, par le vingtième degré, nous étions à la cape ; la vigie signale une voile à l'est : c'était un pirate de Luzano, un fin voilier, ma foi de Dieu ! il filait quatorze nœuds, comme l'*Érable* de la maison Palmer de Batavia. Nous avions en sabords huit pièces de douze et deux pierriers à l'avant. Vingt-deux hommes d'équipage, et le frère du capitaine ; mais ce frère ne comptait pas, c'était un savant... Bref, pour couper court, le damné pirate nous accosta par l'arrière, au vol, comme un *gabian* ; tous nos matelots étaient provençaux et chasseurs de grives, de père en fils : ils firent feu de leurs carabines tous à la fois. Les pirates étaient plus gros que des grives ; il en tomba sur le pont dix-huit, roides comme des *palans*. Figurez-vous la débâcle ? Tout fut fini avant le commencement : l'abordage tomba dans l'eau, personne ne demanda son reste. Le frère du capitaine, qui s'était retiré à fond de cale pour pointer la carte, remonta sur la dunette et dit :

— Nous leur avons donné une bonne leçon !

Ce récit, que Paul avait détaillé pittoresquement dans un but facile à deviner, ne fut pas honoré d'un seul sourire de la comtesse ; elle conserva obstinément sa position. Paul eut encore recours à la pantomime, et dit au comte :

— Eh bien ! la voyez-vous ? comme elle s'intéresse à ce que nous disons !... Oh ! c'est irritant au suprême degré !

— Le capitaine Marchand s'en est tiré avec bonheur, dit

Raymond en secouant la tête pour répondre à la pantomime. On ne se délivre pas toujours aussi aisément des griffes de ces démons de la mer indienne. Mais ici, dans ce que nous voyons c'est autre chose. Le corsaire se bat mieux qu'un forban, et je plains le trois-mâts, quoiqu'il m'ait l'air de se défendre très-bien... Aussi, je suis tenté de croire que ce n'est pas Surcouf qui est là devant nous.

Un mouvement sans doute involontaire agita la jeune femme; elle ouvrit les deux doigts qui retenaient l'aile du chapeau de Manille et se retourna vivement du côté de Raymond. En toute autre occasion, ce mouvement n'aurait pas été remarqué; mais, après un si long silence et une immobilité si soutenue, le moindre geste devenait significatif: aussi, Raymond ne le laissa pas échapper sans avoir l'air, toutefois, d'y attacher une importance sérieuse.

— Voilà un nom, madame, dit-il d'un ton naturel, un nom déjà célèbre, et que vous connaissez comme tout le monde indien... le nom de Surcouf?

— Ah! oui!... dit la jeune femme comme en cherchant un souvenir confus. Oui, M. Surcouf... un marin français... j'ai entendu parler de lui... Il me semble... oui, c'est bien ce nom-là... Eh! vous croyez, monsieur le comte, que ce n'est pas Surcouf?...

— Qui se bat devant nous, madame?... oui, c'est une simple conjecture que je fais...

— Au reste, poursuivit la jeune femme en souriant, cela m'est fort égal... Surcouf ou un autre... je trouve ce spectacle fort amusant... Et pourquoi, monsieur le comte, supposez-vous que ce n'est pas Surcouf?

— Madame, parce qu'avec Surcouf un combat n'est jamais si long.

— Oh! monsieur le comte, dit la jeune femme d'un ton de gaieté fort naturelle, M. Surcouf peut trouver son égal sur la mer, et alors... On ne rencontre pas toujours des marchands de bonne volonté qui se laissent prendre au premier coup de canon.

— Pardon, madame, reprit le comte; j'allais vous développer ma pensée lorsque vous m'avez fait l'honneur de m'interrompre... Je connais les habitudes d'attaque du brave Surcouf. Il n'a jamais procédé ainsi. Surcouf vole à toutes voiles sur un navire sans tirer un coup de canon; tous ses hommes sont couchés à plat ventre sur le pont, sabre d'abordage et pistolets aux poings. Le corsaire essuie le feu du navire; il l'accoste; on aborde avec furie par les sabords, on tue tout ce qui se défend; on fait prisonnier le reste; on ferme les écoutilles, et c'est fini!... Voilà, madame, ce qui me donne quelque droit de supposer que nous n'assistons pas en ce moment à un nouvel exploit de Surcouf.

La jeune femme écouta Raymond avec un intérêt de complaisance, et se balançant avec beaucoup de grâce sur la pointe de son pied droit, elle dit d'un ton de négligence bien jouée :

— Et, si ce n'est pas M. Surcouf, avez-vous reconnu au pavillon un autre corsaire?

— Madame, s'il me reste un léger doute, c'est à cause du pavillon. J'ai cru distinguer à misaine le pavillon français... Et vous, madame?

— Moi, interrompit la comtesse en riant, je n'entends rien aux pavillons. En mer, et de loin, ils se ressemblent tous... Au reste, je n'ai pu rien voir, j'étais assise près de la source à côté de mes chères fleurs. J'ai cru entendre le canon et je suis descendue ici par curiosité indifférente... Mais on ne voyait déjà plus rien, excepté la fumée bleue et beaucoup de soleil.

— Ah! dit Paul, la chose se décide! le canon se tait; j'entends les coups de fusil.

Les regards des trois personnages se portèrent soudainement vers le même point. De larges lambeaux de fumée se détachaient du lieu du combat, glissaient sur la mer comme des nuages, s'évaporaient dans l'atmosphère lumineuse. Le rideau qui couvrait la scène, disparut bientôt et laissa voir les deux navires l'un à l'autre accrochés.

— Bonne prise ! dit Paul.

— Ah ! voilà qui m'étonne bien ! dit Raymond, le pavillon du corsaire est français ; je l'avais bien vu, mais ce n'est pas Surcouf.

— Il est *galipoté* comme un Américain, dit Paul, et l'*aviso* de Surcouf est tout noir.

— C'est juste ! remarqua le comte.

La comtesse se tourna vers ses deux compagnons et leur dit d'une voix émue :

— Il n'y a plus rien à voir, tout est fini ;... la chaleur est excessive, ne trouvez-vous pas, messieurs ?

Elle était pâle et une sueur ardente coulait sur son front. Le jeune comte lui offrit le bras pour l'aider à descendre, et lui dit :

— Vous allez retrouver l'ombre et la fraîcheur sous les voûtes d'arbres de la fontaine. La nature de Java est comme une femme charmante qui met le baume à côté de la douleur.

Paul grimpa lestement sur un latanier de l'île Bourbon, coupa un magnifique éventail de palmes et, l'offrant à l'étrangère :

— Le soleil est galant aussi, dit-il ; avec sa chaleur, il fait pousser l'arbre des éventails. Je défie le plus habile ouvrier chinois d'Hog-Lane d'en faire un comme celui-ci.

La comtesse accepta en souriant et redevint subitement sérieuse. Décidément, une pensée toute nouvelle agitait son esprit, car on ne pouvait admettre qu'elle venait de prendre ce caractère sombre après avoir assisté au combat de deux navires inconnus. Cette tristesse mystérieuse dura tout le jour.

En quittant la jeune créole devant les massifs de la fontaine, Paul saisit le bras du comte, et, l'entraînant à l'écart, il lui dit :

— Monsieur de Clavières, avez-vous compris quelque chose à cette nouvelle énigme, vous ?

— Moi... répondit le comte un peu déconcerté... mais...

non... je n'ai pas essayé de comprendre... Ce que nous venons de voir est fort triste... des fous, dans un si beau pays, sur une mer splendide, qui se tirent des coups de canon!... Si je n'avais pas vu 93, je m'attristerais beaucoup moins aussi près de cette scène de mort.

— Vous dites bien toute votre pensée, monsieur le comte?...

— Oui, mon cher Paul... toute... Je n'ai rien à vous cacher.

— Moi, répondit Paul avec vivacité, moi, je suis du pays de la franchise, je suis de la Ciotat. Si je voulais prendre la peine d'être fin, je le serais comme le duc de Roquelaure; mais j'aime mieux être franc. J'aime cette femme... Oh! ne me regardez pas ainsi, monsieur le comte... Oui, je ne la connais que depuis hier; le temps n'y fait rien... Voilà un *astrapæa* que j'ai planté l'autre jour; il a déjà des feuilles!... Tout pousse vite en ce pays. J'aime cette femme comme si je la connaissais depuis dix ans... Eh bien, vous voyez un homme au désespoir... Cette femme... je donne ma main droite à couper, si je me trompe... cette femme n'est pas plus comtesse que moi... C'est... vous ne devinez pas?

— Non... non, Paul, dit le comte d'une voix altérée et avec un sourire plein de mélancolie.

— Eh bien, je vais vous le dire : cette femme est la femme ou la maîtresse de Surcouf.

Le comte de Clavières baissa la tête, joignit ses mains, laissa tomber ses bras, et ayant réfléchi quelques instants, il dit :

— Oui, c'est probable... Il y a d'excellentes raisons à donner pour soutenir cette conjecture... En effet, lorsqu'on se rappelle tous les incidents...

— Croyez-le bien, interrompit Paul, j'ai deviné.

— Mais après, voyons, mon cher Paul, quel parti pouvez-vous tirer de cette découverte?

— Aucun, monsieur le comte, ou, pour mieux dire, oui,

j'ai un parti... Je l'appellerai en face madame Surcouf, et, si elle accepte ce titre, je vais là-bas, dans la vallée de la Mort, je me couche sous le *boon-upas*, j'y fais mon dernier sommeil.

— Paul, mon ami, dit le comte avec affection, vous ne ferez rien contre les saintes lois de l'hospitalité; vous ne lui donnerez pas un nom qui peut-être n'est pas le sien; et vous ne priverez pas, par un suicide impie, notre petite société de son plus jeune et de son plus brave défenseur.

Paul, toujours dompté par cette douce parole du comte, baissa encore la tête et serra les mains du comte de Clavières pour lui prouver sa soumission.

Raymond essuya furtivement deux larmes et mit sur son visage la sérénité absente de son cœur.

IV

Les premiers défricheurs, les premiers conquérants d'une terre sauvage, ont à soutenir des luttes de tous les jours contre les résistances combinées de la nature, des hommes fauves et des animaux; heureusement, l'histoire nous prouve que les colonisations triomphent presque toujours de ces premiers obstacles; et c'est une chose vraiment consolante; car, à ne voir que les origines, il semblerait que Dieu n'approuve pas le travail des pionniers et des défricheurs, et qu'il veut nous obliger à rester fidèles à nos terres natales et tranquilles à l'ombre de nos clochers baptismaux.

Le lendemain du jour qui avait vu la victoire du corsaire, la petite colonie eut à subir une de ces agressions sauvages, assez communes, d'ailleurs, dans les nouvelles plantations des îles de la Sonde et de Bornéo.

C'était un peu avant le lever du soleil; les teintes splendides, versées toute la nuit sur les bois par les constellations du ciel indien, formaient un petit jour crépusculaire qui laissait voir une sauvage émigration sur la chaussée antique de Samarang.

Deux forêts vierges, impénétrables à l'homme et au soleil, étaient alors divisées par la grande route qui mène à Batavia, route solide, œuvre d'une civilisation admirable dont l'histoire ne parle pas. Une armée de singes, nombreuse comme une émigration de Cimbres quadrumanes, traversaient silencieusement ce grand chemin, et passait d'une forêt dans l'autre. Un vieillard marchait en tête, comme l'Attila ou le Xercès de cette race de maîtres ravageurs.

Ce chef, grand et fort, quoique miné par l'âge, avait un air farouche et soucieux. Il paraissait connaître la carte du pays et n'hésitait jamais sur le choix du terrain. Les singes suivaient avec confiance leur vénérable guide, comme des soldats étourdis et insoucieux qui ne s'inquiètent de rien quand ils ont livré leurs destinées à l'intelligence d'un chef éprouvé. Les sauvages émigrants défilaient par familles, les mères portant leurs petits à la mamelle, ou conduisant les adolescents par la main; les pères armés d'un bâton, veillant sur le ménage nomade, avec des yeux attendris; les célibataires, railleurs, gambadaient à travers les familles austères, et cherchaient de bonnes fortunes en compagnie de veufs dissolus, au grand scandale des vieillards.

Quelle cause sociale poussait ainsi tout ce peuple de l'ouest à l'est, et lui faisait déserter le domaine de ses pères? C'est le secret de la nature primitive, vierge toujours muette devant les hommes curieux. Le chef de l'expédition s'arrêtait quelquefois, et toute l'armée faisait halte; les pères parlaient bas et donnaient de sages conseils; les orphelins se groupaient au pied d'un arbre, dans une attitude de commisération; les vieillards prenaient un peu de repos; les jeunes gens grimpaient aux cimes des arbres, pour faire de la gymnastique. Mais le plus rigoureux silence régnait partout; les rixes, les cris aigus, les grimaces bruyantes, les éclats de rire, les craquements de mâchoires, étaient interdits. Tout le monde obéissait à la suprême et salutaire loi, et si, par hasard, un jeune novateur osait faire entendre une note en sourdine dans le simple but de faire un acte amusant d'opposition systématique, aussitôt de graves vieillards lui exprimaient, dans une pantomime persuasive, la désapprobation d'une faute qui pouvait compromettre tant de familles errantes, et le jeune factieux prenait une pose de repentir et allait solliciter une place modeste parmi les sages de la tribu.

Cependant le Xercès quadrumane de l'expédition consultait les étoiles par une éclaircie de verdure, examinait les carrefours du bois, prêtant l'oreille aux murmures lointains de la mer, et, jetant un regard paternel sur son peuple, il se remettait en marche pour la première hôtellerie du matin.

Le soleil allait sortir de l'Océan, comme une île de feu, et illuminer l'Inde, sans la transition du crépuscule, lorsque l'avant-garde des singes arriva devant la cabane fondée par Vandrusen. Les cinq colons dormaient du doux sommeil des heures matinales, et leur jeune et belle compagne de solitude, après une nuit que l'agitation du jour avait brûlée d'insomnie, venait enfin de fermer les yeux sur un chevet misérable et indigne de sa beauté.

Le chef quadrumane s'assit sur la branche saillante d'un magnolia, et fit, d'un coup d'œil, l'inventaire des richesses agrestes de la plantation. Le jardin abondait en légumes de toutes sortes; c'était comme une table servie, à couverts illimités. Le chef trouva le festin et le lieu opportuns, et décréta la loi agraire par un signal.

Les yeux de tout un peuple sauvage, de grands yeux, luisant comme des étoiles tombées dans les feuilles du bois, attendaient ce signal; les Vandales quadrumanes se précipitèrent sur le jardin comme une trombe vivante de dévastation. Au même instant, le soleil se leva, et son premier rayon éclaira un jardin nu comme un roc pelé; tous les convives avaient déjà disparu. Une fenêtre s'ouvrait, et un mâle visage, couronné de cheveux noirs ondés, se montra au soleil levant, comme à un ami attendu. C'était le jeune colon Paul.

Il franchit le seuil de sa fenêtre basse, et, marchant avec précaution, il vint appuyer son oreille contre la persienne sacrée de la chambre de réserve. Puis, honteux de cette indiscrétion comme d'un sacrilége, il descendit à la mer.

La mer était bleue et calme, joyeuse de la première caresse du soleil; elle ne se souvenait plus du combat de la veille : rien ne laisse de trace sur la mer, dit Salomon.

Paul savoura comme un remède ce bain de saphir, de parfums et de lumière que la nature maritime offre avec une éternelle générosité à tous ses enfants, et, fortifié par cette vie en élixir qui flotte à l'écume des vagues, il s'habilla et reprit le chemin de la cabane des colons.

En passant devant le jardin, il lui donna son regard accoutumé de propriétaire et poussa un cri sourd qui semblait sortir du cratère d'un lion, et non d'une poitrine humaine. A la vue de cette dévastation sauvage dont il crut deviner infailliblement les auteurs, le jeune homme fit taire les conseils de la prudence et réveilla ses amis avec le tonnerre de ses imprécations.

— Oh! s'écria-t-il d'une voix stridente comme la lame de bronze qui déchire une pointe d'acier, — oh! cette fois, on ne m'arrêtera plus! j'irai seul, comme la vengeance de Dieu, si les autres s'acharnent à garder une paix stupide et lâche! J'irai seul! j'aurai assez d'armes pour les exterminer tous. Ils verront tomber le tonnerre sans voir la main du vengeur! Oh! oui, ce soir, le soleil se couchera sur le sang!

Et Paul, frissonnant de rage, l'œil en feu, la chevelure hérissée, entra dans la chambre commune, où arrivaient au même instant les quatre colons, tous armés et croyant à une attaque de bandits.

— Venez voir ! venez ! leur dit-il, venez voir leur ouvrage de cette nuit ! et quand vous aurez vu, envoyez-leur des couronnes et des bénédictions !... moi, je vais les brûler vifs comme des scarabées dans un four !... Ne m'arrêtez pas !

Les colons sortirent et levèrent les yeux et les mains vers le ciel en voyant le désastre du jardin. Paul avait déjà suspendu deux paires de pistolets à sa ceinture et mis en bandoulière son fusil à deux coups.

— Eh bien ! monsieur le comte, dit Paul d'un air triomphant, qu'en dites-vous ? faut-il pardonner encore ? faut-il oublier ?

La consternation était sur tous les visages.

— Non, cette fois le pardon serait une faiblesse dangereuse, dit Raymond avec son sang-froid de gentilhomme, mais il ne faut pas dépenser entre nous cette colère qui affaiblit avant l'heure de l'action. Ainsi, Paul, calmez-vous, pour garder la sûreté du coup d'œil. Nous allons tous partir. Chemin faisant, je vous instruirai de mon plan d'attaque ; il est résolu depuis longtemps. Nous sommes cinq contre neuf, le bon droit est avec nous. Nous sommes donc les plus forts... Je vais donner mes ordres à Aglaé, et mes instructions aussi ; elle dira que nous sommes en chasse et notre protégée ne saura rien.

Aussitôt le petit arsenal de la colonie fut envahi ; on se munit de toutes les armes ; le comte Raymond ceignit même une antique épée javanaise, toute couverte de rouille, et dont la garde était formée par les contorsions inextricables de trois couleuvres de fer.

Le comte fit le signe de la croix ; les quatre colons l'imitèrent, et ils partirent d'un pas résolu.

Ce qui les arrêta brusquement n'était pas attendu.

Debout à la lisière du bois, superbe et immobile comme l'antique déesse protectrice de Java, la comtesse inconnue leur fit signe de ne pas avancer, et leur ordonna d'une voix douce de déposer leurs armes.

— J'ai tout entendu, leur dit-elle; le premier cri de ce jeune homme m'a réveillée en sursaut, et j'en bénis Dieu! il n'y aura point de guerre; il n'y aura point de sang versé. Je le veux!

La jeune femme dictait cet ordre de reine absolue en arrondissant un bras nu qui dissimulait l'angle du coude par deux fossettes taillées dans l'ivoire, où le regard s'éteignait de langueur.

Les cinq colons formèrent un faisceau de leurs armes et attendirent; ils étaient tous si heureux d'obéir à cette voix, à ce regard, à ce bras divin, qu'ils avaient déjà oublié leur colère et leur légitime projet d'invasion.

En ce moment, tous les oiseaux, *pictæ volucres*, tous ces harmonieux artistes des forêts de l'Inde, entonnèrent un concert ravissant, sous les larges feuilles qui ombrageaient l'Ève du Java.

Elle s'avança, leur tendit les mains à tous, leur prodigua les plus gracieux sourires, les courba sous le charme d'une fascination mystérieuse, et prenant les notes les plus suaves distillées par un clavier de fines perles et de corail, elle leur dit:

— C'est bien! c'est bien! mes chers compagnons; votre soumission me comble de joie. Les plus braves ne sont jamais humiliés en obéissant à une femme dans un désert, car ils obéissent à la servante de Dieu. Oui, votre colère a été juste; oui vous avez cédé à un légitime mouvement de vengeance; mais une guerre n'arrange rien; après la vengeance du jardin dévasté arrive la vengeance du sang répandu. Une paix après la bataille n'est qu'un repos trompeur et une préparation à une autre guerre. Le jardin se replante; l'homme tué ne se relève plus... Maintenant écoutez-moi bien, mes chers compagnons... Vous m'avez donné une hospitalité généreuse; vous avez veillé sur moi; vous avez respecté mon mystère, vous avez subi mon silence, et, à mon tour, je ferai pour vous une chose facile... Oui je jure, par la sainteté de cette adorable nature qui nous environne, que je vous réconcilierai avec vos terribles voisins ; je jure de vous en faire des amis avant le coucher de ce soleil.

Un frémissement, formé de toutes les émotions du cœur, répondit à la jeune femme. Des pleurs baignèrent tous les visages ; Paul tomba sur ses genoux et baisa le gazon qu'un pied divin avait foulé.

— Voici mon plan, ajouta-t-elle. J'irai seule chez vos voisins ; seule, entendez-vous ; sans escorte. Soyez bien tranquilles, rien ne m'adviendra. Ma main a joué avec la crinière des lions : dès l'enfance, mon âme s'est faite au péril. J'ai vu de près les batailles de Mysore, et l'habitude a mis un peu de votre courage viril dans mon cœur. Deux de vous m'accompagneront pour m'indiquer la route et attendront mon retour dans les bois, à une certaine distance de de l'habitation de vos ennemis. Ceci est chose arrêtée. Toute objection serait inutile. Il faut que je marche à mon destin. Dieu et ses anges me garderont comme ils m'ont toujours gardée jusqu'à ce moment.

Le comte Raymond et Paul allaient s'offrir tout naturellement pour accompagner l'étrangère, mais elle devina leur intention et dit en riant :

— Je choisis les plus calmes pour mon expédition, c'est mon droit.

Et elle désigna Vandrusen et Torrijos.

Les deux colons élus firent tout de suite leurs provisions de promenade, prirent un fusil de chasse, serrèrent les mains de leurs amis, et se tinrent prêt à marcher au premier mot.

La jeune femme, habillée depuis son lever pour ce petit voyage qu'elle avait prévu, se coiffa de son chapeau de Manille, où elle épingla quelques roses d'ivoire, et dit d'un ton décidé :

— Allons !

Paul se mit à l'écart pour adresser au Ciel, les mains jointes, cette prière :

— Notre-Dame de la Garde, conduisez-la et protégez-la contre les Sarrasins !

Vandrusen, Torrijos et la jeune femme en sortant des massifs qui entouraient l'habitation, trouvèrent la chaussée de briques et la suivirent jusqu'aux ruines de Dondjéri. Arrivée devant le carrefour sombre où se révèlent les mystérieux vestiges d'une civilisation perdue dans la nuit des âges, la jeune femme se détourna pour admirer ces bas-reliefs merveilleux, où la grâce du ciseau et la fantaisie de l'exécution surpassent les œuvres les plus exquises du génie athénien. La nature a fait aussi des miracles d'arabesques végétales pour encadrer dignement ces ruines d'un temple et d'une divinité sans nom. Les arbres remplacent les nefs et les dômes écroulés ; des milliers de guirlandes de lianes et de fleurs se croisent, comme des festons religieux sur les pierres saintes ; la fontaine où le prêtre puisait l'eau du sacrifice coule toujours dans un immense bassin, émaillé de fleurs comme une prairie ; le chant des oiseaux continue les hymnes interrompues dans le sanctuaire; une obscurité, douce aux regards, donne une teinte de rêve élyséen à ce paysage qui émeut la pensée, et lui raconte une énigme d'histoire passée, défi éternel proposé à l'intelligence de l'avenir !

— Je n'ai jamais rien vu de si émouvant, dit la jeune femme à ses compagnons ; on passerait toute sa vie dans cette vaste caverne d'arbres et de ruines à regarder et à penser.

— Nous avons de plus belles choses encore dans notre île, dit le Hollandais Vandrusen ; elles se trouvent dans la vallée de la Source-Chaude, au pied du mont Mara-Api.

— Oui, demanda la comtesse, des ruines plus belles encore ?

— Certainement, madame.

— J'espère bien les voir quelque our ; mais, ajouta-t-elle en riant, il ne faut pas que les plus belles choses du monde me fassent oublier les intérêts de mes amis. J'aime encore mieux une bonne action qu'une belle ruine.

Et elle s'élança d'un pied leste sur un sentier sauvage, qui rayonnait du grand chemin et semblait conduire le voyageur dans des abîmes de verdure, où le tigre noir était le seul anachorète possible; car rien d'humain et d'habitable ne se révélait au regard.

— C'est le mauvais pas de la promenade, dit Vandrusen; mais il est bientôt franchi. Placez-vous entre nous deux, madame. Torrijos d'un côté, moi de l'autre, nous veillons, le doigt à la détente, et, au moindre frémissement des hautes herbes à droite ou à gauche, nous sommes prêts.

Ils cheminèrent en silence, l'œil fixé sur les embûches du désert, et découvrirent bientôt un pays tout nouveau, une plaine clair-semée d'arbres et accidentée à leurs intervalles de petites collines sans végétation. Cette perspective rappelait la campagne d'Europe ; il y manquait seulement les villages, les fermes et les clochers.

— Maintenant, madame, dit Vandrusen, nous entrons sur le domaine ennemi. Avant de vous défendre, notre devoir est de vous obéir. Voici notre halte, à nous; à vous, voici votre chemin. Suivez ce petit ruisseau jusqu'à ce monticule à droite, là où vous voyez un bouquet de tulipiers jaunes. Le terrain exhaussé vous cache la petite habitation de nos voisins. Quand vous serez-là, vous la découvrirez... Nous vous attendrons en priant pour vous.

— Très-bien! dit la jeune femme; la prière est toujours une bonne chose; mais je ne crois pas au danger pour le moment.

— Madame, si par hasard vous vous trompiez, ajouta Vandrusen avec chaleur... excusez-moi, tout le monde se trompe, excepté Dieu... si nos ennemis ne vous recevaient pas comme vous méritez d'être reçue, n'insistez pas, sortez tout de suite, montrez-vous sur ce tertre... là où il y a des aloès... et venez de notre côté. En nous embusquant, Torrijos et moi, dans le ravin, nous pouvons tuer neuf hommes, l'un après l'autre, s'ils s'avisaient de vous poursuivre. Comptez sur notre adresse, notre courage, notre dévouement.

— Merci! merci! dit la jeune femme en serrant la main de Vandrusen; oui, j'ai droit de compter sur d'aussi braves gens.

— Ah! reprit Vandrusen, nous n'avons pas toujours été dignes de vos éloges; nous ne croyions, nous aussi, ni à Dieu, ni à Diable, ni à rien. C'est le comte Raymond qui nous a fait meilleurs, et là, sans nous prêcher de longs sermons, mais avec de bonnes paroles et de bons exemples. Ainsi, madame, ne nous remerciez pas, nous; c'est le comte Raymond qu'il faut remercier.

— Au revoir, et à bientôt, j'espère, dit la jeune femme; et elle s'avança d'un pas hardi vers l'inconnu.

Elle suivit son conducteur, le ruisseau qui gazouillait sur les cailloux et jouait avec tous les brins d'herbe flottante, sans savoir où il allait se perdre. La campagne, incendiée par le soleil, gardait un silence lugubre; aucun bruit de ferme ne se faisait entendre; c'est ce qui rendait le paysage si triste, malgré l'éblouissant éclat du ciel indien.

La belle et courageuse ambassadrice du désert reconnut de près les tulipiers jaunes, suivit un sentier frayé dans une terre molle, et, doublant le pied d'une petite colline, elle aperçut une case longue et toute couverte de feuillages jaunis... la porte était ouverte... Elle donna au ciel un regard plein de ferveur, et entra.

V

La belle ambassadrice s'arrêta dans le vestibule et prêta l'oreille au moindre bruit intérieur qui pût déterminer sa direction. Le silence lugubre de la campagne attristait aussi cette case, mais on s'apercevait du premier coup d'œil qu'elle était habitée, quoique inhabitable en apparence. Les cloisons de bois, disjointes par les ouragans et crevassées par le soleil, ouvraient partout un passage aux injures de l'air et attestaient l'abandon ou la négligence du propriétaire ; la négligence était seule admise quand on regardait l'étrange ameublement de la salle commune, où s'amoncelaient en désordre les traces récentes d'une vie de sauvages ou de bandits.

Au milieu, une table informe était chargée de blocs d'argile cuite, de vases chinois fêlés, de tronçons de pipes, de lambeaux gluants de *tarots*, de coupes boiteuses, de croissants d'assiettes, de flacons décapités, de couteaux sans manches, de fourchettes monopointes, de tasses fêlées, de charpie de serviettes, de flaques de café noir ; hideux pêle-mêle d'orgie que le soleil éclairait joyeusement, comme il éclaire tout, le haillon ou le satin, la vie ou la mort. Aux angles de ce bouge on voyait des amas de larges feuilles sèches, entremêlées à de superbes fourrures de tigres noirs. Au-dessus de ces lits sauvages planaient, en panoplies, les échantillons des arsenaux de tous les pays et de tous les temps : les arcs des Hottentots, les flèches aux arêtes de poissons, les cricks de la Malaisie, les poignards des Amocks, les fusils à mèche, les carabines de Londres, les lances des Patagons, les massues de bois de fer, les javelots du Penjab, les pistolets au pommeau de nacre, les frondes des îles Baléares, les tromblons à cratère évasé. Puis, comme contraste, on voyait au panneau du centre une charrue accrochée, qui semblait rendre bon témoignage des intentions primitives des neuf locataires ; mais ce noble instrument de labour était couvert de rouille dans cette cabane de la paresse, comme une épée dans l'arsenal d'un poltron.

Comme on le pense bien, la jeune femme ne perdit pas beaucoup de temps à faire l'inventaire de ces guenilles sauvages ; l'idée même d'être surprise dans ce repaire comme une espionne du grand prévôt la fit tressaillir ; elle courait la chance de perdre le bénéfice de sa volontaire et généreuse mission ; elle s'exposait à une attaque brutale, lorsqu'elle avait résolu d'attaquer elle-même et de triompher par la surprise, avec les armes de la douceur, de la grâce et de la séduction.

Elle sortit donc promptement, et une bonne inspiration lui dit de chercher dans la campagne les sites les plus rapprochés, où la fraîcheur des eaux et des ombres devait attirer les indolents possesseurs de ce domaine. Le ruisseau qui l'avait conduite passait devant la case et poursuivait sa route tortueuse jusqu'à des massifs d'astrapæas et de mûriers de Chine, où il disparaissait.

— Voilà un guide charmant, dit-elle, une voix douce de la nature qui parle pour la première fois aux oreilles d'une femme ; ne soyons pas sourde, écoutons ce ruisseau.

Et, le cœur plein d'espoir et de résolution, elle suivit les rives fleuries de ce ruisseau providentiel, dont la fraîcheur montait à ses joues ardentes, comme une caresse de la nature du nord. Elle marcha ainsi jusqu'à l'oasis et découvrit un sentier ouvert indubitablement, à travers un épais taillis, par la main de l'homme, et aperçut, au bord d'un petit lac, des lazzaroni indiens couchés dans les herbes et fumant le *houka* comme des émirs.

Au bruit des pas de la jeune femme, ils se levèrent tous d'un bond, et jamais le soleil de l'Inde n'a éclairé une pareille scène ; ces hommes, naturellement intrépides, qui n'auraient pas reculé devant des pirates ou des tigres noirs, furent saisis de frayeur nerveuse, comme devant une apparition de nuit qui aurait fait une erreur d'horloge et se serait montrée à midi.

La jeune femme marcha vers eux, le sourire aux lèvres, la fascination aux yeux ; elle ôta son chapeau, en détacha les roses d'ivoire et les offrit au premier, avec cette grâce souveraine qui est ici-bas la seule force et la seule domination.

Le sauvage accepta le bouquet, remercia par un geste, et tous les autres voulurent en avoir leur part.

— Mes amis, leur dit-elle en langue malaise, permettez-moi de vous appeler ainsi, il n'y a que des amis dans un désert, je viens de bien loin pour vous consoler, car j'ai dans l'idée que vous n'êtes pas heureux.

Ils firent tous cercle autour de la femme, et leurs regards prenaient un caractère de douceur ineffable, en écoutant cette parole mélodieuse qui semblait leur venir du ciel.

— Non, dit Strimm, leur chef, avec un accent mélancolique, non, nous ne sommes pas heureux... Nous sommes des parias, des maudits. Les bêtes fauves et nous, c'est la même espèce. Nous ne disons pas cela à tout le monde, parce que nous sommes fiers comme des lions; mais on ne doit rien, on ne peut rien cacher à vous, qui venez nous parler avec une voix si bonne, qui nous regardez avec des yeux si doux.

— Mais, dit la jeune femme d'un ton léger, mais je ne viens pas ici vous déranger de vos habitudes... Allons, mes amis, reprenez vos places... Asseyons-nous sur les divans de la nature... Causons... Avez-vous un *houka* de reste? je fumerai avec vous comme une odalisque de Kachmyr.

Toutes les mains offrirent en bloc des becs d'ambre jaune à la main charmante qui se tendait.

— Pour ne pas faire de jaloux, dit-elle en riant, je vais en choisir un les yeux fermés.

Cette idée excita un éclat de rire général inconnu aux échos de cette solitude.

Le choix ainsi fait au hasar, la jeune femme leur dit :

— Mes amis, écoutez-moi bien... Mon père, vieillard de grande expérience, disait toujours qu'il était impossible de réunir sous le même toit deux hommes véritablement méchants; il ajoutait même que le méchant n'existait pas, et qu'il n'y avait au monde que des hommes pervertis, c'est-à-dire malades moralement, et qu'une bonne parole, tombée à propos, pouvait ramener au bien. Et mon père, qui avait

3.

beaucoup voyagé, disait : « J'ai vu beaucoup de scélérats condamnés à mort pour des crimes odieux : eh bien! tous, devant le bourreau, ont écouté la voix de la religion; tous ont pleuré, tous ont baisé le crucifix, tous ont passé par le chemin du repentir qui mène au ciel. Qu'a-t-il donc manqué à ces coupables? Une bonne parole avant le premier crime, un bon exemple, un conseil de charité. » Vous n'appartenez pas, vous, mes amis, à cette espèce de criminels, je le sais; et maintenant, en vous examinant bien, l'un après l'autre, je découvre sous votre rudesse une nature bonne, un cœur humain. Aussi je regarde comme facile la tâche que je me suis imposée auprès de vous.

Strimm prit timidement la main de la jeune femme, et l'effleura de ses lèvres comme pour la remercier.

Les autres demeuraient immobiles, dans une sorte de contemplation religieuse; ils étaient comme des sauvages du lac des Makidas, Africains naturellement artistes, qui entendaient pour la première fois le *quintette* de la lumière, chanté dans *Moïse* par les artistes de l'Opéra.

— La nuit dernière, poursuivit la belle ambassadrice, vous avez commis un acte coupable, je suis venue pour l'effacer avec votre repentir : vous avez dévasté le jardin de...

Un cri déchirant interrompit l'étrangère, toutes les mains firent un signe de dénégation, et Strimm, se levant avec précipitation, dit d'une voix émue :

— C'est une calomnie! nous n'avons rien dévasté; je le jure sur votre tête d'ange! nous le jurons tous!

Il y a dans la vérité un accent impossible au mensonge. La jeune femme avait dans son oreille et dans son cœur l'exquise perception de toutes les nuances physiologiques; elle s'écria tout de suite en étendant ses mains :

— Je vous crois! je vous crois! n'ajoutez plus rien; vous êtes justifiés... justifiés pour cette dévastation, mais ce n'est pas tout.

Strimm reprit sa place, inclina la tête et murmura ces paroles en sourdine :

— Voyons le reste.

— Le reste, le voici, mon cher monsieur Strimm, dit la jeune femme en appuyant légèrement ses doigts d'agate sur la griffe du sauvage ; vous ne vivez pas en bonne intelligence avec vos voisins de la case de Vandrusen... Ah ! ceci, vous ne le contestez pas ; vous avouez la chose par un signe de tête... Eh bien, mes amis, je viens vous demander la paix au nom du bon Dieu qui vous donne son soleil de tous les jours, le sourire de sa nature, la fraîcheur de ses eaux douces, la saveur de ses fruits doux. Je viens vous prier à genoux de vivre en frères avec vos frères, et en chrétiens avec des chrétiens.

Deux perles étincelèrent dans les yeux de la femme et coulèrent sur ses joues ; elle s'arrêta, toute saisie d'émotion. Ses sauvages auditeurs inclinaient leurs têtes, comme des Sicambres vaincus par la voix du ciel.

Après une longue pause, la belle missionnaire ajouta :

— Je sais que vos ennuis sont vifs et que les ennuis engendrent les guerres chez les grands peuples, comme chez les solitaires du désert : eh bien ! changez de sol et travaillez. Le travail est la plus vive de toutes les distractions, lorsqu'on ensemence son propre champ. Je sais que vous aimez le voisinage de la mer, et que vous convoitez le domaine de Vandrusen parce qu'il a pour voisin un beau golfe et un grand chemin d'eau bleue où se promènent les vaisseaux. Je conçois vos envies ; moi aussi j'adore la mer, et, s'il fallait vivre ici, étouffée par un horizon de terre sèche, je sens qu'il me prendrait peut-être la fantaisie sauvage de déclarer la guerre à des voisins maritimes pour prendre ma part d'un bain de mer chauffé par le soleil de tous. Cela peut s'arranger sans guerre. Raisonnons, puisque nous sommes des créatures humaines, et ne nous battons pas comme les animaux du bois. Il y a place pour tout le monde. Venez près de nous, bien près de nous, bâtir votre case neuve ; j'en serai la marraine ; j'en tapisserai la façade avec des fleurs chinoises ; j'y viendrai faire la veillée avec vous ; je sais toutes les fables malaises et une grande quantité de *pantouns* ; je vous les chanterai aux étoiles, sous les lataniers, sur le bord de la mer. Et puis, comme le voisinage du golfe a ses périls comme ses douceurs, si vous aimez la guerre, nous aurons l'occasion de la faire quelque jour avec les pirates de Bornéo. Ces bandits flairent en mer une habitation ; s'ils débarquent chez vous, ils seront bien reçus, n'est-ce pas ?

Tous les sauvages battirent des mains et firent des gestes de menace du côté de la mer, comme si les pirates venaient de débarquer.

Strimm se leva et dit :

— Au nom de mes camarades et en mon nom, je m'engage à respecter la case de nos voisins.

— Ah ! ce n'est pas tout, dit la jeune femme en riant et le doigt levé du côté de Strimm.

— Je comprends, ajouta le chef ; oui, nous allons faire nos préparatifs de départ.

— Et vous vous établirez à côté de nous ? dit la femme.

— Oui, répondit Strimm.

— Et enfin vous m'accompagnerez à présent à la case de Vandrusen ?

Tous se levèrent, en exprimant par un énergique geste qu'ils étaient prêts.

La jeune femme, radieuse de joie et belle comme l'ange de la paix, serra les mains de tous, et se mettant à la tête de l'escouade, elle dit :

— Allons chez Vandrusen !

Elle donna ensuite des détails sur sa promenade du matin, et leur annonça qu'ils rencontreraient Vandrusen et Torrijos à l'entrée du bois.

Les neuf colons s'arrêtèrent quelques instants à leur cabane, pour rajuster des vêtements fort délabrés et prendre leurs armes de chasse. Tous les visages rayonnaient de bonheur.

Vandrusen et Torrijos, embusqués dans un ravin, attendaient avec une anxiété fiévreuse, le retour de la jeune ambassadrice ; chaque moment était lourd sur leurs fronts comme le poids d'une heure : le moindre bruit de l'air, le moindre frémissement de feuilles arrivaient à leurs oreilles comme un cri de détresse ou d'agonie. Souvent saisis tous deux de désespoir, en s'accusant d'avoir abandonné cette jeune femme à son idée trop généreuse, ils prenaient leurs armes, et marchaient vers cette colline qui voilait sans doute une horrible scène, une orgie de forbans. Puis ils rebroussaient chemin, et rentraient dans la crevasse où ils avaient promis solennellement d'attendre avec confiance un infaillible retour.

Au plus fort de ces poignantes alarmes, les deux colons embusqués virent dans le lointain une masse confuse d'hommes, à leur tête, une femme qu'ils reconnurent tout de suite.

— Les voilà ! dit Vandrusen.

Et, se servant d'une large tige d'euphorbe comme d'un masque, il regarda plus attentivement, et, réflexion faite, il crut avoir tout deviné.

— Écoutez, dit-il à Torrijos, et vous verrez que j'ai bien compris... La comtesse, sous un prétexte quelconque, les attire de ce côté... Oui, ils sont neuf... elle marche en tête avec une intention... les voici maintenant qui remontent un à un la berge du ruisseau... ils ont leurs fusils en bandoulière... tenons-nous prêts... quelque chose d'affreux menace cette femme... c'est une victime... on lui a accordé, comme faveur, le droit de choisir le lieu de son agonie... Attention, Torrijos ! à cinq pas, feu de nos quatre coups de fusil sur les quatre premiers... armons nos pistolets... bien... plaçons-les pour les avoir tout de suite sous la main, et tombons sur les autres. Nous en aurons bon marché.

Torrijos approuva d'un signe de tête... ils examinèrent les amorces, polirent le tranchant des pierres avec l'ongle du pouce, affermirent leurs pieds sur un terrain solide, et se tinrent prêts.

Dans sa merveilleuse sagacité, la jeune femme avait prévu tout ce qui pouvait arriver de fatal avec un homme déterminé comme Vandrusen. Aussi, à vingt-cinq pas du ravin, elle invita ses neuf compagnons de marche à s'arrêter, et s'avança seule et avec un visage riant. Cette fois, Vandrusen et son ami restèrent pétrifiés de stupéfaction, et perdirent la trace de toute conjecture raisonnable.

— Mes amis, leur dit la jeune femme à quelques pas de distance, la paix est faite, montrez-vous; ils savent que vous êtes ici.

Vandrusen et Torrijos désarmèrent les fusils et les pistolets, et se montrèrent en plaine, tous deux émus aux larmes, et ne trouvant pas une expression de reconnaissance digne d'un si grand service. La jeune femme les présenta à leurs ennemis de la veille; toutes les mains furent serrées, on échangea de bonnes paroles de réconciliation sincère, et on se remit en marche, en faisant de superbes projets, qui ne devaient pas s'évanouir comme des rêves dans l'avenir.

La belle ambassadrice se mit à genoux, levant les mains au ciel, fit une courte prière et vint se mêler à la troupe avec un rayon d'extase séraphique qui divinisait son visage.

A un mille de la case de Vandrusen, ils trouvèrent les trois autres colons, qui, eux aussi, inquiets et fiévreux, avaient voulu diminuer les intolérables moments de l'inquiétude en faisant un tiers du chemin. La scène touchante de Vandrusen et de Torrijos se renouvela, mais avec plus d'expansion encore.

— Eh bien! les voilà, dit la comtesse en riant, les voilà, ces féroces voisins! ces intraitables ennemis! Pauvres gens! abandonnés des hommes et brouillés avec Dieu! vous allez les voir à l'œuvre maintenant ! Je réponds d'eux comme de vous.

Strimm découvrit tout de suite une place à côté de l'enclos pour leur case nouvelle et dit :

— Cette nuit, nous camperons là.

On découvrit bientôt, par des conjectures très-naturelles et avec des indices certains, les véritables auteurs de la dévastation de l'autre nuit, et Strimm, montrant un singe privé qui gambadait sur la palissade, lui dit :

— Si tes parents reviennent une autre fois, nous nous chargeons de leur donner une leçon exemplaire. Tu peux leur écrire cela de ma part... Maintenant, ajouta-t-il avec enthousiasme, allons voir la mer!

Tous répétèrent le même cri. Paul voulut faire les honneurs du domaine, et, se mettant à la tête, il prit le petit sentier du golfe.

Au même instant, la jeune femme saisit le bras de Raymond et lui dit tout bas et mystérieusement :

— Je veux vous parler sans témoins.

Le comte ne fit paraître aucune émotion et répondit :

— Descendons toujours avec eux, nous trouverons le moment.

Sur le rivage, pendant que Paul racontait le combat de la veille à ses anciens ennemis, la jeune femme dit à Raymond :

— Tout le monde écoute Paul. Le moment est favorable... Écoutez-moi... Cette nuit, très-probablement, nous serons attaqués.

— Par qui? demanda le comte en caressant son menton.

— Par des bandits, d'exécrables bandits; des païens, des pirates, des noirs de Bornéo. Ceux-là font leur métier; mais ils ont pour chef un chrétien renégat qui se sert d'une meute de bêtes féroces pour tout ravager.

— Eh bien, dit le comte en souriant, nous le recevrons avec le déshonneur qui lui est dû. Heureusement, madame, vous avez amené du renfort.

— Oh! ceux que j'ai amenés ne demandent que bataille. Je leur ai même promis de l'occupation à main armée, et je savais que je ne promettais pas en vain.

— Madame, cela suffit, je respecte toujours vos secrets; je ne vous demande rien. Nous allons prendre nos mesures, soyez tranquille, et comptez sur moi.

Le comte se mêla aux autres colons, et Paul achevait son récit du combat.

— Mes amis, dit Raymond, comme s'il eût été frappé d'une inspiration subite après le récit de Paul; mes amis, ce combat d'hier doit être une leçon pour nous. Cette côte est très-fréquentée par les pirates de Bornéo. Pendant le jour, nous ne les craignons pas; mais, s'ils nous attaquaient la nuit, quand nous dormons, notre réveil ne serait pas gai. Qu'en dites-vous?

Paul traduisit en langue malaise ces paroles du comte à ceux des nouveaux amis qui ne comprenaient pas le français.

Strimm serra la main du comte, et montrant ses compagnons, il fit le signe qui veut dire : Comptez sur nous.

— Savez-vous ce qu'il faudrait faire? poursuivit le comte; nous sommes maintenant quatorze, c'est-à-dire une petite armée. Il faut donc que chacun de nous, à tour de rôle, fasse bonne garde ici pendant la nuit. Une faction de deux heures dans l'intérêt commun. Il y a toujours de la clarté sur la mer, même dans les nuits les plus sombres. Un pirate se distingue toujours à une certaine distance; il ne tombe pas du ciel. La sentinelle qui l'apercevra au large viendra tout de suite nous réveiller, et nous serons sur pied et armés avant le débarquement.

La proposition fut accueillie avec une faveur unanime. Strimm surtout bondissait de joie à l'idée de piller un forban.

— Mes amis, ajouta le comte, je demande la faveur d'ouvrir la campagne, ce soir même, après le coucher du soleil. Pour les autres, le sort décidera. Madame, dit-il en se tournant vers la comtesse, les femmes sont exclues du service militaire.

— Pourquoi donc alors, dit-elle en riant, avez-vous mis le mot *sentinelle* au féminin?

— Ce n'est pas moi, madame, qui ai commis cette faute. Adressez votre réclamation à l'Académie.

La conversation devint ensuite générale entre ces hommes qui avaient tant de choses à se dire, et elle se prolongea, au bord du golfe, jusqu'au repas du soir.

VI

Les nuits de l'Inde ont des tristesses sans pareilles pour les colons isolés au milieu des bois. Quand l'azur du ciel et l'or du soleil couvrent de leurs splendeurs ces immenses solitudes, tout y respire la grâce, l'enchantement et la vie; mais quand les premières étoiles se lèvent, une terreur mystérieuse se glisse, avec les ombres, dans les forêts, les vallons et les ravins; la voûte des bois se noircit comme un corridor de l'enfer; les arbres pennent des formes lugubres, et leurs rameaux saillants ressemblent à des bras gigantesques de fantômes prêts à saisir l'imprudent qui oserait s'aventurer dans ces ténébreuses horreurs. Aussi le culte de latrie, voué au soleil par les sauvages, est une religion bien naturelle; l'astre du matin est le dieu visible et bienfaisant qui prend pitié des angoisses nocturnes et rend la joie et la vie avec le premier sourire de ses rayons.

Après une journée d'émotions et de fatigues, nos colons prenaient un peu de repos, les uns dans la cabane; les autres, en plein air, sous la tente des arbres : un seul, placé en sentinelle devant le golfe, veillait pour tous. Personne ne redoutait un danger imminent de nuit, excepté le comte Raymond; mais on avait reconnu que la mesure de vigilance était bonne, et que, tôt ou tard, on s'applaudirait de l'avoir prise. La seule femme de cette petite colonie avait violemment éloigné le sommeil de ses paupières, et quand elle se fut assurée que tous les yeux étaient fermés dans la case, elle éteignit sa lampe et ouvrit sa fenêtre pour entendre, avant tout, le premier cri d'alarme de la sentinelle de la mer. Devant cette fenêtre ouverte, une nuit massive comme un rempart d'ébène arrêtait le regard ; on entendait le bruit doux de la rivière voisine, le vagissement monotone de la mer, et ces murmures lointains et confus, qui sont les plaintes des solitudes vierges ou les entretiens des bêtes fauves dans les bois.

La comtesse, qui s'attendait à une attaque, avait gardé sa robe de toile bleue et noué un madras sur sa tête ; l'événement devait la trouver sur pied, prête à la fuite ou à la lutte, selon la chance de l'invasion. L'œil fixé sur les ténèbres, et retenant son haleine pour ne rien perdre des murmures de cette nuit, elle vit passer à peu de distance une forme blanchâtre, qui se détachait, à cause de sa teinte, sur un fond noir mat. D'abord, elle se crut trompée par une illusion ; mais, après quelques instants, le doute n'était plus permis. La forme prenait un corps ; elle marchait avec lenteur et s'arrêtait par intervalles, devant la fenêtre, en gardant une effrayante immobilité.

Le courage le plus viril frissonne involontairement et par secousses nerveuses devant les mystères de la nuit ; la jeune femme s'effraya cette fois, avec d'autant plus de raison qu'une apparition nocturne perdait en pareille circonstance son caractère fantastique, et la menaçait de tous les périls de la réalité humaine. L'ombre, après quelque hésitation, changea la direction de sa marche et s'avança d'un pas timide vers la fenêtre, comme pour accomplir quelque horrible projet, médité longtemps et enfin résolu. La jeune femme, enveloppée d'une obscurité profonde, recula sur la pointe des pieds, vers la porte de communication, et mit la main sur la clef, pour se ménager une fuite et un secours au suprême moment.

Bientôt une silhouette effrayante se dessina dans le cadre de la fenêtre, et la jeune femme entendit un souffle intermittent et agité, qui, sans doute, annonçait de criminelles intentions. Toutefois bien décidée à n'ouvrir la porte et à pousser le cri d'alarme qu'à l'extrémité dernière, elle attendit et mouilla la clef des sueurs fiévreuses de sa main. Une heure s'écoula et l'apparition ne changeait pas de place ; elle avait même pris une pose calme assez rassurante, et paraissait décidée à garder son immobilité inoffensive jusqu'au jour. La crainte avait donc disparu ; le mystère restait.

Un bruit de pas se fit entendre sur le petit sentier de la cabane, et bientôt un coup donné par une main retentit sur le bois d'une fenêtre ; au même instant l'ombre disparut, et la jeune femme, se rapprochant de la fenêtre, prêta l'oreille et écouta. Deux hommes se parlaient à voix basse, et l'ellipse de la voûte épaisse des arbres faisait retomber leurs voix dans l'embrasure de la fenêtre, comme si la conversation eût été engagée à deux pas.

On disait :

— Je n'ai rien vu ; la mer est très-calme. Pas un souffle de vent.

— C'est bien ; donnez-moi votre carabine, je vais vous remplacer.

— Touchez, pour voir si l'humidité n'a pas mouillé la poudre de l'amorce.

— Il vaut mieux la renouveler.

— Oui, c'est plus prudent... Emmenez Asthon avec vous. Ce pauvre chien est très-triste, nous lui prenons son métier ; il croit que nous l'accusons de faire mauvaise garde.

— Viens ici, Asthon.

La porte de la case s'ouvrit ; deux bruits de pas opposés se firent entendre, l'un dans la salle commune, l'autre sur le sentier de la mer.

Il était maintenant facile d'expliquer le mystère. Le comte Raymond ayant fini sa faction, rentrait et venait avertir Paul, son remplaçant. Il résultait toutefois de ceci que Paul, au lieu d'attendre dans la case l'arrivée de Raymond, avait veillé au dehors sur le sommeil de la jeune femme et s'était constitué son ange gardien. Le fantôme terrible venait de montrer le dévouement d'un protecteur généreux. En toute autre occasion, la jeune et belle créole aurait réfléchi avec son cœur sur cet incident trop significatif; mais les périls suspendus sur la colonie ne permettaient pas à l'imagination d'une femme de se complaire dans une analyse de sentiments étrangers à la situation. Toujours résolue à veiller jusqu'au jour, quoique brisée par l'émotion et l'insomnie, elle s'assit sur son grabat d'anachorète, puis s'inclina sur le chevet, et, trop faible pour lutter contre les exigences de la nature, elle s'endormit.

Quand elle ouvrit les yeux, les oiseaux chantaient sur les arbres voisins, et les perruches peintes appelaient leurs maîtresses avec leurs roulades d'or. On entendait aussi les voix joyeuses des colons, déjà tous rassemblés sur la terrasse, où chaque sentinelle racontait les aventures de la nuit.

Confuse à l'idée d'être surprise dans le désordre de sa toilette, la belle créole se leva brusquement, ferma sa fenêtre à demi et prêta l'oreille.

— Moi, disait Paul, j'ai bien cru un moment que nous aurions eu une danse cette nuit. Je venais de remplacer le comte, et j'avais l'œil ouvert sur la mer... voilà que notre chien Asthon se met à se plaindre, mais bien bas, comme une sauterelle de nuit... D'abord, je crus qu'Asthon me reprochait le doute offensant que nous venions d'élever contre sa vigilance, et j'essayai de le consoler de mon mieux lorsque j'ai vu ses oreilles s'aplatir et ses poils se hérisser sur toute la longueur du dos. — Les chiens ne font pas tant d'honneur à des pirates; il y a un tigre noir là-dessous! ai-je dit. Je me suis avancé de deux pas dans la mer pour me ménager au besoin une retraite chez les poissons; j'ai appuyé la crosse de mon fusil sur l'épaule, et j'ai regardé du côté du bois avec les yeux d'Asthon. Le sorcier de chien ne se trompait pas: le sable de la mer est très-blanc la nuit aux étoiles, comme vous savez, on y verrait une tache d'encre au premier coup d'œil. La tache d'encre est sortie de la lisière du bois, et s'est avancée à petits pas comme pour sonder le terrain. Asthon, qui est si courageux contre les hommes, reculait dans la mer, et ne montrait que sa tête au-dessus de l'eau. La pauvre bête me regardait en s'excusant d'avoir peur. Je tenais mon tigre au bout de mon canon de fusil, et mon doigt avait de fières démangeaisons sur la détente ; une idée m'a retenu : si mon coup de fusil est entendu, me suis-je dit, tous les amis vont arriver. Il ne vaut pas la peine de les déranger de leur sommeil pour si peu de chose. Mais, en prenant cette détermination, je renonçais à me faire remplacer par une autre sentinelle; il me fallait attendre le jour. Le tigre noir me bloquait; il n'osait pas s'avancer trop dans la mer, parce que les tigres craignent l'eau comme les chats, mais il se promenait à distance sur le sable ; il s'arrêtait et me regardait: ou bien il se couchait comme un chien de faïence, allongeait les pattes et enfonçait ses narines dans l'air, quand la brise soufflait du golfe. En tout autre moment, Asthon m'aurait fait rire aux larmes ; il m'a souvent suivi en chasse, il connaît mon adresse et il ne comprenait pas le silence de mon fusil devant ce gros gibier ; ses yeux m'interrogeaient avec une expression comique, et la plainte sourde qu'il m'adressait d'un air suppliant m'aurait engagé à suivre son conseil, s'il n'y avait eu que des hommes autour de moi; mais je pensais à notre jeune compagne, qui devait avoir besoin de tant de repos après la rude journée d'hier, et je n'ai pas voulu troubler son sommeil. La nuit m'a paru bien longue, mais je la raccourcissais pour mes amis et pour *elle*, et cela me donnait de la joie. A la minute où le soleil s'est levé brusquement, le tigre a bondi comme si un rayon lui eût percé le poitrail ; il a poussé un miaulement rauque, et, se tournant avec lenteur vers les bois, il a paru très-content de retrouver la nuit de ce côté toujours sombre, et en trois bonds il a disparu.

Les colons parurent très-satisfaits du récit de Paul, et ceux de la troupe de Strimm, qui ne comprenaient pas la langue du jeune homme, prirent un égal plaisir à cette histoire, car les gestes du colon provençal avaient une si pittoresque expression, que rien n'était perdu pour l'intelligence des yeux.

Strimm fit alors une proposition qui fut accueillie d'une voix unanime. On décida que tous les colons se mettraient aussitôt à l'ouvrage et construiraient au bord de la mer une espèce de petite redoute en pierres sèches, où la sentinelle trouverait un abri sûr contre une attaque de bêtes fauves. La chose à peine décidée, on partit en masse pour le chantier de la mer, et au zèle et à l'activité des travailleurs, il était facile de voir que la guérite de sûreté serait finie avant la nuit.

Le comte Raymond se mêla un instant aux ouvriers pour faire preuve d'égalité fraternelle; mais, cédant aux instances de ses amis, il se mit à l'écart et se rapprocha insensiblement de la comtesse qui, assise sous des touffes de plantes marines, regardait le golfe avec cette tristesse recueillie qu'inspire le spectacle de la mer.

Raymond l'aborda en lui faisant un signe expressif qui fut tout de suite compris.

— Oui, dit-elle, vous avez raison d'être surpris, après l'assurance que je vous avais donnée hier au soir...

— Une fausse alerte! dit Raymond en souriant : l'ennemi ne vient pas toujours quand on l'attend.

La jeune créole regarda fixement Raymond, et secoua la tête :

— Il viendra, l'ennemi! dit-elle, il viendra! c'est moi qui l'aurai attiré dans votre asile toujours si calme...

— Oh! madame, interrompit le comte, n'ayez aucun scrupule d'hospitalité, je vous prie; notre asile n'a jamais été très-calme; les pirates nous ont déjà rendu quelques visites; et maintenant, grâce à vous, grâce au secours des nouveaux camarades que nous vous devons, si l'ennemi vient, il sera vigoureusement reçu, je vous le promets.

— Croyez-le bien, monsieur le comte, reprit la belle créole, si je savais qu'en vous quittant je vous délivrerais d'un péril d'attaque, je partirais à l'instant même et je gagnerais Samarang par la route des bois, au risque d'y trouver la mort... Mais, en me sacrifiant ainsi de grand cœur, je sais que le péril reste le même pour vous et qu'il peut même devenir plus sérieux.

Ces derniers mots furent prononcés lentement, avec une certaine affectation.

Le comte, qui s'obstinait à respecter les secrets de la jeune femme, ne parut pas remarquer cette modulation significative.

— Oui, plus sérieux, ajouta la comtesse pour provoquer une demande.

— Dans notre position, reprit légèrement le comte, nous n'avons pas à calculer les nuances d'un danger; il n'existe pas, ou il est sérieux.

La comtesse secoua la tête, comme pour dire : Je connais très-bien la valeur des mots dont je me sers. Raymond croisa sa jambe droite sur la gauche et balança la pointe du pied en fredonnant un air du *Devin du village*, comme s'il eût été assis devant le bassin de Latone, à Versailles, en 1788. La jeune et intelligente créole comprit tout ce qu'il y avait d'extrême délicatesse dans cette apparence de surdité morale, et elle fit un brusque mouvement de dépit que le comte laissa passer encore inaperçu.

— Monsieur le comte, dit-elle, comme poussée à bout par ce luxe de délicatesse, pourquoi ne répondez-vous pas à ces réponses?

— J'attendrai des questions pour répondre, dit le comte gaiement.

— Oh! reprit la jeune femme, il ne faut pas attendre mes questions, je ne vous en ferai pas.

Le comte regardait la mer et semblait avoir oublié sa galanterie en fermant une oreille obstinée à sa belle interlocutrice ; sa voix, aussi fausse que la voix que Jean-Jacques donne à Louis XV, fredonnait en sourdine :

> Quand on sait aimer et plaire,
> A-t-on besoin d'autre bien ?

Tout à coup il s'arrêta dans ses réminiscences du *Devin de village*, et prenant le ton le plus leste du monde, il dit :
— Vous ne connaissez pas Versailles ?
— Non, reprit la femme d'un ton sec.
— Ah ! vous n'avez pas quitté l'Inde, il paraît ?
La comtesse battait le sable du bout de son pied et ne répondait pas.
— Je suis né à Versailles, comme tout le monde, poursuivit avec calme le jeune émigré. J'ai cru longtemps que l'univers entier se composait de Versailles, et que Dieu n'avait créé tout le reste que comme cadre ; peste ! il y a du bon partout. J'ai admiré la pièce des Cent-Suisses, dans ma naïveté première, et je croyais que l'Océan, dont me parlait M. le bailli de Suffren, ne valait pas ce bassin d'eau morte. Voilà nos préjugés de naissance, nos voyages les corrigent fort heureusement.
— Monsieur le comte, dit la jeune femme, je vous admire.
Raymond s'inclina comme la statue d'un dieu indien qui reconnaîtrait la louange juste, et ne prendrait pas la peine de répondre à un adorateur.
Cette tactique n'était pas maladroite : le comte, poussé à bout par le mutisme obstiné de la jeune inconnue, voulait l'obliger à parler. En général, les recéleurs de mystères ne s'expliquent qu'au moment où on paraît se soucier fort peu de leurs confidences. Le jeune comte avait habité les cours ; il était diplomate en naissant !
— Je vous admire, poursuivit la comtesse. Vous êtes là,

devant cette mer javanaise, ce ruisseau de pirates malaisiens et de bandits de Bornéo, comme si vous étiez devant la pièce des Cent-Suisses dont vous parlez.

— C'est que, madame, reprit le comte en riant, je me crois plus en sûreté ici qu'à Versailles. On voit, madame, que vous avez le bonheur d'ignorer notre histoire... Pardon, madame la comtesse, connaissez-vous notre histoire moderne?

— Non, monsieur.

— Eh bien! un jour... c'était, je crois, le 5 ou le 6 octobre... j'étais assis devant la pièce des Cent-Suisses avec M. de Choiseul. Le temps était fort beau; nous regardions tomber les feuilles mortes, et nous croyions n'avoir à nous attendrir que sur les pauvres feuilles... Tout à coup, des forcenés attaquèrent le château, égorgèrent des gardes du corps, mirent leurs têtes au bout des piques, et, la partie n'étant pas égale, nous nous sauvâmes lestement, sans regarder les feuilles. Il y avait péril de mort... Comprenez-vous cela, madame? Péril de mort à Versailles, en pleine mythologie de bronze, en pleins jardins d'Armide, à deux pas de ce château où Louis XIV faisait concurrence au soleil, où le grand Condé se reposait après Rocroy, où les plus jolies femmes de la cour racontaient leurs douleurs et leurs joies à l'Andromède de Puget! On s'amusait à couper des têtes sur ces beaux gazons, où les sultanes effeuillaient des bouquets de fleurs aux genoux du plus grand des rois!... Veuillez bien me dire, madame, si je cours la même chance ici, devant le golfe de Samarang.

Les yeux d'iris de la jeune femme changèrent de couleur comme le saphir de la mer devient sombre, quand un nuage de plomb traverse le ciel.

Le comte remarqua l'émotion de sa belle compagne, mais il se donna les airs d'un exilé qui voyage en imagination au pays natal.

— Le chef de ces assassins, poursuivit-il en frottant avec sa main son front, comme pour en extraire un souvenir enfoui, le chef de ces assassins se nommait, je crois..., Jourdan... un homme sorti de la porte de l'enfer...

— L'enfer a plusieurs portes, remarqua la comtesse d'une voix triste et il y a des Jourdans partout.

— On l'avait même surnommé *Coupe-Tête*, continua Raymond... un joli surnom, ce qui fait honneur au genre nommé humain.

— Avait-il un intérêt à ce massacre? demanda la comtesse.

— Pas le moindre intérêt, madame! Ce Jourdan avait vécu plusieurs années dans les bois comme un misanthrope; il trouva une occasion d'exercer largement les rancunes d'Alceste, et il égorgea les hommes parce qu'il les détestait.

— Il les égorgea sans profit?

— Sans aucun profit, madame... le plaisir d'égorger... voilà tout... On lui apportait une victime, et il la tuait froidement, comme le boucher fait à l'abattoir.

— Mais le boucher a un profit! dit la comtesse.

— Oui, madame : il vend sa marchandise; mais Jourdan ne gagnait rien à cet horrible commerce de sang humain.

— Eh bien, dit la jeune femme avec une voix pleine de mélancolie, voilà ce que vous ne trouverez pas chez vos sauvages de l'Inde.

— Je le sais, interrompit le comte; aussi, ai-je quitté Versailles. Je comprends les cannibales : ils tuent et mangent les prisonniers; c'est logique! Jourdan vivait de légumes et de pain bis.

— Il y a des Jourdans partout, monsieur le comte, dit la femme en appuyant sur chaque mot...

— Oui, reprit le comte, il y a partout des hommes qui mangent des légumes et du pain bis.

La comtesse fit un mouvement convulsif d'impatience. Raymond ne parut pas le remarquer.

— Monsieur le comte, dit-elle avec un ton d'impatience

fiévreuse, nous parlerions ainsi jusqu'à demain sans nous comprendre, sans aller au but.

— Ah! nous avons un but! dit Raymond avec une légèreté charmante.

— Monsieur le comte, reprit la femme, vous êtes toujours assis devant la pièce des Cent-Suisses, seulement le péril est mille fois plus grand. Vos Jourdans de là-bas n'ont que des opinions; les Jourdans d'ici ont des passions. L'histoire de ce pays n'est pas faite, et on ne l'écrira jamais. Il y a un poëme antique nommé *la Ramaiana,* un poëme indien, dans lequel les monstres et les hommes se battent pour une femme enlevée, la belle Sita...

— Tiens! c'est comme dans l'*Iliade!* interrompit le comte en aparté.

— L'*Iliade* est une copie froide d'un poëme écrit avec la fièvre d'un coup de soleil indien, reprit la comtesse... Le croiriez-vous, monsieur? cette fable de Sita est l'histoire perpétuelle de l'Inde. Dans nos veillées d'enfants, j'ai entendu raconter une foule de *Ramaianas* domestiques; et aujourd'hui, monsieur le comte, je me trouve l'héroïne de la dernière de ces horribles histoires... Ne m'interrompez pas, je vous prie... C'est à vous seul, à vous que je puis faire mes confidences... et cela ne m'est permis encore qu'au moment suprême... le moment d'aujourd'hui... J'ai fait un serment, et je le tiendrai... Monsieur le comte, vous arrrivez dans l'Inde avec des idées françaises, des préjugés européens, des souvenirs d'histoires vulgaires; vous ne connaissez pas tout ce que l'influence d'un climat de feu exerce sur les passions de l'homme; vous ne savez point ce que le crime peut entreprendre et accomplir, dans ces solitudes où la force est la seule loi, où la justice est un mot et le châtiment un hasard. Nous vivons dans un pays où des rois, comme Aureng-Zeb, ont continué l'histoire d'Hérode et d'Hérodias; ils ont même fait plus, ils se sont fait apporter sur un plat d'or la tête d'un rival aimé, et ce rival était un frère! Vous êtes dans le pays des bêtes et des hommes fauves, le pays des inexorables passions. Votre Europe est un lac glacé...

La jeune femme s'arrêta comme pour recueillir ses pensées et choisir le début le plus convenable; et, serrant l'une des mains du comte, elle continua...

Raymond touchait au triomphe de sa diplomatie, mais il ne laissa percer sur son visage aucun éclair de satisfaction.

VII

— Vous avez, sans doute, monsieur le comte, entendu parler du brave Dupleix, le héros français de l'Inde; je suis sa fille... adoptive... Presque au sortir du berceau, je fus confiée à la tutelle du marquis de Despremonts, l'ami de Dupleix, et mes premiers ans se sont écoulés, dans le Mysore, à travers les caravanes militaires et les bivouacs du Coromandel et du Malabar.

Le comte essuya deux larmes furtives et attacha sur la jeune femme un regard plein d'intérêt.

— Comme vous voyez, poursuivit-elle, je suis une des nombreuses victimes d'un coupable abandon. La France, préoccupée de ses philosophes, de ses finances, de son encyclopédie, abandonna Dupleix et livra Mysore aux Anglais, malgré les généreuses et patriotiques intentions du roi...

— Hélas! oui, interrompit le comte... nous avons fait tous une grande faute... nous pouvons dire notre *nostra culpa*. Le bailli de Suffren arrivait à Versailles, il apportait une lettre du sultan du Mysore; il avait obtenu trois avantages de mer sur le commodore Johnston; le roi se préparait à envoyer des secours à Typpo-Saëb, son ami, mais voilà qu'on se mit à jouer le *Mariage de Figaro* de M. Caron de Beaumarchais; toute la noblesse devint folle du barbier espagnol; nous l'applaudîmes à Chanteloup, et Figaro mit au néant le bailli de Suffren, le Mysore, l'Inde, le brave

Dupleix, et fit triompher les Anglais. Le roi seul avait raison contre nous tous !... Pardon, madame, je vous prie ; je n'aurais pas dû vous interrompre, mais un *confiteor* est toujours bien placé.

— A l'âge de seize ans, continua la jeune femme, je fus mariée au jeune comte de Despremonts. Ce nom est peut-être parvenu jusqu'à vous...

Raymond, très-ému par cette confidence subite, fit un signe de tête peu significatif.

— Mon mari avait les traditions de Dupleix ; il s'abandonna généreusement à l'idée de continuer l'œuvre de l'illustre amiral. Par malheur, la fortune n'a pas secondé son courage... Je n'entrerai pas dans les détails de ses expéditions, toujours entreprises avec des forces trop peu considérables ; il me suffira, car il n'y a point de temps à perdre, il me suffira d'arriver au résultat...

La voix de la comtesse devint faible, et des larmes coulèrent sur son visage.

— A l'heure où nous parlons, pensait-elle en faisant un effort, mon mari est prisonnier des forbans malais à l'île de Timor... Quand je dis prisonnier, c'est que je compte sur le secours de Dieu... On a demandé cinq mille piastres pour sa rançon ; on a fixé un terme... le terme est échu, et, malgré tous les efforts du brave Surcouf, la rançon n'est pas faite. Y a-t-il sursis ? Voilà ce que j'ignore... Toutefois je pense, avec quelque raison, que les forbans de Timor, malgré leur menace, n'ayant aucun intérêt à égorger M. Despremonts, auront accordé eux-mêmes un sursis qui peut leur être avantageux.

— C'est évident ! dit le comte à voix basse.

— Le brave Surcouf m'avait recueillie à bord du *Malaca* ; son intention, d'abord, était de tomber avec ses hommes sur les repaires des forbans, au sud de leur île, et d'enlever son ami M. Despremonts ; mais le projet était dangereux et devait perdre celui que nous voulions sauver. Il y avait quelque chose de mieux à faire. Surcouf, usant des droits de la guerre maritime, s'est mis en croisière dans les îles de la Sonde, avec l'espoir de faire une bonne prise, en attendant au passage les vaisseaux de la Compagnie, et de trouver la rançon de mon mari à bord de l'Anglais.

— Excellente idée ! remarqua le comte.

— Me voici arrivée à la confidence la plus délicate, reprit la jeune femme, et je prie votre intelligence de compléter mon récit et d'ajouter ce que je dois passer sous silence.

Le comte tressaillit involontairement et retint son haleine pour mieux écouter.

— A bord du *Malaca* de Surcouf se trouve un homme... excusez-moi si je lui donne ce nom... un démon d'enfer, nommé Bantam...

— Je le connais de réputation, interrompit le comte.

— Elle est belle, sa réputation ! poursuivit la jeune femme avec un rire sérieux. Surcouf possède toutes les nobles qualités des marins bretons, mais, malheureusement, il a les défauts de ces qualités ; il place quelquefois très imprudemment sa confiance et ne croit pas au mal. Dieu veuille qu'il ne s'en repente pas un jour !... Notre brave Surcouf est enthousiaste du Malais Bantam ; il l'a nommé son second, et ce sauvage ou ce démon infernal est adoré par les marins du *Malaca*. Il faut vous dire, pour excuser Surcouf, que personne ne connaît la mer malaisienne comme Bantam, et cela est un grand avantage pour un corsaire. Bantam connaît toutes les criques, toutes les petites baies de refuge des îles de la Sonde ; en cas de mauvais temps ou de poursuites de vaisseaux de guerre, il se met à l'abri, en un clin d'œil, sans consulter la carte et sans relever le point. Il a, de plus, tous les talents du saltimbanque, de l'artiste et du jongleur ; par les temps de calme plat, il amuse tout l'équipage et déride même le grave capitaine du *Malaca*.

— Oui, oui, interrompit Raymond, qui brûlait de connaître la fin de la confidence. On connaît ce petit Bantam ; c'est un histrion de mer, un Scaramouche de Java.

— Avec une face de mandrille, continua la jeune femme, avec des yeux d'escarboucles, un teint de damné rôti, des griffes qui imitent mal les mains, des pieds lestes comme des pattes de tigre, des cheveux à pointes de hérisson...

— Voilà un portrait charmant, remarqua le comte.

— Mais c'est surtout sa dernière aventure de Batavia qui l'a mis en haute estime dans l'esprit de Surcouf...

— Ah ! je ne connais pas cette aventure, madame !

— La voici... C'est une de ces équipées sauvages connues sous le nom d'*Amock*... Ce Bantam, après avoir pris une forte dose d'opium à tuer un buffle, s'arma de deux cricks malais, aux lames empoisonnées, et se précipita, comme un furieux, dans les rues de la ville ; on peut dire que seul il mit en fuite toute une population, malgré un feu prolongé de mousqueterie dirigé sur lui par des soldats maladroits. Bantam atteignit le grand canal, toujours poursuivi par la garnison, s'y élança intrépidement, nagea entre deux eaux et gagna la rive opposée, où se trouve la belle habitation de Palmer. Là, il se blottit dans des massifs d'ébéniers et de boadbahs, et vécut quarante jours avec les singes maraudeurs, sans que les hommes de justice aient pu s'emparer de lui. Après cette campagne, il gagna la côte par les cimes des arbres, la suivit jusqu'à Solo, et joignit un navire français, où il fit la connaissance de Surcouf.

— C'est un vrai démon incarné ! remarqua le comte.

— Devinez-vous le reste, maintenant ? demanda la jeune femme d'un ton timide et mystérieux.

— Mais... madame... à peu près, répondit le comte avec un certain embarras pudique. Me permettez-vous d'achever ?..

La comtesse fit un signe affirmatif.

— Ce Bantam, reprit Raymond, ne m'a pas l'air d'être un chevalier français... Il s'est mis dans la tête quelque passion équinoxiale, et probablement il était devenu très-inquiétant pour vous et troublait votre repos à bord du *Malaca*.

La jeune femme fit le signe qui veut dire : Vous avez compris, et elle ajouta :

— Tous les jours, je me plaignais à Surcouf des obsessions ennuyeuses de Bantam; et Surcouf, qui attendait toujours le galion anglais, me disait :

— Si la Providence nous est favorable, nous aurons bientôt la rançon de votre mari, et je vous débarquerai...

Et le galion de la Compagnie ne se montrait jamais, et Bantam me paraissait chaque jour plus intolérable... et même plus dangereux... car ces sortes de démons de terre ne redoutent rien ni des hommes ni de Dieu. J'avais des jours remplis d'amertume et des nuits pleines de terreurs. Enfin Surcouf, touché de mes plaintes continuelles, me dit :

— Il y a sur la côte de Samarang cinq colons européens et un gentilhomme français émigré, tous honnêtes gens et très-hospitaliers : voulez-vous aller vous mettre sous leur protection? Je vous ferai débarquer par une nuit sombre, avec ma petite chaloupe, confiée à deux marins discrets, et pendant le sommeil de Bantam. Vous me promettrez de garder le silence sur le *Malaca*, sur moi, sur Bantam, que je ne veux pas signaler au gouverneur, à cause des services qu'il m'a rendus et qu'il me rend... Toutefois, si vous jugez la chose nécessaire, vous pouvez divulguer votre secret au comte Raymond de Clavières, mon compatriote...

— Et j'ai cru le moment venu...

— Madame, dit le comte ému aux larmes, je vous remercie de votre confiance; elle ne sera pas trompée... Maintenant, permettez-moi de vous faire une question... Vous venez de me dire une phrase très-mystérieuse... *J'ai cru le moment venu*... Ai-je le droit d'espérer que la confidence sera complète ?

— Oui, monsieur le comte, elle le sera...

— Madame, ma reconnaissance et ma vie sont à vous.

— Monsieur le comte, je suis sous l'obsession d'une idée

épouvantable... Je connais Bantam ; cet homme est capable de tout.,. Sa pénétration est diabolique et ferait croire au pouvoir des antiques magiciens de Java... Il devinera l'asile que Surcouf m'a donné...

— Eh bien, nous le recevrons, ce petit diable ; mais pas avec de l'eau bénite, je vous le promets, interrompit le comte Raymond en riant.

— Je le sais, dit la comtesse en serrant la main du jeune homme avec une expression de regard qui révélait l'amazone, je le sais, et ce jour-là, croyez-le bien, la comtesse Aurore de Despremonts ne restera pas en arrière!... Mais voici ce qui m'inquiète à m'enlever tout repos nuit et jour... ce corsaire que nous avons vu aux prises avec un navire marchand, c'est le *Malaca!* j'en suis sûre! mais le *Malaca* repeint, et pour ainsi dire déguisé.

— Ceci mérite encore une explication, dit le comte.

— Quand on a passé plusieurs mois à bord d'un navire, reprit la comtesse, on connaît sa physionomie, ses allures, sa démarche, son galbe pour ainsi dire, comme on reconnaît un ami intime sous le déguisement d'un bal. Or, je reconnus mon *Malaca*...

— Eh bien? fit le comte.

— Eh bien ! il y a un malheur affreux sous ce mystère, reprit la jeune femme avec l'émotion la plus vive. Bantam ne m'ayant plus retrouvée à bord a fait révolter l'équipage, et le brave Surcouf est assassiné. Ce sont là des accidents très-ordinaires sur l'océan Indien..

— Madame, dit le comte, il est toujours temps de se désespérer et de pleurer ses amis. La conjecture paraît sans doute raisonnable, mais ce n'est qu'une conjecture. Attendons. Il me semble que Surcouf n'est pas homme à se laisser égorger comme un mouton.

— Tout un équipage contre lui! dit Aurore.

— Oh! impossible! impossible! madame. Surcouf avait à son bord, sur vingt-cinq hommes d'équipage, quinze Bretons.

— De quelle époque parlez-vous?

— Il y a six mois environ, madame.

— De ces quinze marins, quinze héros, dix sont morts glorieusement, et n'ont pas été remplacés... Vous comprenez bien que Surcouf ne peut se recruter, quand il le veut, à Nantes, à Brest ou à Saint-Malo, son pays. Le reste de son équipage se compose de Malais et de renégats. Un navire de corsaires n'est pas un couvent. On ne choisit pas, on prend au hasard.

— C'est juste! remarqua le comte.

— Et Bantam, comme je vous l'ai dit, a un ascendant merveilleux sur la grande majorité de ces marins du *Malaca*.

— Vos craintes, madame, me paraissent trop fondées... et en effet, j'avais cru d'abord, moi aussi, reconnaître le *Malaca* dans le combat de l'autre jour...

— Ce Bantam est si rusé! reprit la comtesse Aurore... et maintenant, puisque nous sommes sur le chemin des conjectures, je pensais... Bantam nous aurait déjà rendu une visite hier au soir ou cette nuit; mais il a fait une prise, et à coup sûr il a renvoyé sa descente à Samarang après la vente du galion.

— C'est encore très-présumable, dit le comte.

— Je suis naturellement si préoccupée de ma position affreuse et de la position que je vous ai faite, à vous et à vos amis les colons, mes protecteurs, qu'il m'est impossible de songer à tous mes autres sujets d'inquiétude. Avant tout, il faut penser au présent. Dieu aura soin de l'avenir, si cela est dans sa volonté sainte.

— D'abord, madame, veuillez bien ne pas nous prodiguer autant de reconnaissance. Nous sommes ici exposés à des attaques de forbans, et nous devons à votre grâce un puissant renfort de neuf intrépides ennemis dont vous avez fait des alliés sincères. La reconnaissance est chez nous, et elle s'adresse à vous. Les colons de Samarang sont vos obligés.

— Monsieur le comte, dit Aurore Despremonts avec un sourire mélancolique, je reconnais à vos paroles la délicatesse d'un gentilhomme de mon pays; mais je sais bien de quel côté doit-être la reconnaissance, et je la garde du mien.

Un cri de joie, poussé dans le voisinage, interrompit cet entretien. Le travail des colons était terminé; on venait de poser la dernière pierre. La guérite, élevée sur le bord de la mer, ne ressemblait pas à une œuvre d'architecture; mais, bâtie sans ciment ni truelle, elle remplissait toutes les conditions désirables. On y avait ménagé trois meurtrières, ouvertes du côté de la campagne, et tout le travail intérieur consistait dans un petit arsenal creux destiné à abriter les armes à feu contre l'humidité de la nuit.

Le comte s'avança vers les travailleurs pour les complimenter et s'excuser, et il réclama la faveur de passer la première nuit dans la guérite improvisée au bord de la mer. Paul, qui avait noblement dévoré sa jalousie pendant l'entretien de Raymond et d'Aurore, proposa au comte de lui servir de compagnon de veillée, et reçut cette réponse :

— Mon cher Paul, notre armée est très-peu nombreuse; il faut la ménager. Une sentinelle suffit. Un bon sommeil rend l'homme fort et courageux. Que toute la colonie dorme, un seul de nous veillera.

— Monsieur le comte, dit Paul mystérieusement contrarié, à mon tour, je demande comme une faveur de veiller à côté de vous cette nuit.

Une réclamation unanime s'éleva contre le jeune colon.

— Vous le voyez, Paul, reprit le comte en souriant, vous êtes seul de votre avis.

— Ah! c'est que... je...

Paul s'arrêta court et lança dans la mer une pierre pour se dispenser d'achever sa phrase.

— Voyons, reprit le comte, expliquez-vous, mon cher Paul?

— Tant pis! je viendrai! dit le jeune homme.

— Je ne comprends rien à cette obstination, ajouta le comte visiblement contrarié.

— Voyons, dit Paul, agité comme un écolier de mauvais naturel; voyons, si je veux, moi, me promener toute la nuit sur le bord de la mer, qui m'en empêchera? Je n'ai pas besoin de sommeil, moi, je veux veiller cette nuit! à la Ciotat, je veillais toutes les nuits que le bon Dieu fait; demandez-le à M. Toussaint de la Tasse. Si vous voulez tous passer la nuit prochaine à la belle étoile, est-ce que je vous obligerai à dormir, moi? Dormez ou veillez, ça m'est bien égal. Laissez-moi donc faire ce que je veux, alors!

Personne ne comprenait cette folle colère de Paul, personne, excepté la comtesse Aurore. Les femmes comprennent tout, pendant que les hommes ébahis cherchent au plafond le mot d'une énigme, claire pour elles comme le jour.

Une sombre tristesse couvrait le visage de la jeune femme. Une pensée affreuse brisait son cœur en ce moment. Il n'y avait donc plus d'asile pour elle, plus de repos; à peine miraculeusement échappée des griffes d'un sauvage malais, elle retombait le lendemain, coupable de jeunesse, de grâce et de beauté, dans une colonie chrétienne, où elle allait retrouver les mêmes orages, où elle allait entendre rugir les mêmes passions.

Les autres colons pensaient que Paul, frappé d'un coup de soleil indien, venait d'être atteint subitement d'aliénation mentale. Le comte Raymond, qui avait de l'amitié pour le jeune colon, n'osait faire entendre la parole suprême de l'autorité; il regardait la mer pour se donner une contenance et laisser tomber une colère dont il ne soupçonnait pas le motif.

Alors la comtesse Aurore, qui cherchait un expédient — quand les femmes cherchent un expédient, elles le trouvent toujours — fit un effort pour sourire, et, prenant sa voix la plus mélodieuse, elle dit :

— Vous êtes tous d'un avis contraire à celui de M. Paul : eh bien! moi, je me rallie au sien.

Paul ouvrit des yeux effarés qui retenaient deux larmes.

— Ah! voyons, belle dame, dit le comte Raymond.

— Je fais une proposition à vous tous, mes chers protecteurs.

— Écoutons! écoutons! dirent plusieurs voix.

— Cette nuit, reprit la comtesse en riant, pour inaugurer cette fortification que vos mains viennent de bâtir, nous veillerons tous dans la salle commune, et je vous ferai des histoires du Mysore...

— Oui! oui! crièrent plusieurs voix.

Paul était plongé dans la stupéfaction, mais sa figure reprenait graduellement des teintes sereines. Un accès de jalousie stupide et folle avait un instant égaré son esprit. Avec sa fausse sagacité injurieuse, il n'avait vu qu'un rendez-vous nocturne dans cette veillée du comte Raymond, rendez-vous assigné et combiné dans ce long entretien que ses yeux avaient si mal écouté. La proposition de la jeune femme lui garantissait au moins une nuit de trêve : c'est beaucoup pour la jalousie qui souffre. Le lendemain apportera sa nouvelle peine; qu'importe! on gagne une nuit.

Être jeune, être belle, être reine; que de tourments une femme peut trouver dans trois magnifiques dons du Ciel!

VIII

Les dangers de la nuit commencent à six heures dans les zones équinoxiales, presque immédiatement après le coucher du soleil. Je n'ai pas la prétention de vouloir apprendre cela au lecteur.

Le 24 juin, à six heures du soir, au moment où, dans nos contrées européennes, le soleil brille de tout son éclat, la plus épaisse des nuits couvrait les bois de Samarang. Cette date du 24 juin est historique; il y a très-peu de fable dans le roman que j'écris; il y en a même moins que dans une histoire quelconque. Mon excellent ami, M. Bose, l'auteur du *Dictionnaire français, anglais et indien*, confirmerait au besoin mon assertion; il a passé trente ans dans l'Inde, et, s'il eût écrit une histoire au lieu d'un dictionnaire, son nom serait illustre aujourd'hui; mais le service qu'il a rendu aux voyageurs serait moins grand.

Nos colons de Samarang, assis en cercle devant la case, écoutaient les récits de la comtesse Aurore Despremonts, avec cette curiosité avide qu'apportent aux veillées tous les Orientaux, amis des étoiles et des longues nuits.

Paul était dans le ravissement; cette nuit de douze heures lui semblait éternelle; le lendemain ne devait pas exister.

Il avait pris la meilleure place dans l'auditoire; il s'était assis à côté de la jeune femme, et son coude, qui lui servait de support, effleurait une frange de robe de crêpe chinois. Une obscurité profonde régnait partout dans ce salon de conversation de la nature; mais, par moments, lorsque la brise soufflait dans les cimes des arbres, une éclaircie lumineuse tombée des étoiles mettait un instant en relief le visage de la jeune femme, et Paul croisait dévotement ses mains comme il eût fait devant une céleste apparition.

Au moindre geste de Strimm, sauvage à l'oreille sûre, tout ce monde faisait silence, et on interrompait l'entretien pour écouter les bruits de la nuit, bruits toujours les mêmes dans ces solitudes, et qui deviennent alarmants si une note discordante vient se mêler à ce concert nocturne, entendu aux premiers jours de la création! Sublime symphonie qu'aucun orchestre ne peut traduire et qui ne commet jamais une faute, parce qu'elle est la langue des harmonies de Dieu. Les arbres chantent, l'Océan murmure, les cataractes roulent, les bêtes fauves hurlent, les ruisseaux gazouillent, les torrents grondent, et tous les échos des montagnes recueillent ces bruits dans un lointain confus, et en composent une seule voix, la voix solennelle et mystérieuse de la nuit, au désert.

Un autre sauvage, plus exercé que Strimm, était couché dans les hautes herbes et faisait fonctionner ses narines et ses oreilles, quand l'entretien cessait subitement. C'était le chien de garde, Asthon. Il paraissait fier de se voir associer à la petite colonie, comme un être intelligent que le service de la porte avait trop longtemps humilié; cette sentinelle était infaillible, son oreille connaissait toutes les nuances de la symphonie nocturne, et tant qu'un aboiement ou une plainte sourde ménagée par la prudence ne se faisait pas entendre, on pouvait affirmer que le péril n'existait pas. Strimm lui-même consultait le chien du regard, dans ses moments de doute; alors le vieux Asthon, investi d'une confiance si honorable, élevait sa tête au-dessus des herbes, fermait les yeux pour écarter toute distraction, arrondissait ses oreilles en cornets acoustiques, et se laissant retomber de toute sa longueur sur le gazon, il semblait dire :

— Ce n'est rien, vous pouvez être tranquilles; causez toujours.

Paul n'écoutait que la belle Aurore, il ne voyait qu'elle, il ne pensait qu'à elle : il s'enivrait à cet air de la nuit qu'embaumaient les fleurs, les cheveux, le souffle de la jeune créole; il ne désirait rien, il ne redoutait rien. Le monde n'existait plus.

Un mot fit rentrer le jeune colon dans le monde des réalités.

— Je voudrais bien savoir, dit Aurore, ce que fait en ce moment notre brave sentinelle, le comte Raymond, dans sa guérite de la mer.

— Il fait son devoir; il veille, dit Paul; il fait ce que nous ferions tous.

— Qui sait! reprit Aurore, notre comte Raymond est si gentilhomme, que peut-être il s'est endormi tranquillement, en laissant sa consigne à son ange gardien... Je serais bien tentée...

A ce dernier mot, elle fit un mouvement pour se lever, mais Paul était déjà debout.

— Madame, dit-il en toute hâte, je vais vous donner de ses nouvelles.

Et son pied touchait déjà le sentier de la mer.

La comtesse l'arrêta par un seul mot :

— Restez.

Strimm et Asthon donnèrent simultanément des signes d'inquiétude; le chien réprima un son rauque qui allait éclater malgré lui.

Tous les colons étaient immobiles comme des statues, et et leurs mains serraient le canon de leur carabine.

Personne ne parlait; Strimm rompit le premier le silence et dit :

— Le vent souffle de terre, et les bruits de la mer ne nous arrivent pas... Cependant, j'ai cru entendre un coup de feu.

Asthon poussa une plainte sourde et se mit debout sur ses quatre pattes, comme pour engager tout le monde à se lever.

Or, voici ce qui se passait au bord de la mer :

Le gentilhomme ne dormait pas; il veillait pour le salut de tous et ses yeux ne quittaient pas le cercle immense du golfe, éclairé par les grandes constellations. Ainsi que son rapport en fait foi, il avait vu, à de très-petites distances, des formes noires rôder sur le rivage; il avait entendu des miaulements rauques du côté de la lisière du bois, mais il avait énergiquement réprimé le désir inopportun de lancer une balle aux monstres en maraude, de peur de donner le change à ses amis sur la nature du péril.

Pour charmer les ennuis de sa veille, le comte Raymond avait des distractions plus conformes à son caractère et à la mission chrétienne dont il était chargé. Le spectacle de la nuit le plongeait dans des rêveries inconnues... Trois immenses solitudes, pleines de ténèbres, d'ombres et de lumières, semblaient être créées tout exprès pour la veillée d'un seul homme, les bois, l'océan, le ciel; il s'abandonnait à cette contemplation, lorsqu'un mystère sorti du golfe absorba toute son attention et fit disparaître toutes les richesses et les splendeurs de l'infini.

C'était un navire qui doublait le cap voisin et semblait venir s'abriter derrière un rideau de montagnes, où la mer était calme comme un petit lac. Peu après, une petite embarcation se sépara du navire et se dirigea vers le rivage. La sentinelle de Samarang entendait très-distinctement le bruit cadencé des rames, et elle voyait jaillir sur les deux bords des flots d'étincelles, comme si la pirogue eût couru sur des vagues de feu.

Le comte Raymond disposa tranquillement ses fusils sur sa petite plate-forme, les arma comme s'il eût été en chasse, dans une nuit d'hiver sur les bords de la Loire, et, le doigt sur deux détentes, il attendit avec confiance ce qu'il plairait à Dieu de lui envoyer.

La petite embarcation, vraie pirogue de sauvages, s'avançait toujours, et le comte Raymond distingua bientôt six hommes, nus jusqu'à la ceinture et armés de carabines. Les deux rameurs n'étaient pas armés.

Il n'y avait pas le moindre doute à élever, ces hommes étaient des brigands de mer, et leur intention criminelle était manifeste. Cependant le comte Raymond, par un généreux sentiment de délicatesse, ne voulût pas être l'agresseur; il éleva la tête au-dessus du parapet de pierre, et cria aux bandits de gagner le large. On répondit par un coup de fusil, et la balle, très-bien dirigée, atteignit le sommet de la guérite. Le comte riposta par deux coups qui n'en firent qu'un, et tua deux hommes dans l'embarcation.

Ces coups de feu furent entendus par Strimm et Asthon dans la veillée, devant la case, ainsi que nous l'avons raconté.

Le comte prit d'autres armes, continua son feu et mit trois bandits encore hors de combat.

La pirogue s'arrêta comme si les deux rameurs eussent

été tués; puis, des mains moins exercées à la rame, la firent rétrograder avec lenteur, du côté de son navire.

Raymond, qui ne remarquait pas la direction du vent, s'étonnait de se voir abandonné par les colons; mais, fidèle à son devoir, il ne quittait pas son poste, et se préparait à repousser une nouvelle attaque, qui, sans doute, serait plus terrible que la première. Tout à coup, un grand bruit de pas se fit entendre derrière la palissade de clôture; des colons arrivaient, en armes; le vieux Asthon ouvrait la marche, une jeune femme la fermait.

Ils s'étaient tous mis aux pieds de la comtesse Aurore, en la suppliant de rester à la case; mais toutes les prières avaient été inutiles, elle voulait partager le péril commun.

— Mais vous ignorez donc, leur avait-elle dit, que, dans la guerre longue du Bengale, quand Dupleix commandait mille Français et dix mille Indiens du Décan, les femmes de mon pays assistaient à tous les combats, ramassaient le armes de leurs frères et de leurs maris, quand ils étaient morts, et les vengeaient héroïquement? Moi je suis née dans la fumée des batailles, et je ne veux pas rester aux bagages, lorsque tant de braves gens vont se battre pour moi.

Strimm et ses amis sauvages avaient battu des mains à ces paroles; ils auraient suivi la jeune femme dans les abîmes des bois et de l'Océan. Paul, sous prétexte de lui montrer le chemin, marchait devant elle, pour lui servir de bouclier.

Les colons apprirent bientôt de la bouche du comte ce qui venait de se passer. On tint une espèce de conseil de guerre, et il fut admis à l'unanimité qu'une seconde attaque aurait lieu, et qu'il fallait faire de bonnes et sages dispositions pour la recevoir.

Alors le comte fit un signe à la jeune femme et lui montra le navire à l'ancre, vers l'extrémité du golfe.

— Oui, oui, dit-elle à voix basse, les étoiles me servent bien, je le racontais : c'est *le Malaca!* c'est le navire de

Surcouf! Bantam est là... et Surcouf! Mon Dieu! mon Dieu! qu'est-il devenu?

— Mes amis, dit le comte en se rapprochant des colons, il y a à bord de ce petit navire un homme qui sait ou croit savoir tout ce qui se passe dans notre habitation. Son erreur était une vérité l'autre jour encore; aujourd'hui, elle peut lui être fatale. Il croit donc que nous ne sommes que cinq, et nous sommes quatorze ; grâces en soient rendues à notre belle protectrice!..

— Protégée! interrompit Aurore.

— La Providence est une femme, reprit le comte, et je ne changerai pas le mot, dussé-je vous déplaire un instant... Ainsi, notre ennemi de là-bas fera toujours ses dispositions pour agir contre cinq malheureux solitaires peu redoutables à ses yeux. Nous pouvons tirer un excellent parti de cette erreur, et si vous daignez m'honorer de votre confiance, je vous proposerai mon plan de campagne, cette nuit.

Tous les marins serrèrent les mains du comte Raymond, et le pouvoir absolu lui fut donné unanimement.

Une simple réflexion maintenant, avant la bataille.

D'où vient que le récit du comte Raymond, publié par l'*India Chronicle*, en 1806, offre plus d'intérêt que la grande bataille de Noorjehan, livrée dans le Penjaub, et dans laquelle la reine, montée sur son dernier éléphant, et tenant dans ses bras l'héritier du trône de Lahore, épuisa les flèches de sept carquois? D'où vient que le duel des Horaces et des Curiaces a fait oublier la bataille de Régille, presque contemporaine? que le combat singulier de Corvinus et de Gaulois reste dans tant de mémoires, où s'est évanoui le souvenir de cent illustres combats livrés par des consuls et des dictateurs? D'où vient qu'un pauvre ouvrier enseveli par un éboulement concentre sur lui l'émotion haletante et fiévreuse de l'Europe, tandis qu'on n'a jamais songé à nous intéresser par le récit des angoisses de tant de caravanes, surprises pas le *simoun* et étouffées au désert? Il est inutile de chercher une réponse facile à ces questions, le fait est incontestable : il résulte de l'unité de l'intérêt humanitaire. Robinson Crusoé sera toujours dix mille fois plus intéressant que Xénophon, perdu dans la Colchide, avec ses dix mille Grecs.

Le général en chef d'une miniature d'armée, le noble comte Raymond de Clavières, brillant habitué de l'Œil-de-bœuf de Versailles, mit, cette nuit-là, autant de soin à étudier le terrain qu'Annibal en mit, la veille de Trasimène, devant le lac où il comptait précipiter les vingt-cinq mille Romains de Sempronius. Une femme obstinément liée à cette scène de terreur nocturne imposait, d'ailleurs, de sévères obligations au jeune comte, qui se souvenait du cri chevaleresque de ses aïeux, immortalisé par Torquato Tasso dans *Jérusalem :* « Que dirait-on à la cour de France, si on savait que nous avons refusé notre protection à une femme! » Il fallait donc vaincre à tout prix. La ressource de la fuite à travers les bois était plus dangereuse qu'une bataille. Les bêtes fauves infestaient les labyrinthes touffus et inextricables de Samarang. On entendait leurs rugissements affreux, élevés cette nuit à un diapason extraordinaire, sans doute à cause des coups de feu mille fois répétés par les échos des solitudes. Tant de colères félines déchaînées aux environs rendaient ainsi la retraite impossible; et d'ailleurs, il y avait dans la case une autre pauvre femme, une servante chrétienne dévouée à ses maîtres, et on ne pouvait exiger d'elle l'héroïsme de la comtesse Despremonts; il fallait donc la garder aussi.

— C'est une femme! dit Raymond, en mettant au sérieux le mot d'une comédie trop célèbre de son temps.

Paul continuait à vivre avec une idée immuable, et ne daignait pas même, comme faisaient tous ses compagnons, lancer un regard vers l'extrémité du golfe, où la masse noire du navire forban se détachait sur le fond lumineux de la mer. Il ne quittait pas la trace d'Aurore, et son pied élargissait toujours le vestige charmant du pied créole que le sable venait de recevoir. Si la jeune femme eût parlé, la réponse ne se serait pas fait attendre, l'interlocuteur était toujours prêt; mais l'heure commandait le silence et interdisait les entretiens oiseux. Un seul homme avait le droit d'ouvrir la bouche, et il en usa au moment décisif.

— Mes amis, dit-il après avoir donné un coup d'œil au golfe, nous serons bientôt attaqués. Notre ennemi évitera cette fois cette petite redoute que vous avez bâtie; il viendra débarquer là, bien loin de la guérite, sur cet angle du golfe. Cinq de vous se placeront au bord de la mer pour attirer son attention, et ils mettront une certaine distance entre eux. L'ennemi croit n'avoir à détruire qu'une colonie de cinq hommes; il faut donc lui en montrer cinq.

— C'est bien combiné! c'est juste! interrompirent quelques voix.

— L'ennemi fera feu, peut-être, avant de débarquer, sur les cinq; ils auront peu de chose à redouter de leurs carabines. La mer est agitée, comme vous voyez, et on vise fort mal dans les chaloupes en pareil cas. De leur côté, ceux que je continue à appeler les *Cinq* profiteront de leur avantage en terre ferme et riposteront. Si l'adresse répond au courage, le nombre des ennemis sera diminué au débarquement; mais comme ils n'en seront pas moins encore les plus forts, nos cinq amis prendront bravement la fuite dès que le premier bandit aura mis le pied sur le rivage, et voilà le point de ralliement... ce roc élevé qui nous sert de belvédère.

Le comte désignait du doigt le massif où avait eu lieu son dernier entretien avec Paul et Aurore, pendant le combat du *Corsaire* et du navire marchand.

— La pente qui conduit à notre belvédère, poursuivit le comte, est fort rude. L'ennemi viendra la gravir pour se mettre à la poursuite des Cinq, et c'est là que je les attends. Nous serons neuf embusqués dans les taillis au bas de la côte, et nous exécuterons des feux de bas en haut sur des hommes aventurés dans un sentier de chèvres et frappés de stupeur. Les Cinq nous répondront du haut du rocher, et nos bandits seront pris entre deux feux.

— Approuvé ! approuvé ! dirent les colons, qui connaissaient la langue du comte ; les autres donnèrent de confiance leur adhésion à un plan qu'ils ne comprenaient pas, et qu'un interprète allait leur expliquer bientôt.

Le chien Asthon paraissait fort inquiet en voyant ces préparatifs. Les mugissements formidables qui sortaient des profondeurs du bois lui annonçaient une chasse aux bêtes fauves ; et malgré son courage, il frissonnait de tous ses poils à l'idée de se mesurer avec des animaux antipathiques à son instinct et à ses nerfs. L'animal raisonnait juste, et sa pensée rendait hommage au bon sens de l'homme. Il ne pouvait croire qu'à une guerre contre les tigres ; les créatures lui paraissaient trop raisonnables pour se battre entre elles dans un désert.

Le comte Raymond choisit les Cinq, et nomma Paul le premier.

— Monsieur le comte, dit le jeune homme, j'ai fait le serment de ne pas quitter madame et de la défendre contre toute espèce de danger.

— Vous avez eu tort de faire un serment, répliqua le comte avec douceur ; nous sommes tous les défenseurs de madame la comtesse Aurore...

— Tiens ! il sait son nom ! interrompit Paul stupéfait.

— Il n'est permis à aucun de vous de refuser le poste que je lui assigne. Nous sommes dans un moment solennel et l'obéissance est un devoir.

Paul regarda le ciel, poussa un soupir et parut se résigner.

Vandrusen, Strimm et deux autres sauvages namaquois allèrent s'établir au poste désigné, sous la conduite de Paul.

Le comte plaça lui-même les huit autres colons dans les massifs, au pied du sentier du roc du belvédère, ordonna respectueusement, en faveur de ses pouvoirs, à la comtesse

Aurore, de se placer derrière un vieux érable, pour calmer les inquiétudes du malheureux Asthon, et, ces préparatifs terminés dans le plus grand silence, il s'achemina lentement vers la guérite de pierre, pour observer les mouvements de l'ennemi.

IX

A l'extrémité du golfe, un rocher grisâtre, taillé à pic comme une muraille, et s'ensevelissant dans la mer à des profondeurs immenses, couvre le corsaire *Malaca*, devenu forban.

Un navire de l'Achéron, monté par des marins de l'enfer, donnerait une idée du *Malaca* en ce moment.

Trente bandits recrutés à Sumba, aux îles d'Aru, à Timor, à Banjermassing, à Buton, se démènent à bord et font luire aux étoiles toutes les nuances du cuivre indien sur des visages de démons.

Le chef, le terrible Bantam, dont la comtesse Aurore nous a donné le portrait, bondit sur le pont avec l'agilité du mandrille, et blasphème avec des sifflements de boa.

— Ici, Pluton! ici, Neptunio! crie-t-il; vous êtes des lâches! vous êtes des femmes! vous étiez dix contre cinq; vous avez fui comme des requins devant une anguille! Par la mort de tous les dieux bleus, vous ne verrez pas le soleil de demain!

Les deux Malais bégayaient une justification.

— Avalez votre langue! reprit Bantam, vous m'irritez comme le tam-tam fêlé de Myassour! l'agonie ne parle pas, elle râle! Je vais vous enterrer dans le ventre des poissons.

Et Bantam tira un coup de pistolet à bout portant sur Pluton et Neptunio.

Ils tombèrent, et on jeta leurs cadavres à la mer, comme on se débarrasse d'un lest trop lourd.

— Ici, Cobra-Capel! et toi, OEil-de-Tigre, ici! cria Bantam.

Les deux bandits s'avancèrent en tremblant.

— Vous êtes deux rameaux de mon arbre de fer; vous êtes courageux comme l'éléphant Irivalti! vous aurez trois parts de plus dans la prise du trois-mâts le *Diemen*.

Tout l'équipage applaudit à cet acte de justice, et le plus grand silence se fit tout de suite pour entendre les autres paroles du chef.

— Cobra-Capel, poursuivit Bantam, Pluton et Neptunio sont morts; ils ne peuvent plus me répondre; tu vas me répondre pour eux, et la vérité toujours... entends-tu? J'ai une balle de plomb pour tous les mensonges.

Cobra-Capel fit signe qu'il répondrait à la demande par une vérité.

— Ces deux coquins, continua Bantam, ont-ils assassiné Surcouf?

— Non, capitaine, répondit Cobra-Capel; nous avons déposé M. Surcouf, d'après vos ordres, sur la pointe de Madura, et il ne lui a été fait aucun mal.

— Tu le jures par Boudha-Çoura, le mauvais esprit des nuits?

— Oui, capitaine.

— C'est bien... Et les cinq Bretons?

— Ah! capitaine... ceux-là... on leur a fait passer le goût du riz.

— Et les deux qui ont conduit la femme blanche à la case des Cinq ont-ils parlé avant de mourir?

— Ils n'ont pas dit un mot, capitaine; ils sont morts comme des fakirs à la fête de Raous-Jatreh.

— Et vous verrez, s'écria Bantam, que ces chiens de blancs diront encore que Bantam est un misérable coquin, bon à pendre à la vergue du *Malaca!* Je tenais ce requin de Surcouf, là, dans ces deux mains; je pouvais l'écraser, comme le buffle écrase le tigre au cirque de Batavia, et je le laisse vivre, parce qu'il a été bon pour moi! On a du cœur, chez nous!

— A votre place j'en aurais fait tuer un de plus, capitaine, murmura timidement une voix.

— Ah! vous croyez donc, — s'écria le chef malais en sautant sur le cabestan comme un oiseau sur son perchoir, — ah! vous croyez donc que je veux mener éternellement la vie que je mène, une vie de singe et de poisson!

Les éclats de rire arrêtèrent Bantam.

Il reprit sur le même ton :

— Je veux être un nabab de Pulo-Pinang. Je veux fumer le houka dans un chattiram de bois d'érable, avec deux belles esclaves bengalis, l'une pour allumer l'opium, l'autre pour me donner de la fraîcheur, à midi, avec un panka.

— Il a raison, le capitaine! crièrent plusieurs voix de courtisans.

— Est-ce que je ne suis pas de l'argile dont on fait les Anglais, là-haut ou là-bas? poursuivit le chef; et, par le Tigre noir mon père, je vaux mieux qu'un Anglais. Ces pâles de l'Europe ont des chairs qui se fondent au soleil, et moi, voyez mon épiderme! on en a fait la porte de bronze de la pagode de Caveri!

— C'est vrai! c'est vrai! dirent en chœur les mêmes voix.

— Et vous autres, mes bons amis, continua Bantam, vous qui êtes les soixante mains de mon corps, vous croyez que je vous laisserai sur mer quand je me débarquerai? Vous croyez qu'après vos services je vous récompenserai en vous donnant un caillou des Maldives et une boulette de riz à manger par jour, comme un jemidar de pagode?

Bruyant accès de gaieté folle dans l'équipage.

— Ah! mes amis, vous me jugeriez mal! Je veux vous donner à tous assez d'argent pour faire le commerce des écailles et du sang de dragon. Vous ne connaissez pas le commerce; je vais vous l'apprendre en deux mots; c'est plus facile que les échecs. Vous achetez pour une piastre une pacotille de marchandise avariée; vous donnez des échantillons superbes, et vous la vendez dix piastres. Le lendemain, vous levez le pied, et vous prenez votre vol. L'acheteur arrive pour se faire rendre son argent, et il ne trouve que la cendre de votre pipe sur votre hamac d'auberge. Voilà le commerce... l'avez-vous appris?

— Oui, oui! crièrent les forbans.

— Maintenant, poursuivit le chef, maintenant, si je vous ordonnais de vous précipiter la tête la première dans la gueule du volcan Mara-Api, que feriez-vous?

Tous les forbans se précipitèrent comme un seul homme aux pieds de leur capitaine.

— Relevez-vous, leur dit-il, et écoutez-moi. Il y en a parmi vous qui ne voudront pas faire le commerce, je le sais. Il y a les paresseux du soleil, ceux-là ne savent pas même parler à l'ombre; un mot leur fait suer les lèvres; je les connais.

Plusieurs paresseux rirent aux éclats.

— Je travaillerai pour tous, reprit Bantam, et je puis enrichir, d'un seul coup, tout le monde. Vous connaissez la vallée de Banjermassing, au sud de Bornéo?

— Oui! crièrent-ils comme une seule voix.

— La poudre d'or coule dans cette vallée comme la mer dans le détroit de Malaca, reprit Bantam. Il y a de quoi enrichir les cent millions de mendiants que l'Inde fait mourir de faim. C'est de la vraie poudre d'or anglais; j'en ai des échantillons dans la chambre de Surcouf... je vous en donnerai quelques grains à chacun; mais il nous en faut une tonne.

— Au moins, dirent quelques forbans.

— Eh! je vous donne la mine, si vous la prenez! continua le chef; mais on ne prend pas cette mine à l'abordage, comme un trois-mâts de la compagnie anglaise. Il faut tirer le diable du puits par ses cornes. Le roi de Bornéo tient à sa poudre d'or; un vieux roi entêté, qui ne peut plus se payer un plaisir en ce monde! Tous les hommes qui mettent le pied dans la vallée de Banjermassing sont pris et pendus à un mancenillier sans feuilles... J'ai vu cet arbre ; il est mort, desséché au soleil, et il secoue des squelettes à toutes ses branches nues. Ce n'est pas gai à voir... avez-vous peur de ce mancenillier?

— Non! non! crièrent les forbans.

— Mes amis, vous connaissez le *pantoun* des Célèbes?... Vous ne le connaissez pas?... Voici le refrain :

> Pauvre mort a fait triste vie!
> Toujours voir le bonheur absent,
> Manquer des biens que l'on envie :
> Il vaut mieux mourir en naissant.

Ce refrain fut vivement applaudi par l'équipage.

— Cela veut dire, mes amis, que vous serez tous pendus, peut-être, à Banjermassing ; mais, si la corde casse, nous revenons avec un trésor à la ceinture, et toute notre vie nous marchons dans des souliers... Cela vous convient-il?

— Bien, capitaine! crièrent toutes les voix.

— Je vous conduirai à la mine. Je vous le jure par l'esprit de la mer qui peut me noyer cette nuit! Les soldats du roi de Bornéo sont des épouvantails de tapisserie chinoise, mais ils sont nombreux ; nous tomberons sur eux avec des cricks de Java ; point de carabines, une balle ne tue qu'un homme. Nous ferons *amock*, c'est plus sûr : nous les faucherons comme des épis de rizières. Je serai à votre tête, comptez sur moi.

Un cri d'enthousiasme accueillit Bantam.

Le chef s'assit sur le cabestan, croisa les bras et donna une contraction sérieuse à son visage.

L'attention redoubla.

— Mes enfants, continua-t-il, vous avez tous vu à bord cette femme blanche, qui s'est échappée et que les marins bretons ont conduite à la case des Cinq. Vous m'avez déjà rendu un grand service, en me dénonçant ce qui s'était passé pendant mon sommeil ; mais vous ferez davantage...

— Nous ferons tout, interrompit la voix de l'équipage.

— Je donnerais, reprit Bantam, je donnerais la mine de Banjermassing pour cette femme ; je donnerais l'Inde, si je la tenais dans mes coffres, comme Palmer... Cette femme est là-bas, vis-à-vis, avec cinq chrétiens pâles comme des fleurs de néfliers du Japon ; des hommes qui viennent d'un pays éclairé par deux lunes, et qui ne connaissent pas nos passions de tigre, nos coups de soleil d'équateur. Je veux cette femme ; c'est ma prise de corsaire, c'est mon bien. Vous avez manqué ma première descente, nous ne manquerons pas la seconde ; j'irai avec vous.

Toutes les mains se tendirent vers Bantam, pour lui promettre bonne assistance.

— Écoutez-moi bien, poursuivit le capitaine. Ces coquins d'hommes pâles ont bâti au bord de la mer un petit fort dont je me moque comme d'un parasol chinois. Je ne veux pas perdre mes boulets à le démolir. Nous mettrons les deux embarcations à la mer et nous accosterons de l'autre côté, hors de la portée du fusil.

Les plus dévoués firent un mouvement pour courir à la chaloupe. Bantam les arrêta d'un signe et continua :

— Écoutez-moi bien, mes amis. Nous sommes quinze, cette fois, et ils ne sont que cinq ; la descente sera donc facile. Mais la femme blanche peut nous échapper à la faveur de la nuit... J'ai tout prévu... Vous connaissez les bois de cette côte ; il est impossible de supposer que la femme se sauve par la chaussée de briques, elle tomberait dans la gueule d'un tigre à cent pas de l'habitation. Elle ne peut trouver d'autre abri que la forêt qui couvre la colline, une forêt embrouillée comme un écheveau de soie entre les mains d'un enfant. Ceux qui voudraient s'y réfugier brusquement laisseraient sur leur passage un abatis de feuilles et de branches brisées, comme font tous les éléphants imbéciles, quand ils sont poursuivis par les chasseurs. Vous aurez l'œil sur ces traces, et, si vous ne découvrez rien la nuit, car il fait très-sombre de ce côté, nous attendrons le jour, et alors je me charge, moi, de trouver la femme ; elle aura laissé, sans le savoir, des lambeaux de sa robe à toutes les broussailles de la forêt. La robe trahit toujours la femme, comme la crinière trahit le lion dans les taillis épineux... J'ai dit ; agissons.

Les têtes s'inclinèrent, et, de tous côtés, on se mit à l'œuvre pour la nouvelle expédition.

Le Malaca, bientôt après, dérapa et gouverna comme s'il eût voulu se diriger vers Cheribon, à l'ouest de Samarang.

Du haut de son observatoire, le comte Raymond vit cette manœuvre et pensa que le pirate, se croyant découvert, gagnait l'île de Madura et renonçait, au moins pour cette nuit, à son projet de descente.

Cependant, comme il faut toujours se méfier des pirates, le jeune gentilhomme garda toutes les précautions de son premier plan et ne voulut pas laisser endormir sa vigilance, sur la chance souvent trompeuse d'une supposition.

Les nuits sont très-longues sous l'équateur, et, en douze heures de ténèbres, bien des crimes peuvent s'accomplir et bien des résolutions changer.

L'ombre noire du *Malaca* traversa le fond du golfe et disparut derrière l'autre cap.

C'était donc de ce côté que les yeux de Raymond devaient se fixer pour surprendre une chaloupe de descente, car les bas-fonds dangereux qui avoisinent le rivage ne permettent le débarquement qu'à de légères pirogues, et tiennent à distance même les navires de bord le moins élevé, comme *le Malaca*.

Il fallait aussi bien se méfier des illusions d'optique et des mirages de la nuit, sur cette mer chatoyante, qui copiait le firmament dans les ténèbres et faisait flotter, à sa surface, les étincelles tombées des constellations.

Le vent, qui toujours soufflait de terre, ne permettait

pas aux embarcations de se servir de la voile, et le jeu moutonnier des vagues pouvait longtemps dérober la vue d'une chaloupe et ne laisser découvrir sa marche qu'à une petite distance du port.

Le démon Bantam connaissait bien toutes les supercheries d'attaque, et il ne voulait pas échouer deux fois. Les deux chaloupes de descente doublèrent le cap, et elles voguaient à fleur d'eau, toujours couvertes par l'écume des vagues. Rameurs et forbans ne montraient pas leurs têtes au-dessus du bord. L'eau et le bois roulaient ensemble, et même pendant le jour on n'aurait vu que l'eau.

Ces parages étaient si connus de Bantam, qu'arrivée à une encâblure du débarcadère, la première chaloupe, conduite par le chef, tourna sa proue à droite, mouvement qui fut imité par la seconde, et les bandits débarquèrent dans une petite anse, comme s'ils eussent deviné le plan du comte Raymond.

Le chemin à suivre était pénible et aurait sans doute rebuté des hommes ordinaires ; mais Bantam avait horreur des sentiers battus et n'était jamais plus à l'aise que sur la pointe d'un roc ou sur la marge glissante d'un précipice. Ses compagnons suivaient, en mettant leurs pieds dans ses pas.

Bantam et ses quatorze bandits, n'ayant pour tout vêtement qu'un caleçon de coutil rayé, gravirent une montagne abrupte, en s'aidant de leurs griffes, et, sur le versant opposé, ils trouvèrent une forêt épaisse où les bêtes fauves avaient élu domicile depuis la création. A l'aspect de ces hommes plus fauves qu'elles, les races félines se retiraient en poussant des hurlements rauques, comme des locataires contrariés dans leurs droits par d'injustes mais puissants usurpateurs. Quinze Européens aux chairs pâles et à cheveux blonds auraient été dévorés sur place, en essayant d'exproprier ces antiques locataires des domaines de Java; mais ces quinze sauvages bronzés, anguleux, lestes, horribles, jetant leurs faces de quadrumanes et leurs chevelures de couleuvres dans les éclaircies du bois, apparaissaient, sur ce sol désert, comme les plus redoutables animaux de la création indienne. Les lions et les éléphants seuls ne s'y seraient pas trompés, et auraient reconnu des hommes dans ces insolents violateurs de la propriété féline ; mais Bantam ne se serait pas hasardé sur un domaine habité par ces nobles et raisonnables animaux ; il connaissait son terrain.

La forêt traversée, Bantam descendit une rampe de rochers et retrouva la mer.

Les bandits suivaient en aveugles. Ils longèrent la côte sans user d'aucune précaution, car ils se trouvaient alors à une très-grande distance de la guérite de pierre. Bantam marchait en tête et n'avait pas encore songé à prendre à deux mains sa carabine, toujours suspendue en bandoulière ; un silence morne régnait sur le rivage ; il était à peine troublé par le bruit faible et intermittent des petites vagues, car le vent ne tourmentait que la haute mer.

Strimm, qui flairait de loin les émanations de la race humaine, en vrai sauvage de profession, toucha le coude de Paul, et, regardant à gauche, il fit un signe de détresse, tout de suite compris.

Paul, qui avait une oreille féline, se coucha sur le sable pour recueillir les bruits les plus lointains, et relevant la tête, il donna satisfaction à la conjecture de Strimm.

Les cinq colons mirent leurs doigts à la détente de leurs carabines, et leurs yeux du côté de la terre.

Un angle saillant de roc cachait encore Bantam et ses compagnons.

X

Dans un massif d'arbres et d'arbustes peu éloigné de la mer, la belle protégée ou la protectrice des colons ne cessait de calmer avec la caresse de ses petites mains les terreurs nerveuses du chien Asthon, lorsque tout à coup elle vit s'opérer un changement dans le maintien du molosse de Java. Le noble animal se posa fièrement sur ses quatre pattes et ne fit plus entendre la plainte sourde et intermittente qui annonce le voisinage des bêtes fauves. Un autre bruit venait d'arriver aux oreilles infaillibles d'Asthon, et lui rendait son humeur belliqueuse et son mépris des dangers purement humains.

« Les colons, mes maîtres, pensa-t-il, ne sont pas ici pour entrer en chasse contre les bêtes féroces, mais contre des hommes. J'entends des bruits de pieds ; je flaire des exhalaisons qui viennent d'une chair sans fourrures. Il s'agit d'une chasse aux forbans. Plus de peur! à mon devoir! »

On est bien forcé d'admettre que les chiens raisonnent, puisque l'action met tout de suite leur pensée en évidence. En quelle langue formulent-ils leur logique intérieure? C'est ce que nous ignorons; en les voyant agir, on devine qu'ils ont parlé.

Asthon s'échappa des mains d'Aurore, fit trois bonds sur le sable et se mit à l'avant-garde, à côté de Paul, au moment où Strimm, autre chien bipède, flairait l'ennemi dans l'air.

Paul ordonna au chien de se taire, mais l'ordre parut sans doute absurde à l'animal, car un aboiement furieux éclata tout à coup et arrêta les quinze bandits derrière le roc saillant qui les masquait encore.

Le comte Raymond, qui croyait avec raison à l'infaillibilité du chien, ne perdit pas son temps à s'étonner ; il quitta la guérite précipitamment, afin de changer son plan de bataille, comme fait un général lorsqu'il s'aperçoit qu'un incident imprévu détruit le lendemain les savantes combinaisons de la veille.

Des terreurs les plus vives, le noble Asthon venait de passer au courage le plus indompté; il avait à cœur de faire oublier une lâcheté involontaire, et tous les ordres muets de Strimm et de Paul ne purent arrêter sa résolution. Il s'élança donc dans la mer pour faire une reconnaissance, prudente et hardie à la fois, de l'autre côté du roc saillant.

Asthon, en nageant, ne montrait de sa tête que juste ce qu'il fallait pour aboyer au-dessus de l'eau, et, à mesure qu'il découvrait un ennemi, il lançait à l'air une note pleine et gutturale, comme pour donner distinctement le nombre des agresseurs encore visibles pour ses maîtres les colons.

Les bandits, se voyant découverts, ne crurent pas devoir garder des ménagements inutiles, et ils exécutèrent un feu de peloton sur le chien; ce qui n'empêcha pas le noble animal de continuer son dénombrement, et quand il crut avoir fait son devoir d'éclaireur scrupuleux, il regagna le rivage en nageant entre deux eaux.

Le comte Raymond exagéra les forces de l'ennemi en entendant les aboiements d'Asthon et le feu roulant de la fusillade. Une seule pensée absorbait son esprit : le salut de la femme confiée à sa garde par la Providence. Il arriva hors d'haleine sur le point du rivage où veillait Paul, et ordonna aux cinq hommes de se replier sur le petit corps de réserve. Ce mouvement opéré, le comte prit une voix sévère, et s'adressant à Aurore :

— Madame, lui dit-il en se découvrant, je vous ordonne de vous retirer. Votre présence pourrait être fatale à ces braves gens, qui à force de penser à vous ne pensent pas à eux. Le péril est grand, les ennemis sont nombreux. Retirez-vous, dans l'intérêt de tous et de vous-même. On se battra mieux quand on ne vous verra plus.

Et, se tournant vers Paul qui tremblait, mais non de peur, il lui dit :

— Paul, avez-vous de bonnes armes?

— Oui, monsieur le comte; j'ai ma carabine à deux coups, deux pistolets et mon crick.

— Eh bien! Dieu vous confie cette femme. Veillez sur elle pendant cette affreuse nuit, et allez là où les saints anges vous conduiront. Que Dieu veuille nous réunir demain à la lumière de son soleil.

Il y avait dans l'organe du comte Raymond quelque chose de si grave et le moment était si solennel, que la belle amazone ne trouva aucune objection contre un ordre donné sur le ton de la prière. Elle s'inclina, serra les mains du comte, et suivit Paul, qui avait déjà fait deux pas dans la direction des bois.

Le jeune colon avait fait un violent effort pour réprimer un cri de joie, et les ténèbres voilèrent à tous les yeux un visage illuminé de bonheur.

— Asthon, ici! dit Paul.

A cet ordre inattendu, le pauvre chien qui venait de rendre un grand service aux colons, du côté des bandits, et ne croyait plus avoir rien à démêler du côté des bêtes fauves, fit la sourde oreille, mais une voix plus douce ayant répété l'ordre de Paul, Asthon obéit et suivit sa nouvelle maîtresse, non pas avec plaisir, mais avec une touchante résignation.

L'homme, la femme et Asthon marchaient dans les ténèbres, *ibant obscuri*, comme dit le poëte, et, à peu de distance du rivage, ils entrèrent sous des voûtes impénétrables, dans lesquelles Paul ouvrait une brèche avec ce plaisir ardent qu'éprouve l'avare lorsqu'il cherche un recoin bien sombre pour enfouir un trésor. Bandits, bêtes fauves, ténèbres, périls, solitudes, rien n'existait autour de Paul; jamais soleil plus beau n'avait illuminé au zénith les jardins enchantés de l'Inde; il entendait sur le velours des herbes et à côté de lui marcher la femme divine qui désormais était sa vie, sa joie, son âme, son univers.

Paul quitta les sentiers battus, et, trouvant des masses touffues de lianes, il ouvrit un chemin sur un domaine inconnu, un chemin aussi sombre que l'enfer. Asthon ne donnait aucun signe d'inquiétude, et son calme était rassurant. Paul pensait avec raison que le feu de mousqueterie des forbans avait eu au moins un effet salutaire, en annonçant aux bêtes fauves le voisinage d'autres monstres dont les mugissements retentissaient comme des tonnerres, et dont les yeux lançaient des éclairs aux ténèbres des bois.

Les trois intéressants fugitifs — le chien mérite l'honneur de compter pour le troisième — arrivèrent à une éclaircie de terrain, faite d'un granit solide qui avait repoussé toute végétation. Là, s'élève encore ou, pour mieux dire, s'écroule un de ces temples javanais dont Raffles nous a donné de si admirables dessins et qui sont l'œuvre d'une religion et d'une civilisation inconnues. Les étoiles éclairaient un portique tout empreint d'une grâce merveilleuse, et qui, dans l'éclat des constellations, gardait encore la teinte du soleil et montrait un travail exquis de ciselures et d'arabesques, œuvre du plus habile des sculpteurs.

C'était la seconde fois que la comtesse Aurore trouvait sur sa route une de ces émouvantes merveilles de l'art pur indien, mais l'heure n'était guère propice à l'admiration archéologique. Paul recula même, en découvrant ce monument superbe, car il savait que les animaux féroces choisissent de préférence les ruines pour leur retraite, parce qu'elles attestent l'abandon et l'éloignement de l'homme. Mais Asthon paraissait fort tranquille, Paul se rassura. On n'entendait pour tout bruit que les murmures d'un ruisseau invisible tombant dans un bassin ; c'est la voix éternelle qui parle ainsi à toutes les ruines des temples de Java.

Au moment où Paul cherchait un abri dans les ruines pour sa belle compagne, un autre bruit éclata dans la solitude ; un bruit terrible, et qui annonçait l'attaque des bandits et la défense des colons. Très-peu éloignés du lieu du combat, Paul et Aurore entendaient la fusillade comme si elle eût éclaté auprès d'eux.

Aurore joignit les mains et regarda le ciel.

— Ayez bonne confiance, madame, dit Paul du ton d'un homme découragé; nos amis sont braves et adroits.

— Oh! dit la jeune femme en pleurant, lorsque je pense que tous ces braves gens se battent pour moi, j'irais me livrer à ce bandit, et il n'y aurait plus de sang versé.

— Quel bandit? demanda Paul tout bouleversé.

— Oh! vous ne le connaissez pas? reprit Aurore.

— Je le connais, madame... c'est Bantam.

La femme se tut.

— Ah! c'est Bantam! poursuivit Paul avec une expression de colère stridente. Mon coquin de Bantam: je lui garde une dent de nourrice, à celui-là!

Puis, se ravisant tout à coup et regardant autour de lui, il dit comme en aparté.

— Et si...

Il n'acheva pas sa pensée, de peur d'effrayer sa compagne; mais Aurore l'acheva.

— Oui, dit-elle, Bantam est à la tête de nombreux bandits et aussi braves que vos colons; s'il réussissait dans son attaque de cette nuit...

La fusillade éclatait toujours, on entendait passer dans l'air des vols d'oiseaux effrayés qui se heurtaient aux cimes des arbres en poussant des cris rauques.

— Madame la comtesse, dit Paul qui venait de prendre une résolution.

— Oh! je vous en prie, interrompit vivement la jeune femme, il n'y a plus de comtesse; appelez-moi par mon nom, puisque vous le savez. Nous sommes frère et sœur devant la mort!

Paul éprouva une joie qu'il n'avait jamais ressentie au fond de son cœur.

— Aurore, reprit-il, je connais ce Bantam: il est fin comme un merle noir; mais je suis plus fin que lui; il est de Timor et je suis de la Ciotat. Suivez-moi, Aurore.

Paul marcha vers le temple, toujours avec précaution, le

doigt sur la détente de sa carabine et l'œil fixé sur les oreilles d'Asthon; il franchit le seuil de la porte, tout hérissé de hautes herbes, et entra dans une cour encombrée de débris majestueux, de piliers et de statues. Le chien allait furetant partout, et, par intervalles, il regardait Paul et semblait lui dire :

— Avancez toujours, il n'y a pas de danger.

Les trois fugitifs passèrent devant la fontaine dont ils avaient entendu le bruit; le chien ne perdit pas une si belle occasion de se désaltérer, et son exemple fut suivi par ses compagnons. Ils arrivèrent ensuite dans une salle qui devait être le sanctuaire, et au milieu de laquelle s'élevait un cippe chargé de belles sculptures et orné d'un profil de femme ou de déesse, œuvre du ciseau le plus délicat. Un petit escalier en ruine, mais praticable encore, se voilait de larges feuilles et de plantes, au fond du sanctuaire. Asthon en franchit lestement tous les degrés, visita l'étage supérieur et redescendit en un clin d'œil, ce qui voulait dire :

— Vous pouvez monter.

Paul, qui avait son projet en tête, présenta la main à la jeune femme, et l'aida de son mieux à escalader cette ruine. L'étage supérieur se composait d'une pièce assez bien conservée, qui recevait le jour par le haut comme la rotonde d'Agrippa. Tous les peuples artistes et religieux ont au même degré le sentiment du beau.

— Maintenant, dit Paul, vous voilà logée par le bon Dieu, en lieu sûr, je crois.

— Paul, répondit la jeune femme, vous ne savez pas tout ce que mon cœur vos garde de reconnaissance... Écoutez... écoutez... on n'entend plus que des coups de fusils à de rares intervalles... C'est l'agonie des nôtres... Mon Dieu! mon Dieu! ils meurent pour moi!

— Ils font leur devoir, dit Paul tranquillement, et moi, mon devoir est de vivre pour vous.

Au même instant, le chien, qui continuait son rôle d'éclaireur, découvrit une porte étroite, qui faisait communiquer la salle haute avec une plate-forme, semée d'arbres et de plantes à toutes les fissures des dalles. Paul sonda le terrain pour s'assurer si le travail des racines n'avait pas nui à la solidité de ce jardin naturel suspendu, de cette terrasse autrefois splendide et devenue une forêt sombre. L'examen des localités ne faisait concevoir aucune crainte; cette maçonnerie de géants avait résisté non-seulement au travail des racines et des plantes pariétaires, mais encore aux pluies et aux ouragans de tant de siècles, et même aux convulsions qui ont agité le sol de Java, lorsque son terrible volcan Mara-Api, l'Etna indien, était en éruption perpétuelle et envoyait son fleuve de laves jusqu'aux déserts de Samarang.

— Pour bien veiller sur vous, dit Paul, je vais vous quitter, et mon absence ne sera pas longue. Je vous laisse Asthon... et maintenant, j'ai une demande à vous faire... et je ne sais comment vous...

Paul balbutia, s'interrompit, recommença, et ne put jamais achever la phrase.

Aurore regardait Paul avec une inquiétude étrange et n'osait pas l'encourager à s'expliquer.

Pourtant il y avait urgence, et Paul fit un effort suprême et s'expliqua rapidement.

— Donnez-moi votre fichu de crêpe de Chine, dit-il; ce fichu m'est nécessaire... nécessaire pour vous sauver.

La jeune femme hésita un moment, puis elle dénoua son fichu et le donna, en interrogeant Paul par un silence très-significatif.

— Oh! dit Paul, je voudrais le garder toute ma vie, et il faut que je le mette en lambeaux!

Le jeune colon descendit le petit escalier, et, quand il fut seul, il couvrit de baisers le fichu tiède, et, ce devoir rempli, il le déchira brutalement en menus morceaux, il en effila les franges et les froissa pour leur donner une apparence nouvelle de dévastation.

Il rentra ensuite dans le corridor étroit qu'il s'était ouvert pour arriver aux ruines du temple, et accrocha, par intervalles, des lambeaux de crêpe aux arêtes vives et saillantes des arbustes ; il traversa le terrain rocailleux de l'éclaircie, en laissant tomber une charpie d'étoffe, et se creusa avec la tête et les mains un nouveau corridor, de l'autre côté de la forêt massive ; il atteignit le sommet de la montagne, en distribuant à gauche et à droite ses lambeaux jusqu'au dernier. A cette limite des bois, par un de ces contrastes si communs dans les pays du soleil, la végétation cesse et la montagne descend du côté de la mer, en étalant une rampe nue où croissent à peine des fleurs sauvages et des bouquets d'aromates. Paul descendit, appuyant lourdement ses pieds, dans une ligne droite, sur cette végétation souple qui gardait les traces d'une fuite imprévoyante, et, pour mieux fixer les regards, il jeta sur le même sillon sa veste blanche toute ruisselante des sueurs de la nuit.

Cela fait, il reprit le chemin des ruines et parut tout haletant, mais la figure joyeuse, devant sa belle compagne.

Là, ne devraient pas se borner les précautions.

Paul ayant raconté à Aurore le bon usage qu'il avait fait du crêpe de Chine, avec le détail circonstancié de ses autres ruses de guerre, descendit encore pour aller aux provisions sur le marché de la nature.

L'arbre à pain et le cocotier croissaient en abondance dans le voisinage et s'entremêlaient aux trente-deux espèces de chênes découverts par Humboldt, sous les zones de l'équateur. Après deux maraudes dans le verger de Dieu, les provisions ne manquaient pas aux fugitifs. Le chien, lui, se chargeait d'aller en chasse pour son compte, et l'eau de la fontaine, qui coulait depuis la création du monde, n'était pas une naïade tarissable, comme la source du Pénée ou de l'Eurotas. On pouvait donc vivre dans ce refuge un certain temps, si la Providence daignait couvrir les malheureux fugitifs de sa céleste pitié.

La nuit obscurcissait toujours les solitudes, mais quelques préludes de chants sur la cime des arbres annonçaient que les oiseaux, plus instruits que les hommes, pressentaient le prochain lever du soleil, dans une zone sans crépuscule. Paul voulut encore mettre à profit la dernière heure de ténèbres, pour compléter la défense de ses précautions. Il détruisit les six premières marches de l'escalier, et confondit leurs débris avec les autres ruines. Par un hasard heureux, cette intelligente dévastation prit, dans ses amoncellements, un caractère antique. Des bandits, traversant ce chemin, et conduits par leur instinct mauvais devant cet escalier suspendu, n'auraient jamais pu soupçonner la ruse stratégique de Paul; les six marches écroulées devaient être mises sur le compte du travail du temps, ce puissant démolisseur.

Épuisée de fatigue, de fièvre et d'insomnie, la jeune femme se reposa sur un lit de feuilles sèches, préparé par son compagnon, et bientôt le sommeil fut le plus fort : elle s'endormit.

Les rayons des étoiles descendaient par la voûte ouverte sur la belle créole, et l'illuminaient d'un éclat doux. Paul, debout à une distance respectueuse, la regardait et retenait son haleine, de peur d'interrompre un sommeil précieux, qui était la vie de cette femme. Asthon, couché aux pieds d'Aurore, fermait et ouvrait les yeux, dormant et veillant à la fois, privilége de ces animaux créés pour la vigilance.

Un frisson convulsif, qui agita subitement la tête d'Asthon, suspendit la contemplation amoureuse de Paul.

Le chien se leva, mais avec lenteur, et marcha d'un pas prudent vers la petite porte de la terrasse. Paul suivit l'animal sur la pointe de ses pieds nus et prêta l'oreille au dehors, en recommandant au brave Asthon de se taire, cette fois.

Aucun bruit ne se faisait entendre, mais Asthon paraissait toujours fort agité, ce qui annonçait un péril voisin et réel.

Le moindre indice est une révélation, en pareil cas. Ce bruit monotone et jamais interrompu de la fontaine se fit tout à coup intermittent, comme si des lèvres altérées ou des mains ardentes fonctionnaient entre la source et le bassin.

Ce n'était pas le vent qui jouait avec la fontaine; la nuit était calme, et le moindre souffle n'agitait pas la cime des arbres. Les animaux boivent dans les bassins et sans faire entendre le moindre bruit. Il n'y avait donc à soupçonner que des hommes, et quels hommes!

Paul regarda la jeune femme avec un regard plein d'amour et de compassion, et le mouvement énergique qui précipitait ses mains sur ses armes annonçait que le jeune homme la défendrait héroïquement jusqu'à la mort.

Après le bruit délateur venu de la fontaine, d'autres bruits plus significatifs montèrent à la salle haute du temple. On entendait fort distinctement des pieds cheminant à tâtons et se heurtant contre des pierres mobiles, ce qui encore révèle la présence de l'homme, car les bêtes fauves éclairent les ténèbres avec leurs yeux et ne commettent pas de ces erreurs.

Paul, n'ayant de conseil à prendre que de lui-même, adopta une sage détermination :

— Tant que je n'entendrai pas, pensa-t-il, mes bandits reconstruisant les six marches de l'escalier, je ne bougerai pas, moi. S'ils se mettent à l'œuvre, oh! alors, il n'y a plus de mesure à garder : je réveille Aurore, je lui apprends le danger qui la menace, je soutiens un siége contre les bandits, et le reste est à la volonté de Dieu !

XI

Une triste réflexion, mais bien rapide aussi, traversa le front du jeune homme et n'y laissa point de trace, car la pauvre femme l'emportait sur tous les autres intérêts de cette affreuse nuit.

Si Bantam et sa troupe sont ici, pensa-t-il, c'est que le comte Raymond, Vandrusen, Strimm et tous mes amis sont morts.

La chose paraissait fort admissible en un pareil moment.

Paul versa quelques larmes et les essuya promptement, car il avait plus que jamais besoin de tout son courage et de toute la sûreté de son coup d'œil.

Pourtant les bruits inférieurs avaient cessé ; aucune tentative de reconstruction n'était faite au bas de l'escalier ; Asthon reprenait son calme et semblait écouter un murmure insensible qui s'éteignait dans le lointain.

Le soleil se leva soudainement comme un ami attendu qui éclaire la chambre d'une hôtellerie avec un flambeau ; le premier rayon de l'astre déchira ce voile de terreur qui couvrait le désert, et donna le signal d'un concert immense formé de toutes les voix des oiseaux de l'Inde. La vie succédait à la mort.

Elle dormait toujours sur son lit de feuilles, la belle créole, et Paul n'osait pas la réveiller, quoique la souffrance d'un horrible rêve fût peinte sur son visage. La clarté du jour inondait la salle haute en ce moment, et Paul comptait sur le soleil qui réveille en effleurant d'un rayon les yeux fermés.

En attendant, il reprit sa pose contemplative, et ses yeux s'éteignaient de langueur. Le madras, noué autour de la tête d'Aurore avait disparu, et de magnifiques tresses de cheveux noirs, déroulées en désordre, servaient comme d'oreiller d'ébène à la jeune femme endormie : le *sari* indien, sobre d'étoffe, rendait justice aux charmes de la créole française, et deux bras d'ivoire se détachaient mollement étendus sur un fond de feuilles flétries, indignes de sa beauté.

Vertu sainte, tu es plus qu'un nom, quoi qu'en ait dit le dernier des Romains à Philippes.

Paul prit à deux mains la cime d'un arbuste qui voilait le soleil levant à la petite porte de la terrasse, la courba, et dirigea une gerbe de rayons sur les yeux de la jeune femme, qui se réveilla en sursaut.

Elle rajusta promptement le désordre de sa toilette, et se leva, en jetant autour d'elle des regards effarés.

Paul regardait du côté de la plate-forme et attendait un premier mot pour se retourner...

— Noble jeune homme! dit la créole en se parlant haut à elle-même, il a veillé pour moi toute la nuit!... et ce pauvre Asthon aussi! ajouta-t-elle en caressant le chien, qui semblait, dans son regard le plus doux, la féliciter d'avoir échappé aux dangers de la nuit.

Elle tendit la main à Paul, qui la baisa respectueusement, et, d'une voix éteinte, elle s'excusa de son sommeil comme d'une faute.

— Oh! dit le jeune homme à voix très-basse, nous avons dormi tous les trois; mais Asthon, lui, dormait éveillé, selon son usage, et, s'il y avait eu un danger, il m'aurait averti. La nuit a été bonne...

— Oui, bonne pour nous, interrompit Aurore sur le même ton, mais les autres... les autres...

Des larmes mouillèrent ses joues, et Paul regarda le ciel en soupirant.

— Et maintenant, Paul, demanda la jeune femme, quel est votre projet?

Cette interrogation fit tressaillir le jeune homme : il n'avait point de projet. Cette ruine d'un temple lui paraissait plus belle que l'habitation d'un nabab : il ne désirait rien, il n'avait qu'à perdre en trouvant mieux. La jalousie, cette passion fatale qui brise même l'amitié, lui montrait dans l'avenir, ou le comte Raymond, s'il n'était pas mort, ou tout autre rival préféré, ou le terrible Surcouf, toujours soupçonné d'être l'amant de la belle créole. Dans cette vie d'anachorète qu'il entrevoyait, son amour n'avait plus rien à craindre. Les regards, les sourires, les paroles de la femme ne seraient que pour lui. Ce rêve lui paraissait une chose très-raisonnable, mais l'illusion dura peu.

Aurore venait de deviner la pensée de Paul à ses hésitations.

— Mon cher compagnon! lui dit-elle, cette ruine est inhabitable, et, dussé-je m'exposer seule à toute sorte de périls, je veux en sortir et gagner le village de Kalima.

— Six heures de marche! dit Paul, et quels chemins!

— Eh bien! nous avons douze heures de soleil pour les faire.

— M. Surcouf est à Kalima? demanda Paul d'un ton nonchalant.

— Surcouf! reprit Aurore étonnée, ai-je parlé de Surcouf?

— Non, dit Paul embarrassé, non, c'est moi... qui... j'ai toujours cru... excusez-moi, je vous prie... j'ai toujours cru parler à madame Surcouf... ou à sa prétendue...

Un sourire triste, qui, en toute autre occasion, serait devenu un éclat de gaieté folle, éclaira un instant le visage pâle de la jeune créole, et elle répondit :

— Non, mon cher Paul, non, je ne suis ni la femme, ni la prétendue de Surcouf.

En certains moments, lorsque la reconnaissance ou tout autre sentiment généreux les anime, les femmes ont le tort de mettre dans leur voix une mélodie et une douceur dont elles ne soupçonnent pas l'influence, et dont les hommes s'enivrent dans l'étourderie de leur amour-propre ou de leur amour.

Cette innocente perfidie porta le dernier coup à la raison du jeune homme. La confidence produisit aussi son effet. Elle n'est ni la femme ni la maîtresse de Surcouf! donc, elle n'est la femme ni la maîtresse de personne. Telle est la logique des amoureux.

— Nous irons à Kalima, dit Paul, en dissimulant l'excès de sa joie; mais auparavant, vous me permettrez d'aller reconnaître les environs pour bien m'assurer...

— Eh! puisque nous n'avons rien vu cette nuit, interrompit Aurore, les chemins sont sûrs.

— Oui, Aurore, dit Paul en hasardant pour la seconde fois ce nom isolé, dans sa familiarité expansive; oui, nous n'avons rien vu cette nuit... Vous avez raison... mais pour plus de sûreté... croyez-moi... je serai promptement de retour... et en m'attendant, prenez un peu de force... Asthon doit avoir faim, pauvre bête! Ayez soin d'Asthon.

Et il gagna précipitamment l'escalier, descendit jusqu'aux marches brisées, franchit d'un bond l'espace vide, et examina le terrain pour y découvrir quelques indices sur les événements de la nuit.

Ce fut seulement dans la partie de la forêt qui expire au sommet de la montagne que Paul découvrit des traces d'un passage récent. Les lambeaux du crêpe chinois avaient presque tous disparu; le velours des herbes gardait les vestiges de plusieurs pieds de grandeur différente, et on distinguait bien au grand jour, par intervalles, des grains de cendre de tabac. Mais une autre découverte acheva de rassurer Paul, en lui prouvant que les ennemis s'étaient lancés, grâces à ses ruses, dans une poursuite folle vers le nord; la veste blanche avait disparu sur le versant opposé; impossible d'admettre que le vent l'avait emportée à la mer, pas un souffle n'agitait les tiges des fleurs sauvages. Les bandits qui poursuivaient Aurore étaient donc dépistés pour longtemps; le rusé forban de Timor avait trouvé son maître; Paul triomphait. Que de reconnaissance la belle créole lui devait pour un si grand service! et comme il est facile de payer une si énorme dette avec un peu d'amour!

Rentré dans la ruine, Paul reconstruisit à la hâte et grossièrement les six marches de l'escalier; il en essaya la solidité douteuse et appela Aurore et Asthon d'une voix forte, pour prouver à la jeune femme qu'il y avait absence de péril. Asthon arriva le premier en bondissant de joie; Aurore descendit avec précaution les marches boiteuses, et ses mains ne quittaient pas les mains de son jeune et dangereux protecteur.

— Voilà déjà une heure perdue, dit-elle en mettant le pied sur la terre ferme.

— Nous la rattraperons, répondit Paul.

Ils donnèrent un dernier regard à ces ruines qui, à cette heure du jour, dans la sauvage beauté de leur nature et sous l'azur de leur ciel, offraient le plus merveilleux des spectacles. Rien n'est comparable à ces augustes reliques d'un monde évanoui, et qui n'a pas de nom dans l'histoire. Les yeux se vitrifient de stupéfaction devant ces énigmes de granit, toujours parées de la grâce éternelle de leur architecture, toujours couvertes de guirlandes de fleurs, et qui proclament la gloire d'un peuple, d'un art, d'une civilisation et d'une catastrophe, dont aucune mémoire n'a gardé le souvenir.

Eh bien, le puissant et gracieux architecte qui a bâti ce temple ; les sculpteurs qui ont caressé tant de statues mortes ; les artistes qui ont ciselé toutes ces fleurs sur les frises, n'ont pas travaillé en vain, et s'ils avaient pu lire dans l'avenir, ils auraient cru leurs travaux bien payés, en voyant après quarante siècles leur merveille en ruine servant de refuge à une femme plus belle que leur divinité de Java.

Paul, la jeune femme et Asthon trouvèrent bientôt la grande et antique chaussée, cette voie Appienne de l'île, ouverte aux mêmes époques inconnues. Cette route est si puissamment incrustée dans le roc, qu'elle peut supporter encore le poids d'autres siècles et le passage de nouvelles civilisations. Il y a même quelque chose de providentiel dans ces grands chemins indiens rencontrés à travers les solitudes par le voyageur. Ce sont comme les pierres d'attente d'un ordre nouveau et les chaînons mystérieux qui lient le passé à un avenir commencé aujourd'hui. Les monuments se sont écroulés, les faux dieux ont disparu, les pagodes touchent de leurs débris les jungles et les montagnes, parce que toutes ces choses des vieilles fables sont mortes, sans aucune chance de résurrection ; mais les routes indiennes subsistent toujours, et semblent attendre le *rail* où doivent passer les peuples civilisateurs de l'Occident.

Lorsqu'au milieu du xvi° siècle le père Valette ouvrit, le premier, les forêts vierges du Mississipi, il ne se doutait pas de toutes les merveilles de création future qu'allait faire au désert la première trace chrétienne et française : ainsi, lorsque la civilisation refleurira sur le sol javanais et que la vapeur exhalera sa fumée féconde de Samarang à Batavia, on se souviendra du premier marin français qui s'est aventuré dans ces solitudes, en conduisant par la main la Circé chrétienne, la magique fée de la nouvelle civilisation. Par ses vertus, la femme crée tout, après Dieu, dans ce monde; mais elle garde l'anonyme : c'est toujours l'homme qui signe la création.

Un double paysage, admirable des deux côtés de la route, enchantait les regards de nos jeunes voyageurs; les arbres, élancés à des hauteurs prodigieuses, croisaient leurs cimes et formaient un berceau comme une galerie verte et sans fin. Une ombre douce régnait partout et entretenait une fraîcheur suave et embaumée. Par intervalles, à droite ou à gauche, le voile des arbres semblait se déchirer pour laisser voir, dans des éclaircies lumineuses, un lac couronné d'oiseaux, une cascade joyeuse, une ruine dorée, couverte d'euphorbes, de cactus et d'aloès. Cette puissante nature indienne semblait vouloir se parer de toutes ses grâces, de toutes ses séductions, de tous ses caprices, comme une coquette délaissée, pour ramener à elle l'ancien cortège de ses adorateurs disparus.

Notre jeune créole, habituée aux courses brûlantes des guerres françaises du Mysore, cheminait d'un pied leste sur la voie Appienne de Java, et la grâce majestueuse du paysage lui faisait oublier ses préoccupations. Son jeune guide ne pouvait se lasser d'admirer sa belle compagne, dans le cadre divin où elle marchait comme une reine tombée d'un trône, dépouillée de ses richesses, séparée de ses courtisans, et comptant sur sa beauté pour tout reconquérir.

Le noble Asthon éclairait la marche et parcourait quatre fois le même chemin ; il fouillait tous les buissons suspects, écoutait tous les bruits étranges, sondait du regard les issues ténébreuses, flairait toutes les émanations de la brise, et, son examen fait avec la conscience d'un animal, il venait rejoindre ses maîtres avec un œil serein, semblait leur dire que tout allait au mieux sur la route, et il reprenait son élan pour continuer son devoir de bon serviteur. Quelquefois un singe railleur, descendu en trois bonds de la cime d'un arbre aux premiers rameaux jetait ses éclats de rire et prodiguait ses grimaces sur le passage d'Asthon ; le noble chien ne daignait pas faire à l'histrion l'honneur d'une pause, et il poursuivait son chemin, comme fait un homme grave en entendant l'épigramme stupide d'un mauvais plaisant.

Le soleil arrivé au zénith perçait de sa chaleur la voûte épaisse des arbres, et ne permettait plus à la jeune femme de soutenir une marche rapide. Une halte était nécessaire. Paul avisa sur un des côtés de la route une hôtellerie de la nature ; encore une ruine sans nom, une espèce de rotonde qui probablement a été une chapelle aux âges mystérieux de Java. Les fruits du verger de Dieu abondaient aux environs, et l'eau vive coulait en nappe verte sous des fleurs de nénufar.

Asthon fouilla la rotonde et se coucha tranquillement sur une pierre. C'était dire : L'endroit est sûr.

Après un repas d'anachorète, la belle créole se fit un divan très-doux avec une épaisse couche de gazon pour payer un arriéré de dette au plus inexorable des créanciers, au sommeil. Paul, accablé par l'insomnie, résista quelque temps, mais il se dit le mot de Raymond : *Il faut dormir pour être fort.*

— J'ai besoin d'être fort, se dit-il.

Et se plaçant à une distance respectueuse de la jeune femme, il s'endormit. Asthon veillait pour trois.

Le soleil s'inclinait sur l'horizon maritime, lorsque la belle créole se réveilla. Au premier moment, elle fut saisie de frayeur en se croyant seule; mais elle se rassura bientôt en apercevant son guide, profondément endormi encore, dans une alcôve de lataniers.

Aurore marcha sans faire du bruit, et ses yeux se remplirent de larmes douces, lorsqu'elle se mit à regarder de près, et avec une attention qu'elle ne lui avait jamais donnée, ce noble ami, si dévoué, si brave, si respectueux surtout!

— Et il m'aime! pensa-t-elle, car il lui était impossible de se méprendre sur la nature des sentiments de Paul : une femme ne commet pas de ces erreurs ; — il m'aime! et cette nuit, dans cette solitude horrible, il a gardé mon sommeil, il a veillé comme un frère, et ce matin, il a eu la délicatesse de vouloir me persuader qu'il avait dormi! Je vois bien, en ce moment, que ce noble jeune homme était debout, quand je dormais, moi!... Malheureux amour!

Une sombre contraction de désespoir passa sur le visage d'Aurore ; ce qui était au fond de l'abîme de sa pensée, Dieu le savait en ce moment.

Un vol de perruches multicolores vint s'abattre sur le latanier et une fusée de notes d'or éclata dans le silence du désert.

Paul se réveilla et vit la jeune créole, debout, à une certaine distance.

Son premier mouvement fut de regarder le ciel, comme on consulte une montre en voyage lorsqu'on redoute de manquer l'heure du départ.

— Il n'est que deux heures, dit-il, Dieu soit loué !

— Nous avons encore quatre heures de soleil, dit Aurore en hasardant un mouvement de lèvres qui ressemblait à un sourire.

— Oh ! c'est bien suffisant, reprit Paul.

Aurore serra les mains du jeune homme et dit :

— Partons !

Le chien reprit ses fonctions d'éclaireur, mais Paul le rappela en lui ordonnant de ne pas s'arrêter.

— Que cela ne vous effraye point, Aurore, dit Paul en souriant : je connais le chemin de Kalima. Nous allons bientôt quitter la chaussée de briques et gagner le rivage de la mer, par la plaine du Nord.

En effet, après un quart d'heure de marche, Paul avisa une espèce de borne milliaire antique et il dit :

— Voilà la route de Kalima.

Et on se mit à marcher à travers champs, si on peut appeler de ce nom des plaines sans culture qui attendent le retour de la charrue depuis les âges fabuleux.

Les arbres et les courants d'eau ne manquent pas dans cette campagne sauvage ; il semble, à chaque instant, qu'un toit de ferme ou un clocher va surgir à l'horizon ; mais rien de ce qui rappelle le travail de l'homme n'apparaît au regard du voyageur. La nature, seule ouvrière toujours occupée et qui se passe de la collaboration de l'homme, prodigue sur cette zone toutes ses richesses inutiles et le luxe de ses inimitables décorations. Elle travaille pour se faire admirer par le soleil : ce spectateur solitaire et sublime lui suffit.

Il y a deux mille ans, les coteaux de Meudon et de Ville-d'Avray ressemblaient beaucoup à la campagne qui mène à Kalima. On y voyait des lacs charmants, des ruisseaux limpides, des prairies naturelles, des forêts sombres, mais les villas et les châteaux y manquaient. Le défrichement fera le tour du monde, grâce à la vapeur. Il y aura demain des clochers, des villas et des fermes aux Meudon et aux Ville-d'Avray de Java. L'homme est impatient, mais deux mille ans sont une fraction de minute sur l'horloge de la patiente éternité.

Comme ils cheminaient avec une confiance qu'aucun fâcheux accident n'avait trompée depuis le matin, Paul et Aurore remarquèrent des frissons d'inquiétude sur les oreilles d'Asthon. En pareil cas, les signes remplacent la parole. Le jeune homme et la belle comtesse échangeaient des regards significatifs et prêtaient l'oreille aux murmures du désert, car ils ne voyaient rien devant eux ou loin d'eux qui parût justifier les craintes nerveuses d'Asthon.

— A coup sûr, Asthon ne se trompe pas, pensa le jeune colon, et, sans trop faire remarquer son mouvement, il examina les deux amorces de sa carabine.

Asthon hurla en sourdine et se plaça devant ses maîtres comme pour les empêcher d'aller plus avant.

La jeune créole arracha vivement les deux pistolets de la ceinture de Paul et dit : — Nous sommes trois !

XII

A cette heure du jour, l'homme fauve était plus à redouter que son compatriote quadrupède. Le soleil brillait encore de tout son éclat et épouvantait de ses rayons les sauvages ravageurs de la nuit.

C'est ce que pensaient Paul et Aurore, et ils se communiquaient leur étonnement par un échange de regards.

Leur pensée allait plus loin encore.

La bête fauve ne pouvant être admise dans cette plaine tout inondée de lumière, pourquoi le chien Asthon témoignait-il tant de frayeur? Un bruit de pas de voyageurs, appartenant à l'espèce humaine, devait-il alarmer un animal regardé partout comme un ami de l'homme? car il était impossible d'admettre que la bande des forbans, très-connue d'Asthon et très-redoutée dans les ténèbres, allait se montrer une seconde fois sur cette plaine déserte, grand chemin de Kalima.

Ainsi que me le disait un de mes amis, un jour que nous

traversions la vaste et sombre forêt de Viterbe : *Toute rencontre ici est un danger*. En effet, ce qui peut arriver de plus heureux, en plein désert, c'est de n'y trouver personne. Le visage le plus humain est suspect dans le domaine du néant.

C'était probablement ainsi que raisonnait l'animal, c'est-à-dire le chien ; et il raisonnait juste, selon l'usage de ces créatures que notre orgueil prive de raison.

Un de ces ravins profonds et démesurés, comme on en trouve dans les grandes solitudes équinoxiales, s'élargit à quelques pas de l'arbre sous lequel s'étaient arrêtés nos trois voyageurs. Il aurait fallu faire un immense détour et perdre deux heures de marche pour éviter ce ravin et suivre la plaine jusqu'au village de Kalima.

Paul tenait ses yeux fixés sur le bord du ravin et attendait une de ces apparitions qui sont effrayantes même dans l'éclat de la campagne et du ciel.

La belle créole, qui, dans son enfance, avait joué avec les armes, se tenait prête à seconder son compagnon. Le chien écoutait toujours et se plaignait sourdement.

Rien dans nos campagnes fécondes ne peut donner une idée du paysage qui entourait cette scène de terreur. C'était un chaos d'arbres jeunes et d'arbres séculaires frappés de la foudre, un terrain voilé de grandes herbes, des buissons formés de vingt arbustes sauvages, des pointes de roc luisant au soleil comme du bronze poli, des éclaircies de lumière ; des voûtes d'ombre noire ; pas un sillon tracé, pas une empreinte humaine, un azur défet ; un silence de mort ; par intervalles, le chant bref et splendide de la perruche multicolore, l'oiseau des solitudes, fleur vivante peinte par le soleil et ne s'épanouissant que pour lui.

Des formes hideuses se montrèrent à demi, puis se révélèrent dans toute leur taille sur le talus du ravin. Paul reconnut du premier coup d'œil les Vadankéris, espèce de bohémiens de l'île, alors connus sous le nom de *Damnés*, une classe proche parente de la famille de Strimm et de

Gotchak. Ces hommes, puisqu'il faut les désigner de ce mot, n'ont rien de commun avec les parias, êtres inoffensifs et résignés.

A l'époque où se passe notre histoire, les Vadankéris, repoussés des villes, comme les parias, ne s'abaissaient pas à mendier un *couris*, une noix d'arec ou quatre grains de riz, aux portes des villages ; ils acceptaient fièrement leur damnation éternelle, et, préférant le pillage à l'aumône, ils s'en allaient à travers champs et bois, ne donnant merci à aucun voyageur, et souvent même se livrant à l'anthropophagie, quand le pillage ne pourvoyait pas à leur faim.

La bande de ces damnés était trois fois plus nombreuse que la bande de Strimm ; on voyait briller au soleil, sur leurs épaules ou dans leurs mains des armes de toutes sortes : Les carabines, les haches, les lances, les criks, les pistolets, outils de la profession. Ils étaient tous de petite taille, tous nus jusqu'à la ceinture, tous exagérant la laideur du peuple malais, et pourtant il y avait dans leur allure fière, dans leur regard intelligent, dans l'ondulation gracieuse de leurs torses et de leurs têtes, quelque chose de noble qui semblait les rapprocher de la grande famille humaine, en accusant l'injustice de leur damnation. Deux femme (pardon, mes lectrices), deux femmes marchaient avec la bande, et les hommes n'avaient rien à leur envier du côté de la laideur.

La fuite et la défense étaient impossibles. Une sueur froide inondait le corps du jeune colon, et l'idée qui traversa son esprit et que ses mains traduisirent par un geste était horrible. La belle créole devina l'intention de Paul.

— Non, lui dit-elle très-bas avec calme ; non, point de crime de vertu. Dieu veut peut-être que je vive.

— Vous ne connaissez donc pas ces hommes? dit Paul ; ce ne sont pas des parias.

— Je les connais, dit Aurore.

— Eh bien! alors... dit Paul.

Et il fit deux pas en arrière, en regardant les deux amorces de sa carabine.

Aurore fit un geste impérieux pour arrêter Paul au moment de l'exécution; elle laissa tomber ses deux pistolets, et, le sourire aux lèvres, elle marcha vers la bande sauvage des Damnés.

Des rugissements, des cris fauves, des éclats de rire de quadrumanes, des trépignements convulsifs accueillirent la femme qui resta calme, avec son sourire d'ange et son regard empreint d'une douce fascination.

— Mes bons amis, leur dit-elle en langue malaise, je me suis égarée dans ce désert avec mon mari, un Français qui vous aime beaucoup et n'a jamais fait du mal aux vôtres. Nous nous rendions à Kalima pour nous embarquer, et, si un de vous consent à nous guider en chemin, nous serons très-reconnaissants et nous payerons avec générosité ce service.

Les Damnés se regardèrent les uns les autres et se parlèrent un instant à voix basse, mais les visages n'avaient rien de menaçant.

— Ces deux pauvres femmes me paraissent bien fatiguées, reprit la jeune créole.

Elle leur serra affectueusement les mains, et, tirant de son corset son anneau de mariage, retiré depuis longtemps de son doigt, elle le donna gracieusement à la plus jeune. L'autre reçut une petite bourse pleine de guinées, unique trésor de la voyageuse. Les deux sauvagesses battirent des mains et voulurent embrasser Aurore. C'était une rude épreuve, et la belle créole s'y résigna de la meilleure grâce du monde, et les hommes firent éclater une vive satisfaction.

Un incident acheva la réussite ou, pour mieux dire, la conquête.

Sur l'arbre qui donnait son ombre à cette scène du désert, se balançait une jeune perruche multicolore, qui semblait prendre un grand plaisir à écouter la voix de la jeune créole. C'était le moment de tirer un parti favorable du charme. Aurore regarda l'oiseau, l'appela en lançant de ses lèvres roses une fusée de notes de bengali, et la perruche joyeuse vint se poser sur le doigt d'agate en chantant tout son répertoire de mélodies appris au conservatoire du désert.

Hommes et femmes n'avaient jamais vu un tel prodige. Ils firent cercle autour de la créole pour lutiner l'oiseau ; mais celui-ci reprenant son naturel sauvage, repoussait à coups de becs les vilains doigts de cuivre brusquement tendus et se réfugiait sur le sein de sa nouvelle maîtresse, aux grands éclats de rire et à l'extrême stupéfaction de la bande. Cette jeune et belle femme, qui avait une parole si harmonieuse, un regard si doux, et qui commandait aux oiseaux les plus sauvages de la création, apparut comme une divinité aux cannibales du désert. Ils prodiguèrent à Aurore les démonstrations les plus respectueuses, et s'offrirent tous de l'accompagner jusqu'à un mille de Kalima.

Pendant cette scène, Paul s'était appuyé sur un arbre et suivait de loin tous les mouvements d'Aurore. Asthon, un peu revenu de sa frayeur, jetait des regards obliques à son maître, et attendait un ordre comme un soldat bien discipliné.

Aurore appela son compagnon.

Paul mit sa carabine en bandoulière et s'avança, suivi d'Asthon.

Le jeune colon serra la main de tous les sauvages sans en excepter un seul, et leur montrant le ciel, il leur dit :

— Cette femme vient de là-haut !

La figure ouverte et mâle du jeune homme, sa démarche fière, sa haute taille, firent une favorable impression, mais les regards se détournèrent de lui tout de suite; on ne pouvait se lasser de contempler la belle blanche, qui jouait de ses lèvres avec le bec de la perruche, et promettait aux deux femmes un avenir meilleur si elle réussissait dans ses projets.

Paul montra du regard à sa compagne le soleil, comme un mari montre à sa femme l'aiguille de minuit, dans un bal, et Aurore dit aux sauvages :

— Mes bons amis, je vous quitte, mais pour vous revoir, c'est bien mon intention. Ne m'accompagnez pas tous, c'est inutile. Je vais choisir un guide dans votre famille, et je le garderai, non pas comme un serviteur, mais comme un aide. Il ne lui sera fait aucun mal sous ma protection.

Le nom de Simming (l'Éclair) circula dans les rangs.

Simming se présenta; c'était un jeune Vandankéri de dix-sept ans, moitié cuivre, moitié coutil, avec des cheveux crépus, un visage anguleux et des yeux superbes. Les yeux sont le visage. Aurore trouva Simming charmant, et l'accepta pour guide avec une grande satisfaction.

La séparation fut très-amicale. La jeune créole fit même un effort héroïque, elle embrassa les deux femmes sauvages.

— Ce sont des créatures de Dieu, dit-elle à Paul en français.

Les hommes n'avaient jamais vu une blanche embrasser une Malaise; cet acte de fraternité leur parut sublime; ils poussèrent des cris de joie qui ressemblaient à des cris de rage, et se jetèrent aux pieds de la belle Européenne, comme ils eussent fait devant leur divinité.

— Encore une fois, mes amis, leur dit-elle, nous nous reverrons, je vous le promets.

Paul, qui connaissait parfaitement le chemin, se laissa guider par Simming, et offrant le bras à Aurore, qui commençait à avoir besoin d'un appui, il se dirigea vers le Nord.

Asthon paraissait regretter vivement d'avoir si mal à propos effrayé ses maîtres, en leur annonçant par des signes de détresse une rencontre de sauvages qui étaient de si honnêtes gens.

La nuit tomba bientôt, mais le village de Kalima se révélait dans le voisinage ; on voyait luire des feux allumés autour des huttes, pour éloigner les bêtes fauves et donner le sommeil aux animaux des étables. Paul cherchait, à la lueur des constellations, un point de reconnaissance qui devait lui signaler la ferme et la plantation d'un Hollandais, ami de Vandrusen.

Quand il eut découvert ce qu'il cherchait, un bouquet de palmiers isolé sur un roc, il dit à Simming :

— Mon ami, un jour, j'ai débarqué à Kalima, et M. Davidson m'a fort bien reçu, là, dans cette ferme hollandaise que je reconnais très-bien.

Simming témoigna quelque crainte en mettant le pied dans une plantation européenne, mais Paul le prit par la main et le rassura.

On voyait luire la mer à peu de distance ; et quelques mâtures de vaisseaux s'élevaient et se confondaient avec les arbres sur le rivage du petit port de Kalima.

XIII

Par une bonne brise du sud-ouest, *le Malaca* vogue en pleine voile vers les atterrages de Bornéo. Les marins de service s'occupent de la manœuvre ; Bantam, appuyé à tribord contre le bastingage, parle, crie, s'agite et menace du poing tous les horizons.

Ses fidèles lieutenants, Cobra-Capel et Œil-de-Tigre, sont ses interlocuteurs. Leur entretien nous apprendra beaucoup de choses intermédiaires et fort importantes pour l'intelligence de cette histoire.

— En voilà un, criait Bantam, en voilà un que je verrais avec plaisir clouer comme une poulène à l'arrière du *Malaca*.

— Le Français de Samarang ? dit Cobra-Capel.

— Oui, ce lord français qui nous a fait courir du côté du *Vallon de la Mort*, en battant en retraite, lui, comme un lâche !

— Et ils étaient plus nombreux que nous, dit Œil-de-Tigre.

— Oui, oui, reprit Bantam ; ils ont pris des recrues dans la bande des Damnés de Strimm. Ces chrétiens sont les amis de tout le monde.

— Oh ! ils ne sont pas fiers comme nous ! remarqua Cobra-Capel. Moi, je suis né de l'écume de la mer, eh bien, je ne toucherais la main qu'à mon égal. Il faut garder son rang.

— Et ces coquins, reprit Bantam, nous auraient menés jusqu'à Bally, au fin fond de Java, si nous avions voulu écouter leurs coups de fusil !

— Ah ! tu as été plus fin que le chrétien, toi, dit Cobra-Capel.

— Sang de tigre ! reprit Bantam, ils me payeront ma course ! Mais je me suis ravisé un peu tard !... Quand j'ai vu qu'ils me menaient trop loin, et au pas de course, je me suis dit : La femme blanche n'est pas avec eux ; elle se sauve par la forêt de fer !

— Tu avais bien deviné la ruse ! remarqua Cobra-Capel.

— Alors, répondit Bantam, je les ai plantés là, comme des bambous, leur laissant dix hommes pour les amuser, en tirant derrière les arbres, à l'embuscade, et nous nous sommes mis à la piste de la gazelle aux yeux verts.

— Elle a bon pied et bon œil, la gazelle ! dit Œil-de-Tigre.

— Oui, reprit Bantam ; mais elle n'était pas seule ; j'ai vu sur les mousses de la montagne des traces de souliers de rhinocéros ! La gazelle a un amant... un au moins ! et par les écailles jaunes du serpent Ananta ! je ferai rôtir son foie au soleil avant quinze jours !

— Et tu crois alors, demanda Cobra-Capel, que la femme blanche ne reviendra plus à la case de Vandrusen ?

— Elle serait bête comme une tortue si elle y revenait,

dit Bantam, et je la crois rusée comme la femelle du kandjil, qui laisse manger son mari par le tigre pour se donner le temps de se sauver.

— Mais à force de se sauver, on se perd, remarqua Cobra-Capel.

— Aussi, je lui permets de se sauver. Va, crois-le bien, la caille ne quitte jamais Madagascar. Une île est une prison ; Java me garde cette femme. L'autre nuit, je l'ai manquée de bien peu ; nous avons trouvé la toison aux branches comme je l'avais dit. Oh! je suis bien tranquille, elle ne s'écartera jamais beaucoup de la case de Vandrusen. Ses amours sont dans ce nid de chrétiens. Écoute, mon Cobra-Capel, la gazelle blanche est à Chéribon en ce moment.

— Et tu veux aller la chercher à Chéribon? demanda Œil-de-Tigre en riant.

— Me prends-tu pour un kangourou? reprit le chef malais ; tu crois que j'irai mettre ma patte dans un piége comme une panthère qui sort de nourrice? Oui, j'ai fait l'autre nuit une sottise en tirant des coups de fusil derrière des arbres, sur des arbres qui cachaient des coups de fusil ; mais sois tranquille, cela ne m'arrivera plus. L'expérience est une vertu noire ; elle manque aux blancs ; nous l'avons, nous !... J'ai mon projet...

Une voix cria : *Terre!* et Bantam regarda le soleil.

— Voici la nuit, dit-il, nous arrivons au bon moment.

Et il se mit lui-même à la barre du gouvernail.

A la faveur de la nuit, *le Malaca* entra bientôt dans une anse déserte. On cargua les voiles, et un grand silence se fit à bord.

— Mes amis, dit Bantam à voix basse, mais très-distincte, en s'adressant à l'équipage, mes bons amis, la grande nuit est venue. Le chef tient sa parole, êtes-vous prêts?

Toutes les mains saisirent les criks et les brandirent dans l'air ; il n'y eut pas un mot de prononcé. Le geste était plus éloquent que le son de la voix.

— Voyez-vous cette petite colline qui fait cap, en s'amincissant vers la mer? poursuivit Bantam ; cette colline, facile à franchir, nous sépare de la vallée de Banjermassing, la vallée de la poudre d'or.

Un murmure de satisfaction courut dans l'équipage.

— Voyez-vous cette petite anse où j'ai conduit *le Malaca ?* eh bien! elle n'a pas de nom, même parmi les naturels, et voici pourquoi : aucun navire et même aucune embarcation n'y sont jamais entrés. On ne donne pas de nom à ce qui n'existe pas. Le roi de Bornéo, qui garde sa poudre d'or comme le bonze de Doumar-Leyna garde le bracelet du Serpent-Sans-Fin, cet imbécile de roi pense n'avoir rien à redouter du côté de cette crique, parce qu'elle est entourée de brisants, à deux milles au large, et que ses bas-fonds sont très-dangereux. Moi, je passerai entre les deux becs de la lune sans m'y accrocher, je me moque des brisants comme l'oiseau *la frégate* se moque du détroit de Macassar, quand il veut passer des Célèbes à Bornéo.

Un rire comprimé accueillit cette comparaison.

— Ce que nous allons faire, continua Bantam, n'a jamais été fait. Enlever la belle Sita était peu de chose ; enlever un grain d'or dans le val de Banjermassing, c'est l'impossible. Voyez comme il est grand l'éloge que je vous donne, mes amis !

Les amis agitèrent leurs criks une seconde fois.

— Un jour, reprit Bantam, Surcouf, le brave Surcouf, avait eu l'idée de construire une flotte française pour faire en grand le métier de corsaire et se nommer amiral. Il lui manquait beaucoup d'or pour construire des vaisseaux. Surcouf tenta une descente à Banjermassing ; il perdit presque tous ses marins et regagna son bord sans avoir pu ramasser une poignée de graines jaunes. Nous ferons mieux, nous, mes amis !

— Oui, oui ! dirent à voix basse, mais résolue, tous les forbans.

— Savez-vous bien ce que c'est que l'or? poursuivit Bantam; l'or, c'est l'opium, le tabac, la poudre de Karrich, la *soya*, le riz Benafouli, les nids d'hirondelles, le rhum de Ceylan, le vin de Constance, les parfums de Delhi, la paresse du Chattiram, la belle esclave blanche; l'or, c'est la vie! Voulez-vous vivre? suivez-moi!

Bantam laissa un mousse et un gardien à bord du *Malaca*, et s'élança sur le roc avec l'agilité d'un ouistiti. Vingt-quatre forbans le suivirent, réglant leur marche sur la sienne, ou, pour mieux dire, leur vol. Les Indiens auraient cru voir une bande de démons vomis par la caverne de Myassour.

Parvenu au sommet de la colline, Bantam adopta la méthode des étrangleurs indiens : il se coucha sur la terre et rampa comme un reptile. Ses compagnons l'imitèrent dans ce nouveau système de marche; mais, quoique initiés depuis leur enfance dans le mécanisme des ondulations horizontales, ils étaient loin d'atteindre à la hauteur de la science acquise par leur chef.

Ils traversèrent ainsi une éminence jonchée d'ossements blanchis, et cette vue ne les intimida point. C'était la place où s'élevait le mancenillier garni de squelettes humains. Tous les malheureux Européens arrivés dans ce val avec la soif de l'or et accablés par des forces supérieures, avaient fini leur vie aux branches de cet arbre devenu un gibet. Le vent de la mer balançait longtemps les squelettes, puis il les détachait de cette potence et les éparpillait en lambeaux aux environs. Le roi de Bornéo comptait beaucoup sur cet épouvantail pour éloigner les forbans et les spéculateurs.

Bantam était un enfant du pays; il connaissait Banjer massing comme le pont du *Malaca*, et souvent, dans son adolescence, lorsque son isolement et sa faiblesse le mettaient à l'abri de tout soupçon, il avait contemplé cette riche vallée, et visité les postes de ses gardiens, avec la vague pensée de mettre un jour à profit ses observations adolescentes, car les instincts de convoitise se révèlent de bonne heure dans les natures de l'équateur.

Une sentinelle veillait sur la limite de la mine, et elle n'entendit pas le reptile qui venait l'égorger; elle tomba sans pousser un cri. Bantam s'était levé à ses pieds, comme sorti des entrailles de la terre, et en la glaçant de terreur, il l'avait traversée de part en part avec son long et solide poignard de Malaisie, l'arme la plus redoutable que la main de l'homme ait forgée pour la destruction.

Les gardiens, au nombre de cent vingt, dormaient aux étoiles, croyant n'avoir rien à craindre du côté de la terre, et de la crique sans nom. Bantam et sa bande passèrent sur ces soldats endormis, comme une trombe vivante; presque pour tous, la mort continua le sommeil; avec les autres, il fallut se battre; mais, surpris à l'improviste et ayant eu à peine le temps de prendre leurs armes, ceux qui se réveillèrent en sursaut se défendirent faiblement. Tout le poste de la mine fut exterminé sans pouvoir être entendu dans son agonie, et secouru par le poste de la mer, qui dormait sous la protection d'une sentinelle placée aux limites du cap.

Immédiatement le pillage commença. Les mineurs avaient travaillé pour les forbans. Petits lingots, parcelles, poudre, tout le trésor déjà disposé pour prendre le chemin de la capitale, tomba aux mains de Bantam. Les démons du *Malaca* reprirent leur vol comme des corbeaux munis de leur proie et l'emportant en lieu sûr pour la dévorer. Jamais coup plus hardi ne fut tenté avec plus d'audace, accompli avec plus de succès. Aujourd'hui encore, les Malais civilisés de Timor et de Sumbaya parlent de la superbe expédition de l'illustre Bantam à la mine de Banjermassing, et lorsqu'ils connaîtront (ce qui arrivera bientôt) l'histoire d'Alexandre le Grand, ils placeront le Malais bien au-dessus du roi de Macédoine, et ils n'auront peut-être pas tort.

Par le même chemin, les forbans repassèrent la colline, sous la conduite du chef. Le trésor fut déposé religieusement sur le pont du *Malaca;* pas un grain d'or n'y manquait. On remit à la voile à cette parole de Bantam :

— Nous ferons le partage en mer.

Que de malheurs et de fausses spéculations ce succès unique a produits chez les aventuriers des îles de la Sonde !

Le moment du partage fut solennel. Bantam se traita en lion, et c'était justice ; personne ne réclama. Cobra-Capel et Œil-de-Tigre murmurèrent très-bas, et comme involontairement. L'oreille féline du chef recueillit ses notes sourdes d'opposition clandestine. Mais le succès rend tolérant : il n'arriva rien de fâcheux aux deux lieutenants du pirate malais.

La majorité reconnut que la justice avait présidé au partage. Ils étaient tous riches, dans les proportions relatives de leur ambition de mendiants. Bantam, lui, s'était donné une part qui est une fortune partout, et dès qu'il se vit nanti de son or, il fut subitement saisi d'un profond dégoût pour la vie de la mer et des pirates ; il rougit même d'une pareille profession, et au lever du soleil, il donna tous ses pouvoirs à Cobra-Capel, et se fit débarquer sur l'île de Joussy, dans le détroit de Carimala.

XIV

La plantation de Davidson est la première que la Hollande ait hasardée sur cette côte sauvage de Java. Les services que les Hollandais ont rendus à la colonisation dans l'Inde sont immenses ; ce peuple a les trois qualités indispensables à l'accomplissement de ces travaux en pays lointain : la patience, le courage et l'activité. Java est surtout un produit hollandais.

A l'époque de notre histoire, le village de Kalima, qui depuis a fait fortune et a pris un autre nom, comme un roturier enrichi, était composé de quelques huttes isolées habitées par des pirates en retraite, des Malais agriculteurs et des Chinois exilés volontairement de la ville flottante de Bocca-Tigris.

Ces colons vivaient en bonne intelligence et restaient neutres, ne voulant embrasser le parti d'aucune des nations qui guerroyaient alors sur l'Océan indien. Le planteur Davidson était soupçonné de sympathie secrète envers la France; mais, dans certaines occasions, il avait eu le bon esprit de donner une hospitalité très-affectueuse aux marins et aux officiers du *Windsor-Castle*, échoué sur les récifs de Kalima. Davidson était donc très-bien noté dans les archives de lord Cornwallis, le vainqueur de Typpo-Saëb.

La plantation hollandaise de Davidson était magnifique et donnait les plus belles espérances. Soixante esclaves, et une vingtaine d'agriculteurs de Pulo-Pinang avaient changé une vaste plaine inculte en jardin. Le mûrier de Chine avait réussi admirablement, à côté des autres riches produits du sol javanais.

Deux voyageurs qui arriveraient à Paris, sans argent, sans passe-port et sans état, ne trouveraient pas une porte ouverte et un toit hospitalier; ils auraient même la chance d'être arrêtés comme vagabonds; mais, dans les pays non civilisés et barbares, l'hospitalité sainte est une religion, et, comme aux antiques jours de Jacob, la hutte ou la tente est ouverte au pauvre voyageur.

La civilisation et les hôtels garnis ont détruit l'hospitalité. C'est dommage.

Davidson avait reçu fraternellement Paul et sa belle compagne Aurore, et il avait même trouvé dans son chenil une place honorable pour le chien Asthon et un hamac pour le jeune Simming, quoiqu'il fût soupçonné véhémentement d'appartenir à la caste maudite des réprouvés de Java.

La comtesse Aurore Despremonts trouva le soir même de son arrivée les soins les plus empressés et un bon lit de repos dans l'appartement des sœurs Davidson, jeunes et charmantes Hollandaises, qui avaient courageusement suivi leur frère pour partager sa bonne ou sa mauvaise fortune au désert (1).

En parlant aux damnés de Vadankéris, la belle créole avait jugé convenable de faire passer Paul pour son mari ; mais dans la ferme de Davidson cette supercherie innocente, renouvelée des anciens jours, n'était plus permise. Il fallait même faire davantage sous le toit d'une famille austère et méticuleuse, pour éviter des soupçons fâcheux et mériter la confiance des sœurs hollandaises. Aurore ne balança pas, elle voulut vivre dans un isolement complet, et seulement aux heures des réunions de famille, elle parlait à son jeune compagnon du désert dans les termes d'une politesse froide, ce qui provoquait des réponses notées sur le même ton.

Les femmes s'acquittent de ces devoirs de convenance avec un tact et une mesure admirables ; on dirait qu'au fond de leur cœur elles n'éprouvent aucune contrainte, et qu'elles se soucient fort peu de blesser un ami. Les hommes, selon leur usage, ne comprennent rien, et ils se lamentent à l'écart de tant d'ingratitude et d'oubli.

Si, dans les environs de Paris, entre Chatou et Bougival, le propriétaire d'un quart d'hectares de terrain pierreux fait subir une longue torture à son ami dominical, en lui montrant les graines d'asperges et quatre jeunes melons entremêlés de coquelicots qui sont l'orgueil de sa propriété, faites vous une idée du planteur indien qui, dans ses en-

(1) Ces dévouements héroïques ont toujours été fort communs dans les familles des planteurs anglais, hollandais, portugais et français. Ces jours derniers encore, le capitaine Montfort, dans son beau voyage publié par l'éditeur Lecou, cite avec un juste enthousiasme une française, Madame Donnadieu, qui a toujours accompagné son mari, dans ses travaux de colonisation et de pionnier, dans les forêts de l'Inde. L'héroïsme des femmes créoles n'a pas dégénéré.

nuis, voit tomber du ciel bleu un visiteur patient pour cause d'hospitalité reçue, et qui peut lui montrer des plaines, des collines, des montagnes fertilisées par ses mains, et acquises gratuitement de ce généreux propriétaire qui est Dieu! Bien persuadé que la jeune créole était une simple connaissance pour le jeune Paul, Davidson s'était emparé despotiquement du colon français, et il le promenait à travers ses plantations sans lui faire grâce d'une canne à sucre, d'une houppe de coton et d'un grain de café. Paul se résignait à ce genre de supplice, issu du démon de la propriété; il finit par y trouver un certain charme irritant qui le faisait moins songer à un amour sans espoir. Aux belles heures matinales, quand le soleil n'a pas encore humé la fraîcheur de la nuit, Paul recommençait son inspection forcée des richesses de la propriété hollandaise. Au même instant, les deux sœurs Davidson et Aurore, toutes les trois vêtues de blanc, et leurs belles têtes blondes et brunes couvertes d'un large chapeau de Manille, se dirigeaient vers un massif d'arbres gigantesques dont les branches unies s'étendaient, comme les voûtes, sur un petit golfe sablonneux appelé les *Bains de Diane*.

Asthon, très-lié déjà, lui aussi; l'ingrat! disait Paul, très-lié avec deux chiens de la belle race de Sumatra, courait à côté de ses deux nouveaux amis devant les trois jeunes femmes, avec la conscience du grand devoir qu'ils allaient remplir sur le rivage sacré du bain maritime. Puis, quand sonnait la cloche du premier repas, le planteur et Paul revenaient de l'inspection, et on voyait alors les trois femmes rentrant aussi sous le toit domestique, toutes les trois inondées de leurs chevelures humides, or ou ébène en fusion, et confiant au soleil le soin de rendre ces belles tresses blondes ou brunes dans leur état naturel.

C'est alors que le jeune colon regrettait cette ruine auguste du bois, cette hôtellerie de quelques heures où l'univers lui appartenait, où il ne désirait rien qu'un pareil lendemain, éternellement suivi d'un autre.

— Qu'elle a été fatale pour moi, ma complaisance disait-il en lui-même; elle me menaçait de partir seule, et je l'ai crue! On croit tout quand on aime. Oh! non, elle ne serait pas partie seule, dans ce bois affreux et sans chemin frayé. Elle se serait soumise à une vie d'isolement, qui du moins était sans péril, et je l'aurai gardée toujours, comme un père garde sa fille dans une ville assiégée par des ennemis féroces; et j'aurais attendu l'heure de sa reconnaissance, et toujours heureux encore si elle n'avait pas sonné!

Il y avait des moments de désespoir où Paul regardait l'horizon de la mer et méditait une fuite immédiate, une fuite sans adieu.

— Ce que je fais est horrible? pensait-il, que sont devenus mes amis, mes frères de la case de Vandrusen? Je l'ignore, et je suis lâchement retenu ici par une femme et par un amour impossible! Brisons ma chaîne et partons!

La force lui manquait toujours au moment décisif; un son de voix connue, un éclat de rire sous les arbres, une frange de robe à travers les feuilles, une boucle de cheveux noirs agitée au kiosque, la moindre chose aperçue ou entendue, et révélant la femme aimée, le retenait, comme un invincible obstacle de fer, sur la limite de l'habitation. Pour lui, la vie était là, et partout ailleurs il entrevoyait quelque chose de pire que le tombeau, la vie sans l'amour.

Le coucher du soleil le ramenait toujours à ses sombres idées; il avait alors une heure de solitude absolue. Davidson le quittait, en lui exprimant des regrets fort polis, car il se croyait, de très-bonne foi, nécessaire à l'existence inoccupée de Paul; et, comme il le voyait toujours triste, il essayait, dans sa noble candeur hollandaise, de le distraire par l'exhibition perpétuelle de ses trésors végétaux. Donc, tous les soirs à six heures, le bon planteur éprouvait un véritable chagrin, et il fallait bien que le motif de cette séparation fût grave; mais le motif n'était jamais donné, chose d'ailleurs fort indifférente au jeune colon amoureux.

Aux premières ténèbres, un étranger inconnu arrivait sous une sombre allée de tamarins, et Davidson courait à lui avec empressement. L'entretien durait une heure. Le planteur, qui ne savait rien dissimuler, rentrait avec une figure tantôt joyeuse tantôt triste, probablement selon la nature de l'entretien.

Paul n'avait qu'une seule pensée, et tous les mystères du monde l'inquiétaient peu ; il en avait bien assez du mystère de sa belle Aurore ; et cependant une folle idée de jalousie lui traversa le front, un soir après six heures, et il résolut, quoique à regret, de se mettre en embuscade pour voir à quelle classe d'homme appartenait ce nocturne et mystérieux visiteur. Pareil espionnage répugnait, comme nous l'avons dit, à son caractère loyal ; mais l'amour est comme la faim, il semble excuser bien des choses.

Un soir, il se plaça dans un buisson de câpriers qui bornait le petit chemin extérieur de la mer, et il vit passer le visiteur.

C'était un jeune homme, grand, et qui avait dans son allure quelque chose d'extraordinaire et de frappant.

Sa figure se voilait des larges ailes d'un chapeau de paille ; mais, chose étrange, en voyant marcher cet homme, on devinait la fierté audacieuse qui venait illuminer ses yeux, son front, son regard.

Paul se recueillit, baissa la tête, entr'ouvrit sa bouche avec l'oncle de son doigt indicateur, et fit ce mouvement qui signifie : Cet homme ne m'est pas inconnu.

— Dans une heure, il va repasser par le même chemin, pensa-t-il ; examinons-le mieux encore au retour.

Cette fois, pour mieux l'examiner, il fallait se trahir, mais il le reconnut.

Malgré l'obscurité, l'œil méridional de Paul ne pouvait se tromper : cet homme était le grand Surcouf, le héros breton de l'Océan indien.

En toute autre occasion, Paul aurait bondi de joie en retrouvant Surcouf; mais toutes les impossibilités, filles ardentes de la jalousie, furent admises à la fois comme des vérités incontestables. Une écume de feu brûla les lèvres de Paul; le sang éclata dans son cœur; la foudre mugit à son oreille; deux empreintes de soufre embrasèrent la plante de ses pieds nus: il brisa un rameau du buisson qui l'abritait, et il s'écria d'une voix stridente:

— Ah! son secret est connu! elle voulait venir à Kalima! elle a menti comme un homme! c'est la maîtresse de Surcouf! je le savais bien! Est-ce qu'une femme peut me tromper, moi, un enfant de la mer! et je l'ai conduite ici! je l'ai conduite par la main à ce rendez-vous!.., moi, j'ai fait ce métier!

Il fouilla dans sa veste blanche, et il ajouta:

— C'est une femme qui a fait inventer les poignards!

Et il se mit à rire comme rient les damnés.

Ensuite il se promena sur le petit chemin, à grands pas, et il n'entendait pas la cloche qui appelait la famille au repas du soir.

— Une mort si douce, ajoutait-il, une mort qui dure un instant! un coup de poignard!... rien!... il faudrait les faire mourir tous les jours ces horribles femmes, à petit feu, lentement, avec des piqûres, et leur crier pendant toutes les nuits, pendant dix heures d'insomnie: Créatures horribles, savez-vous bien tout le mal que vous faites à ceux qui vous aiment quand vous les trompez ainsi! Et je voudrais la voir mourir de sommeil, comme Damiens, l'assassin du roi! et la ressusciter, par la magie, pour la tuer avec des aiguilles rougies au feu, comme Madame de Louvain, de Saint-Domingue! Il y a un enfer pour ces femmes! l'enfer n'est rien! le démon y rit! A mon secours! mon Dieu! mon patron! Je suis fou!

Pendant ce monologue du pauvre insensé, la cloche sonnait toujours. L'inquiétude était au comble dans l'habitation. Les esclaves allaient et venaient, furetant partout.

Il est expressément défendu de se faire attendre aux heures de repas dans les solitudes de l'Inde ; un quart d'heure de retard est une alarme domestique, la fièvre de tous.

Aurore quitta soudainement sa réserve forcée, et courant à la case des domestiques, elle appela Asthon. Personne n'avait eu une idée aussi simple.

Asthon arriva au premier son de la voix bien-aimée.

— Cherche ton maître, lui dit Aurore, ton maître Paul, nous l'avons perdu.

Le chien comprit tout de suite, comme si on lui avait parlé sa langue ; il éleva les narines, les fit fonctionner circulairement, comme pour recueillir au passage toutes les émanations de l'air ; il enfonça brusquement sa tête dans les hautes herbes, prêta l'oreille aux bruits de la nuit, prit, quitta, reprit le même chemin, et, enfin, sûr de la réussite, il se dirigea vers le petit sentier extérieur de la mer.

Aurore suivait Asthon et courait aussi vite que lui ; les deux sœurs Davidson et la famille étaient fort loin en arrière. Le chien hurla de joie, il avait retrouvé Paul, et Aurore l'embrassait en pleurant.

Le jeune homme laissa tomber son poignard et garda l'immobilité de la statue.

— Mais pourquoi nous donnez-vous de ces peurs? dit Aurore ; il y a bien longtemps que la cloche sonne... N'avez-vous pas entendu?

Paul balbutiait des phrases sans suite, et il ne comprenait rien à cette scène, il ne se comprenait pas.

La famille et Davidson arrivèrent bientôt, et Paul, qui pensait toujours à Surcouf, mais qui avait repris sa raison en voyant des larmes véritables sur la pâle figure d'Aurore, bégaya des excuses aux Davidson, et, offrant le bras à Aurore, il dit à voix basse et en reprenant le chemin de l'habitation :

— Au nom du ciel! madame, accordez-moi demain un quart d'heure d'entretien.

Aurore regarda Paul avec des yeux stupéfaits ; le jeune homme renouvela sa demande sur le ton d'une prière.

— En venant de la mer, répondit Aurore, demain, je serai là.

Et elle désignait un bouquet de palmiers devant l'habitation, le même qui avait servi de point de reconnaissance, un soir mémorable, après la rencontre des Vadankéris, les damnés.

XV

Il y a dans les rendez-vous deux sortes d'inexactitudes : l'inexactitude d'avant et celle d'après.

On devine aisément laquelle des deux fut celle de Paul.

M. Davidson montrait un sycomore nain, cultivé d'après le procédé chinois, qui oblige les grands arbres à rester petits, lorsque Paul s'éclipsa, en laissant le planteur continuer sa démonstration à son ombre.

Le jeune colon, dévoré d'impatience, vint prendre sa pose d'attente une heure avant la sortie des Bains de Diane. Il regardait la limite d'arbres interdite aux profanes, et il prêtait l'oreille aux aboiements joyeux d'Asthon, qui folâtrait dans ce golfe de saphir, ce bain délicieux, éternellement chauffé par le soleil indien.

Enfin, une forme suave aux yeux, même de loin, entr'ouvrit le rideau des arbres et s'avança dans la direction de Paul. Cette fois, par extraordinaire, Aurore était seule ; les sœurs Davidson ne l'accompagnaient pas. Asthon lui restait fidèle.

Paul ne remarqua pas l'absence des deux autres femmes, lesquelles, d'ailleurs, n'avaient jamais existé pour lui que comme accessoires oiseux du tableau principal.

Aurore n'avait jamais été plus belle. Le repos, la vie de l'habitation, les salutaires exercices de la mer avaient rendu à son teint toute sa fraîcheur savoureuse, ce limpide éclat des carnations européennes. La robe nankin qu'elle portait n'appartenait, par sa coupe, à aucune mode, mais le corps charmant qui la corrigeait sur toutes ses coutures lui donnait une perfection inconnue des plus habiles faiseuses de Paris. Ses beaux bras, croisés sur la poitrine, étaient gracieusement occupés à retenir de larges et humides tresses de cheveux, qui ressemblaient à une mantille de dentelle noire et apportaient avec eux tous les parfums de la mer.

Elle salua Paul, lui tendit la main et dit avec une intention marquée :

— Eh bien! vous le voyez. je suis seule... Que dites-vous de cela?

Paul serrait toujours la petite main offerte et ne la rendait pas, comme fait l'avare qui a trouvé une pièce d'or sur son chemin.

— Voyons, que dites-vous de cela? reprit Aurore en appuyant sur chaque syllabe.

Le jeune homme ouvrait ses grands yeux noirs, pleins d'intelligence et de feu, et ne trouvait aucune réponse : il ne comprenait pas et avait bien autre chose à faire en ce moment : il admirait.

— Mais les hommes ne comprennent donc rien! reprit Aurore avec un ton de dépit et en frappant la terre de sa sandale d'odalisque qui cachait un petit pied créole, blanc et nu, à faire éteindre les yeux.

Les gouttes de la mer ruisselaient sur le front et les joues d'Aurore, comme si une couronne de perles, cueillies au golfe qui les produit, se fût disjointe sur sa tête en se fondant au soleil.

—Allons, il faut tout lui dire! poursuivit la jeune femme, il me regarderait éternellement sans parler, comme s'il me voyait pour la première fois! Écoutez, Paul, et quittez cette pose de bas-relief indien... Nous voilà brouillés avec les Davidson...

— Eh bien? fit Paul, toujours absorbé dans la même contemplation.

— Eh bien, cela vous est égal?

— Suis-je brouillé avec vous? demanda Paul.

— Enfant! vous êtes un enfant! est-ce que nous pouvons nous brouiller, nous?

— Le reste m'est indifférent, madame.

— Appelez-moi donc Aurore, monsieur... et, si vous croyez que nous arrangeons nos affaires en ce moment, vous êtes dans l'erreur... on nous espionne du kiosque... C'est votre faute aussi, mon cher Paul,... vous n'entendez pas la cloche du souper; on vous croit dévoré par un tigre; on vous cherche, on pleure, on vous trouve, on vous embrasse étourdiment. — Quel mal y a-t-il là?... N'êtes-vous pas mon ami, mon sauveur, mon frère, mon compagnon d'infortunes? Notre amitié pure n'a-t-elle pas été bénie par les saintes étoiles de Dieu, dans la plus horrible des nuits? Je vous ai embrassé comme une folle... Il y a des moments où le cœur se trahit malgré le bon sens... Eh bien! les sœurs Davidson me tiennent à distance maintenant. Ce matin, elles ont eu la migraine, comme deux coquettes de grande ville! Elles ont refusé de m'accompagner aux Bains de Diane. Me voilà en disgrâce à cause de vous. On nous met tous les deux à la porte de l'habitation, comme deux crimininels! et Dieu sait si nous méritons ce traitement!

Paul regarda un instant le ciel pour se reposer.

— Quel parti prendrons-nous maintenant? demanda Aurore avec le ton d'une vive anxiété.

— Cette famille nous calomnie et nous insulte! dit Paul, qui éprouvait le besoin de se mettre en colère, il faut nous venger. La Hollande est en guerre avec la France; Davidson est mon ennemi. Je vais envoyer Simming chez les Damnés; ils arriveront ce soir. Je me mets à leur tête et je m'empare de l'habitation par le droit de guerre.

8.

— Paul, dit Aurore, parlez-vous sérieusement ?

— Mais il me semble, ma belle Aurore, que mon projet est raisonnable...

— Mais Davidson nous a recueillis, nous a entourés de tous les soins possibles ; cet homme doit nous être sacré.

— Et pourquoi nous insulte-t-il, cet homme ?

— Les apparences sont contre nous ; on fait ici comme dans les villes, on juge d'après les apparences.

— Eh bien, je ferai comme dans les villes, je me vengerai !... Allons voir Simming.

Paul fit un pas vers l'habitation : Aurore le retint.

— Au nom du ciel, mon cher Paul, dit-elle, point de violence coupable ! respectons l'hospitalité...

— Mais interrompit le jeune homme, vous êtes, vous, plus respectable que l'hospitalité ! Voyez comme on vous traite ! Par Notre-Dame de la Gineste ! j'en aurai vengeance ! Un de mes pays, M. Roux de Corse, a déclaré la guerre aux Anglais, je déclare la guerre à Davidson (1).

— Vous êtes fou, voilà votre seule excuse.

— Je vous aime, dit Paul brusquement.

Et il se voila le visage de ses mains.

Aurore recula, comme si elle eût été frappée au cœur par un poignard invisible.

— Paul, dit-elle d'une voix formidable de douceur, mon cher compagnon, je vous pardonne vos trois derniers mots... mais ne les prononcez pas une seconde fois.

— Je les penserai toujours reprit Paul avec feu ; tous ceux qui vous voient vous aiment... Vous êtes l'amour. Les sauvages, les bandits, les Damnés, les chrétiens, tout ce qui a un cœur vous aime ; les oiseaux du bon Dieu descendent du ciel pour vous aimer. Il me semble que les arbres

---

(1) Le fait est historique. M. Roux de Corse, riche négociant de Marseille, a fait cette déclaration de guerre en ces termes : *Moi, Roux de Corse, je déclare la guerre au roi de la Grande-Bretagne*, etc.

mêmes sont heureux de vous donner leur ombre; il me semble que le soleil est plus beau quand vous l'éclairez. Je ne vous dirai plus que je vous aime; mais cette belle nature de l'Inde vous le dira pour moi; imposez silence à cette voix, si vous le pouvez.

Des larmes brillaient sous les paupières de la jeune créole. Ce n'était pas le présent qu'elle redoutait, c'était l'avenir.

— Paul, dit-elle d'une voix suppliante, mon amitié n'est pas exigeante... Puisque M. Davidson va nous fermer sa porte, nous reprendrons notre pèlerinage, et nous irons où Dieu nous conduira.

— Vous partirez avec moi? demanda Paul, qui pensait toujours à Surcouf.

— Mais, sans doute... je n'ai pas d'autre compagnon, il me semble...

— Pas d'autre? interrompit le jeune homme en donnant à la femme un regard singulier.

— Je ne vous comprends pas, mon cher Paul.

— Bah! interrompit-il, je viens du pays où le cœur ne garde rien! Je ne suis pas seul à Kalima... Il y a ici un Français... votre... notre ami...

— Son nom... vite... Paul... son nom?...

— Surcouf.

Aurore fit un mouvement brusque, et sa figure exprima tout à la fois le doute, la joie, l'incrédulité, la stupéfaction.

Paul ne remarqua que la joie.

— Mais je ne vous apprends rien de nouveau, belle Aurore, ajouta-t-il avec un accent d'ironie.

— Paul, dit la femme, je vous jure devant ce soleil, qui est l'œil de Dieu, que j'ai pleuré Surcouf et que je ne le crois plus au nombre des vivants! Je crois que vous êtes dupe d'une erreur de vos yeux, et...

— Non, Aurore, dit Paul, charmé du ton naturel de la justification, non, je ne me suis pas trompé, Surcouf est vivant, et je vous le montrerai ce soir.

La cloche sonna. Aurore manifesta quelque hésitation, puis elle dit :

— On nous appelle ; soyons polis, et nous agirons selon l'accueil.

— Et ce soir, Surcouf ?... dit Paul.

La belle créole répondit par un signe affirmatif et marcha vers l'habitation. Paul la suivit.

Le repas fut un véritable congé donné aux deux voyageurs, il n'y avait pas à s'y méprendre. Le maître employa cette politesse froide et muette, pire que l'insulte bruyante. Décidément, cette famille patriarcale raisonnait comme une famille civilisée. Au midi et au nord, sous la tente et sous le toit, le monde juge l'extérieur et se soucie fort peu de l'intérieur ; il ne vous demande pas ce que vous êtes, mais ce que vous paraissez.

Aurore contint son irritation, et répondit même par des sourires à cette insulte inhospitalière ; et elle agit fort sagement, car, à la moindre impatience trop visible, Paul éclatait et bouleversait l'habitation.

En quittant la table, Aurore, qui croyait ne plus avoir de ménagement à garder, prit le bras de son compagnon, et, quand elle fut à quelque distance de la terrasse, elle fit cette question :

— Parlez-moi franchement : vous n'avez aucun doute, Surcouf est à Kalima ?

— Je vous l'affirme, dit Paul, et croyez que je suis heureux de votre doute.

— Et pourquoi mon doute vous rend-il heureux ?

— Ah !... c'est que... Aurore... hier, je vous le confesse humblement, et je vous en demande pardon... hier j'ai été dominé par un soupçon injurieux...

— Assez, assez ! ne perdons pas notre temps à dire des folies comme font les gens heureux, interrompit vivement Aurore ; il faut quitter cette maison tout de suite. Où comptez-vous pouvoir trouver Surcouf ?

— Il faut l'attendre sur le chemin où il passe.

— Nous irons.

— Je suis à vos ordres... je ne vous demande que le temps d'appeler Simming et Asthon.

— Oui... mon inspiration ne me trompe pas. Surcouf sera notre providence, et, puisqu'il peut vivre ici, nous y vivrons, nous.

Peu d'instants après, quand l'habitation, entourée d'un soleil brûlant, fermait ses portes et ses fenêtres aux rayons extérieurs, Paul, Aurore et Simming sortaient furtivement, sans faire leurs adieux aux maîtres, et se dirigeaient vers le petit port de Kalima.

Paul s'arrêta, réfléchit quelques instants, et dit en montrant sur un côté du petit chemin un taillis frais et sombre :

— C'est ici qu'il faut attendre Surcouf.

Les voyageurs entrèrent dans le massif d'arbres. Aurore s'assit sur le gazon avec cette douce résignation qu'elle apportait à une vie intolérable pour une jeune femme. Le Damné Simming, heureux de suivre la belle créole, se plaça près d'elle. Asthon fit semblant de s'endormir, et Paul prit une position qui lui permettait de voir Aurore et de prendre au passage le brave Surcouf.

De longues heures d'attente s'écoulèrent ; le soleil paraissait vouloir se fixer sur l'horizon. Enfin la nuit tomba, et Paul, ne pouvant plus regarder Aurore, concentra tous ses regards sur la route de Kalima.

Aurore mit ses petites mains sur la bouche d'Asthon, qui préparait un aboiement. L'ombre d'un passant se dessina dans la nuit étoilée.

— Venez, Aurore, dit Paul ; c'est vous qui devez aborder Surcouf la première.

La jeune femme dit à Asthon, en le menaçant du doigt :

— Sois sage, celui qui vient est un ami.

Elle se leva et se plaça sur le sentier, d'après l'indication de Paul.

Celui qui venait n'était pas homme à reculer devant une apparition.

— C'est bien lui ! Dieu soit béni ! dit Aurore.

Une voix mâle répondit :

— Vous, madame, ici !

Et les mains les plus loyales du monde se réunirent dans l'étreinte d'un inexprimable bonheur.

XVI

Ayant reçu sa bonne part des amicales démonstrations de Surcouf, Paul se mit un peu à l'écart, car il crut deviner que l'illustre marin avait des confidences intimes à faire à la belle créole.

Surcouf et Aurore avaient, en effet, bien des choses à se dire, et leurs demandes se croisaient vivement sans attendre les réponses. La suite de cette histoire nous révélera ce rapide entretien. Pour le moment, il nous suffira de dire qu'Aurore, dominée par Surcouf, consentit à rentrer chez Davidson.

Surcouf appela Paul, et lui dit :

— Ce soir, je n'ai aucun motif pour me dérober à la vue de cette bonne famille hollandaise ; tout est prêt pour mon départ. J'ai trouvé chez Davidson de l'argent et des ressources. Mon petit brick est paré. J'espère bien rattraper mon *Malaca*. Il m'a fallu agir avec bien de la prudence et du mystère. Voilà ma dernière nuit ; demain, au lever du soleil, je voguerai vers le détroit de Carimala. Maintenant, je vais arranger vos affaires dans cette famille de puritains ; attendez-moi.

Surcouf se dirigea vers l'habitation, du pas sûr d'un homme qui va réussir.

Ce marin breton était alors dans toute la force de l'âge ; sa figure, brunie par le soleil de l'équateur, était empreinte du double caractère de l'audace et de la douceur ; il paraissait jouir de cette constitution indomptable, sans laquelle il n'y a point de héros, en mer surtout. L'homme supérieur et né pour commander aux autres se révélait en lui, dans les gestes, le maintien, le regard. L'Océan indien ne connaissait pas de plus grand nom que le nom de Surcouf, nom illustré par des actions fabuleuses, dont le récit charmait les sauvages et les pirates eux-mêmes, dans les veillées de l'archipel malaisien.

Il fallait bien peu de mots pour réhabiliter Paul et Aurore dans l'esprit de Davidson. Surcouf était vénéré comme un oracle. Les deux sœurs hollandaises, indulgentes comme toutes les femmes, se rendirent aisément aux bonnes raisons justificatives transmises par leur père. Elles ne demandaient pas mieux que de se réconcilier avec une femme charmante, qu'elles avaient éloignée par soumission filiale, et qu'elles estimaient toujours. On fit donc aux deux réhabilités l'accueil le plus chaleureux, le plus sympathique; et la soirée eût été complétement heureuse, si elle n'avait pas eu le triste lendemain que Surcouf annonçait déjà, en prononçant le mot de séparation et de départ.

Pendant le repas du soir, Paul faisait les plus beaux projets du monde; il avait enfin trouvé l'oasis après la brûlante marche du désert. A force de travail, de zèle et d'intelligence, il pouvait se promettre de devenir bientôt l'associé de Davidson, espèce de fortune très-facile à faire dans l'Inde; car, pour les travaux de défrichement et de plantation, les qualités du colon sont préférables à l'argent. Paul était riche de ce côté. Après ce rêve si réalisable, l'amour reprenait ses droits. Aurore, décidément, était une de ces veuves comme on en trouvait alors dans l'Inde; une de ces malheureuses femmes ruinées par la guerre, et qui ont des droits de succession et d'héritage à faire valoir sur les comptoirs de l'équateur. Un pirate, un bandit, un démon de la Malaisie, Bantam, s'était acharné à la poursuite d'Aurore, chose très-commune aussi à cette époque, mais dans l'habitation hollandaise de Kalima, on n'avait plus rien à redouter de ce bandit. Surcouf, d'ailleurs, avait juré de lui reprendre son *Malaca*, et Surcouf ne jurait jamais en vain. Paul, de rêve en rêve, arrivait à la conclusion ordinaire des amitiés de femme, au mariage ; et pour achever sa réhabilitation, il avait résolu de se confier au planteur hollandais et lui demander les conseils de son expérience. On se fait d'ailleurs toujours un ami de l'homme qu'on choisit pour conseiller !

Douces illusions, mensonges de l'âme, vous êtes un des fléaux de l'humanité.

Paul se complaisait dans le mirage de cet avenir, qui sonnait sa première heure, et il regardait Aurore, assise entre les deux sœurs hollandaises, Augusta et Maria, désormais ses deux amies et ses deux compagnes au désert.

Par moments, Aurore dirigeait un regard furtif et peut-être involontaire du côté de Paul. Que de fautes innocentes les femmes commettent à leur insu ! Les meilleures, les moins coquettes, les plus rigides dans leurs devoirs, ont un secret penchant qui les attire vers l'homme qui les aime bien, et dont elles repoussent très-sincèrement l'amour.

Cette distraction enfantine amène souvent des malheurs sérieux.

Davidson et Surcouf causaient ensemble en fumant le *houka* sur une natte, et Paul jouait le rôle d'un troisième interlocuteur muet ; il approuvait d'un signe de tête ou d'un geste expressif toutes les choses qu'il n'entendait pas. En approuvant toujours, on évite les ennuis de la contradiction, et Paul ne voulait pas perdre un de ces regards qui arrivaient à lui par intervalles de l'autre extrémité du salon.

Lorsque Surcouf arrêtait sa phrase, en le regardant, Paul se hâtait de répondre par un *oui* bref, ou un *certainement* résolu, ce qui comblait de joie Surcouf ; mais Paul ne remarquait pas cette joie et n'entendait pas le brave marin ; il regardait toujours son admirable créole qui jouait avec ses deux amies et confondait en riant ses longues tresses de cheveux noirs dans leurs belles boucles d'or.

Surcouf se leva brusquement, comme on fait après une conversation épuisée, et serrant la main de Paul, il lui dit :

— A demain ! c'est convenu, une heure avant le lever du soleil.

— Avant le lever du soleil, répondit le jeune homme comme un écho.

Surcouf s'approcha des trois femmes, et Paul ne manqua de le suivre.

— Eh bien ! dit-il, j'ai accepté, pour cette nuit, l'hospitalité de Davidson ; mais je suis obligé de vous faire mes adieux ce soir.

Les trois femmes se levèrent, en passant de la gaieté à la tristesse, et elles tendirent leurs mains à Surcouf :

— Oh ! dit le marin en riant, quand on part pour se battre on a un privilége... Vous permettez, Davidson ?

Et il embrassa les deux sœurs et Aurore ; puis s'adressant à Paul, il lui dit :

— Vous avez le même privilége, mon cher Paul ; allons... allons... il a peur... embrassez donc, comme moi... est-il timide, ce vieux loup de mer !

Paul ne comprenait rien à cette scène ; il embrassa les deux sœurs à tout hasard.

— Vous oubliez madame, reprit Surcouf en riant.

— Mais, M. Paul ne part pas, lui ! dit Aurore ; il n'a point de privilége.

— Comment ! il ne part pas, lui ! dit Surcouf ; voulez-vous que je laisse Achille de Scyros, avec les femmes, lorsque nos amis de Samarang nous appellent peut-être ! lorsque mon *Malaca* est au pouvoir des pirates ! lorsque les moussons nous amènent les galions de la Compagnie ! lorsque la France de l'Inde n'a plus que le pavillon de Surcouf pour protecteur ! Vous ne connaissez donc point mon brave Paul ! il vient d'accepter à présent, là, et avec beaucoup de chaleur, le grade de second à bord du *Breton*, et nous mettons à la voile demain avant le lever du soleil.

Le ton décisif de Surcouf ne laissait aucun doute à Paul; il venait donc de s'engager sur le *Breton*, sans le savoir, et dans une longue distraction causée par la présence d'Aurore. C'était un coup de foudre; mais le sentiment du devoir triompha. Il accepta énergiquement une position glorieuse faite à son insu, et sa lèvre effleura la joue fraîche et ronde que la belle Aurore lui présentait par ordre de Sourcouf.

— Mesdames, dit le noble Breton, nous vous donnerons de nos nouvelles; attendez-les avec patience, et priez Dieu pour la France et ses marins.

Paul se laissa machinalement entraîner par Surcouf; il marchait au hasard et appelait à son aide toute son énergie pour ne rien trahir des secrets de son cœur en ce moment suprême.

Sous un hangar ouvert aux brises du golfe, et appelé *la Rizière*, était le large lit de repos des voyageurs : une paille douce et qui ne faisait pas regretter l'édredon.

— Nous serons mieux ici pour faire notre nuit, dit Surcouf, et nous ne troublerons pas le repos de personne.

Cela dit, Surcouf, à la veille de partir pour une de ces expéditions merveilleuses, sans exemple dans l'histoire, ôta sa veste, se coucha sur la paille, fit le signe de la croix et s'endormit comme dans sa maison de campagne de Saint-Malo.

Paul ne s'endormit pas; il prêtait l'oreille à tous les bruits qui annoncent la fin des veillées et le commencement de ce silence morne dont s'environne la nuit, pour donner le sommeil aux hommes et aux animaux.

Au moment jugé favorable, Paul sortit de *la Rizière* sur la pointe de ses pieds nus, et rencontra sur la terrasse Asthon et ses deux amis, qui étaient à leur poste de sentinelles. Les trois gardiens donnèrent le salut amical d'usage au jeune colon, mais ils ne le suivirent pas; leur devoir passait avant tout.

Paul regarda le balustre en bois de santal en saillie devant la fenêtre d'Aurore, et, prêtant l'oreille, il entendit ce gazouillement délicieux que modulent les jeunes femmes lorsqu'elles parlent toutes à la fois.

Craignant de voir la fenêtre s'ouvrir, il s'éloigna en amortissant le bruit de ses pas sur les grandes herbes, et le hasard ou une pensée le conduisit à la limite sacrée des arbres, aux Bains de Diane. Une sensation mystérieuse faisait battre son cœur, et il osait à peine ouvrir les yeux sur ce petit golfe, où dormait une eau tranquille et un sable d'argent.

Deux larges escaliers de granit fruste, comme deux dolmens, lient la terre à la mère et ne sont jamais couverts par les vagues, car, dans les jours de tempête furieuse, la colère de la haute mer expire beaucoup plus loin et semble respecter l'asile saint.

Toutes les splendeurs du ciel de l'Inde enchantaient cette nuit; le rivage était couronné d'arbres gigantesques dont les cimes se perdaient dans les ombres lumineuses; les brises suaves montaient du golfe et donnaient au corps embrasé une exquise sensation, qui est aussi le bain de l'âme. Paul était sous l'obsession de ce délire, fièvre continuelle des aliénés, et qui leur fait chercher un remède dans la fraîcheur des eaux vives. Il s'abandonna, comme un agonisant condamné, aux caresses de cette mer divine, qui semble pouvoir guérir tous les maux de la terre; mais il regagna bientôt le rivage, comme un sacrilége nocturne subitement assailli par les remords.

Sur la limite des arbres, il s'arrêta, et, entr'ouvrant avec précaution les rideaux des feuilles basses, il vit ou crut voir une femme accoudée au balcon d'une fenêtre. Un nuage passait en ce moment sur les constellations du zénith et donnait une ombre vaporeuse à la façade de l'habitation hollandaise. Mais lorsque des gerbes splendides retombèrent des étoiles, comme une cataracte de rayons, la forme du kiosque prit un nom terrestre, trop connu de Paul.

— C'est elle! dit-il d'une voix intérieure, car ses lèvres n'auraient pas eu la force de s'ouvrir.

Paul n'était pas doué de cet amour-propre robuste, assez commun chez les hommes, et qui les abuse si souvent dans leurs passions ou leurs caprices ; mais il crut pouvoir interpréter à son avantage cette veillée du balcon, et l'attribuer, sans fatuité vulgaire, à une pensée d'amour. L'amitié ne veille pas aux heures du sommeil.

L'amitié des femmes veille et peut tromper encore, et très-innocemment.

Aurore avait dissimulé son émotion devant Surcouf; mais son cœur s'était brisé, en faisant des adieux peut-être éternels à ce noble jeune homme, son meilleur ami, et elle avait résolu de prolonger sa veille, à l'insu des deux sœurs, pour écouter le bruit du dernier pas de Paul sur ce sol hospitalier.

Les heures s'écoulaient, et de légères teintes d'opale se montraient à l'horizon de l'est, à travers l'atmosphère ardente des constellations. On entendait une rumeur confuse du côté du port et des préludes de chants sur les arbres.

La jeune créole gardait toujours sa position au kiosque, et, Paul, n'ayant qu'un seul chemin à traverser pour rejoindre Surcouf, le chemin de la façade, n'osait sortir de sa retraite, de peur d'offenser Aurore en lui révélant sa course indiscrète et même sacrilége de sa nuit.

Une voix forte, quoique retenue, prononça le nom de Paul.

Le jeune homme avait tressailli... il avait reconnu la voix de Surcouf.

Il y avait urgence ; il fallait prendre un parti, sous peine de passer pour un lâche ou d'être regardé comme déserteur.

Cette pensée arracha Paul de sa retraite et fit taire toutes les considérations.

Il sortit brusquement du massif d'arbres, et au même instant il entendit un cri étouffé tombé du kiosque, et le grincement d'une fenêtre qui se fermait avec précaution.

— Elle m'aime, dit-il, elle me pardonnera une faute de l'amour.

Et courant à Surcouf, il lui serra les mains et bégaya un prétexte qui fut admis, car l'heure ne permettait pas les discussions.

— Allons! dit Surcouf, et, montrant le ciel, il ajouta :

— Voilà un nuage qui s'effile en pointe vers le nord, tant mieux! au lever du soleil nous aurons une bonne brise du sud.

— Heureux Surcouf, pensait Paul, il pense aux nuages, au vent du sud, au *Malaca*, aux abordages, aux colons de Samarang, à son pays! Et moi! moi! je pense à une femme!

— J'ai parfaitement dormi dans cette rizière, reprit Surcouf avec gaieté ; et vous, Paul, comment avez-vous passé la nuit?

— Moi, dit Paul en se donnant de l'assurance, moi... une excellente nuit... Quatre heures de sommeil me suffisent... Nous dormions très-peu à la Ciotat.

— Vous allez voir ma *mouche*, reprit Surcouf en se frottant les mains, un brick en miniature! qui file quatorze nœuds, comme l'oiseau des tropiques. Davidson est mon armateur... mais secret, à cause de la Hollande, de l'Angleterre, du Sultan, du Mysore, du Grand Mogol, que sais-je, moi! il a peur de tout. Nous n'en dirons rien à personne, n'est-ce pas l'ami Paul?

— Oh! vous mettez ce secret dans un puits, dit le jeune colon ; je suis un puits pour les secrets.

— Et moi! dit Surcouf, je suis Breton ; il n'y a pas d'exemple d'un Breton qui ait divulgué un secret.

Les deux hommes marchaient rapidement vers le port de Kalima.

— Surcouf, reprit Paul d'un ton léger, je pense à ces trois femmes qui vont s'ennuyer comme trois grives en cage, mademoiselle Augusta, mademoiselle Maria et... l'autre.

— Bah! dit Surcouf, elles parleront... je leur ai promis trois présents de Chine, comme dans *Zémire et Azor*; elles chanteront le trio de Grétry dans la *Belle et la bête*... Ce Bantam est un pirate maudit, n'est-ce pas, Paul?

— Un coquin, un scélérat, un forban, un démon! quand on ne l'appelle que pirate maudit, on le flatte.

— Oui, Paul; eh bien! je lui dois quelque reconnaissance, moi; je veux bien lui reprendre mon *Malaca*, mais je ne voudrais pas le tuer.

— Reprenez votre *Malaca*, dit Paul, moi, je me charge du reste.

— Voilà mon *Breton*, s'écria joyeusement Surcouf; on ne peut pas se tromper : il est seul dans le petit port... Vous le voyez, Paul?

— Oui, Surcouf.

— Il bat pavillon danois à misaine, reprit Surcouf; mais à une encâblure du port, j'arbore le pavillon français et je le salue de vingt coups de canon à la barbe des pirates.

Le *Breton* était, en effet, un joli petit navire découpé en oiseau de mer. Vingt-quatre hommes le montaient; ils appartenaient à diverses nations, mais le grand nom de Surcouf les ralliait tous dans un sentiment commun de bonne fraternité. Il y avait là surtout un intrépide marin provençal nommé Mordeille, un ami de Surcouf, et dont la gloire aussi a été fort grande parmi les corsaires. Mordeille était d'une taille au-dessous de la moyenne et très-exigu de corps.

— Jamais un boulet, disait-il, ne trouvera chez moi une place pour me tuer.

Surcouf lui avait promis le commandement du *Breton*,

après la prise du *Malaca*. En 1815, Mordeille se retira du service; il avait été décoré par Napoléon. Celui qui a écrit ce roman, ou, pour mieux dire, cette histoire, a été honoré de l'amitié de Mordeille, dans les années de son adolescence, et une mémoire, qui n'a jamais rien oublié, a gardé bien des récits, bien des histoires très-nécessaires à cet ouvrage aujourd'hui.

Surcouf et Paul montèrent à bord du *Breton*, où Mordeille les reçut avec les plus vives démonstrations d'amitié.

— Tout est-il prêt? demanda Surcouf.

— On attend le dernier coup de sifflet, dit Mordeille.

L'équipage était rangé sur deux lignes, à bâbord et à tribord.

Surcouf leur fit cette proclamation concise (il ne faut pas trop parler aux marins, disait Nelson) (1) :

— La terre pardonne, la mer ne pardonne jamais. Il faut toujours vaincre sur mer. Vous vaincrez !

Les marins du *Breton* gardèrent le silence, mais on entendit un frémissement d'armes sur les deux rangs.

Le navire dérapa; le soleil se levait avec la brise du sud annoncée par Surcouf.

Paul regardait fuir la terre et tenait ses regards attachés sur les arbres lointains du domaine de Davidson. Quelques larmes furtives descendaient sur ses joues, et un frisson mortel agittait son corps et glaçait son épiderme aux feux du soleil de l'équateur.

Un coup de canon retentit sur le navire : on arborait le drapeau de la France sur l'océan ennemi. C'est toujours un moment d'émotion sublime. Ce pavillon semble dire à tous : La France est toujours là où je suis!

---

(1) La plus belle des proclamations a été faite par Nelson à bord du *Victory*, je l'ai lue sur le monument élevé dans la Bourse de Liverpool : — *England enpects every man to do his duty* (L'Angleterre attend que chacun fera son devoir).

Paul regarda le pavillon, et s'approchant de Surchouf, il lui dit :

— J'ai laissé mes armes chez Davidson ; j'attends celles que vous allez me donner.

Surcouf montra l'escalier de l'entre-pont, et dit en riant à Paul :

— Voilà la rue de l'arsenal. Descendez et choisissez.

Paul ne regarda plus l'horizon de Kalima, et descendit.

XVII

A bord du *Malaca*, les pirates sont heureux ; ils ont enfin trouvé la vie si longtemps rêvée ! Encore une prise, et ils passent tous à l'état de nababs, et ils éclipsent Palmer, le dieu mortel de l'Inde ; tout leur sourit, la mer, le ciel, le vent. Ils n'obéissent à personne, ils commandent tous ; l'équipage est capitaine. Enfin le farouche Cobra-Capel veut-il faire valoir des droits légitimes, transmis par Bantam, l'orgie lui rit au visage. Les cris se mêlent, se heurtent, éclatent à la fois. On dirait que le *Malaca* porte une cargaison de tigres au palais du gouverneur de l'Inde ; si l'Océan avait des échos, il ne saurait a qui répondre. Les canons seuls sont muets.

Les bandits ont étalé sur le pont toutes leurs richesses, pour s'enivrer aussi de la vue de l'or, car les vins de Constance et le rhum de Ceylan ne leur suffisent pas. Le pont est jonché de débris de flacons, de cristaux et de porcelaines chinoises. On a dévoré une immense plat de karrik incendiaire, volcan de riz et de safran, qui brûle les poumons avec sa lave jaune et complète l'ivresse du vin. Deux jeunes esclaves, d'un brun noir, enlevées à Timor, assistent à cette scène et pleurent en regardant la mer. Les éclats de rire répondent aux larmes ; les derniers flacons s'épuisent, les derniers blasphèmes éclatent ; un soleil de feu tombe d'aplomb sur toutes les têtes, et verse le sommeil de la débauche et de midi. Le silence succède au tumulte. On n'entend plus que les pleurs des deux jeunes filles, comme on entend le murmure d'une source, voilée par les arbres, au fond des bois.

Si l'équipage eût confié son sommeil à la vigilance d'une sentinelle, à coup sûr la sentinelle se serait endormie, par esprit d'insubordination; mais, en l'absence d'un chef, personne n'ayant recommandé la vigilance, un bandit, moins ivre, n'avait pas fermé les yeux et regardait les quatre horizons.

Une voile parut à l'ouest. Le bandit se leva, prit la lunette et poussa un sifflement de reptile. L'équipage resta sourd; il fallut recourir aux moyens violents pour l'arracher à sa torpeur.

— Une voile! une voile! crièrent plusieurs voix.

Pour des pirates, un navire signalé est toujours un ennemi.

— Tout le monde sur le pont! cria tout le monde.

Les plus séditieux de la bande criaient aussi :

— Nommons un capitaine! nommons un chef!

Une voix lança cet anathème contre Bantam :

— Ce coquin a déserté avec la meilleure part; si jamais il tombe entre nos mains, son plus petit morceau sera l'oreille! Il fait le nabab, lui! Il se blanchit avec la craie de Chéribon! Il rougit de son teint, le maudit!

— Me voulez-vous pour chef? cria Cobra-Capel.

— Oui! oui! répondirent une vingtaine de voix. Vive Cobra-Capel! vive le rusé serpent de Tchoultry!

— Allons! dit le chef élu; canonniers, à vos pièces! le navire est un fin voilier. Il va faire chaud.

— Il bat pavillon de France! cria une voix de la proue.

— Mille cornes de rhinocéros! reprit Cobra-Capel, je vous dis que c'est Surcouf!

— Bien! dit Œil-de-Tigre, le l'avais prévu! Bantam nous a trahis! il a laissé vivre Surcouf, pour nous faire pendre à sa grande vergue! Que la trompe d'un éléphant le caresse à Chéribon!

Le navire aperçu volait comme un oiseau, et ce n'étaient pas les manœuvres inhabiles et indolentes du *Malaca* qui pouvaient sauver les bandits.

Une fumée d'azur courut dans un rayon de soleil, et le *Malaca* reçut un boulet dans son bastingage à tribord.

— Bien tiré! cria Cobra-Capel; je reconnais l'œil de Surcouf.

— Nous serons mieux pendus, dit une voix.

— Oh! je l'en défie, de me pendre, moi, reprit Cobra-Capel. Amis, feu partout!

Les deux jeunes esclaves s'étaient évanouies sur des lambeaux de voiles, et personne ne les remarquait.

— Par le dragon du soleil! cria le chef, quand on ne peut pas s'échapper, il faut se battre. Nos carabines tuent aussi, comme si elles étaient chrétiennes, et nos sabres sont des rasoirs anglais. A l'abordage, nous sommes les plus forts! Amis, aux grappins! Feu de toutes vos carabines! Sabres aux dents, pistolets aux poings!... Ils refusent l'abordage, les lâches! ils manœuvrent pour nous couler!

Ceux du *Malaca* ne se trompaient point, c'était bien Surcouf avec son *Breton*, le plus agile des oiseaux de mer. Non-seulement il ne craignait pas l'abordage, mais il allait aborder lui-même pour en finir promptement.

Mal pointés, les canons du *Malaca* trouaient l'Océan avec leurs boulets et perdaient leur poudre. Surcouf avait fait cesser le feu de batterie, et tomba comme un aigle sur les bandits. Jamais, dans ses fabuleux abordages du golfe Persique ou du golfe de Bengale, le héros breton ne montra un élan pareil; il s'agissait de prendre le *Malaca*, infesté par des sauvages. Selon sa coutume, Surcouf tira les deux premiers coups de pistolet et abattit le premier ennemi avec sa hache d'abordage. Paul et Mordeille s'élancèrent après lui, et tout l'équipage suivit comme un ouragan de fer et de feu.

Les forbans résistèrent comme des tigres cernés dans un massif de jungles; ils se roulaient sur le pont, avec leurs cricks, pour percer les pieds nus des assaillants; ils grimpaient comme des mandrilles sur les vergues, et il fallait les abattre au vol. Ce terrible combat, resserré dans un espace si étroit, ne fut pas long. Il ne resta bientôt que des cadavres horriblement défigurés; Cobra-Capel et deux autres bandits, échappés à la mort, disparurent par les écoutilles; le champ de bataille du pont était au vainqueur.

L'équipage du *Breton*, par ordre de Surcouf, s'empara de l'or étalé sur l'arrière, car des symptômes alarmants vinrent avertir le marin breton. Une fumée lente montait à travers les fissures de l'entre-pont, et Surcouf savait bien que souvent, dans ces rencontres, les bandits, menacés d'être pendus, mettent le feu aux poudres et font sauter le navire pris.

— Coupez les grappins, cria Surcouf, et tout le monde à bord du *Breton!*

On obéit, sans examiner l'ordre, tout étrange qu'il parût.

Surcouf resta le dernier sur le pont du *Malaca*, et, lorsqu'il vit que tout son équipage était en lieu sûr, à une certaine distance du *Malaca*, il s'élança dans la mer pour regagner son *Breton*.

Peu de temps après, le *Malaca* sauta et couvrit la mer de débris informes et sans nom.

La petite porte de fer de la sainte-barbe du *Malaca* sauva Surcouf et son équipage.

Dans le désordre du moment, Cobra-Capel, ne trouvant plus la clef des poudres, incendia la cale, et ce retard donna aux vainqueurs le temps de s'éloigner. Cette conjecture appartient à Surcouf; elle est très-raisonnable et explique tout.

Cette affaire coûta la vie à trois hommes du *Breton*. Il y eut quelques blessés, entre autres le brave Mordeille. Surcouf versa quelques larmes sur le *Malaca*, navire qu'il aimait, comme tout marin aime le vaisseau théâtre de sa gloire, de ses veilles, de ses rêveries, de ses dangers.

Pendant le combat, les deux jeunes filles de Timor avaient gagné le *Breton* à la nage, et après la victoire elles se jetèrent aux pieds de Surcouf pour demander sa protection. Le capitaine était reconnaissable, car il portait une épaulette d'or sur une veste bleue : ces pauvres filles ne pouvaient donc pas se tromper ; tous les autres marins n'avaient aucun signe distinctif, et même, pour être plus alertes dans le combat, ils avaient quitté leurs vestes de coutil.

Surcouf tendit la main avec bonté aux deux sauvages, les releva et leur demanda le nom de leur pays. Au nom de Timor, Surcouf se frappa le front et réfléchit.

Puis, il fit un signe amical aux jeunes filles, et pendant que l'équipage se purifiait des souillures du combat, il appela Paul et lui dit :

— Il y a une grande chose à faire, et le retard n'est pas permis.

Paul interrogea Surcouf par le regard, et, sur un signe qui lui fut fait, il s'assit.

— Le temps emporte ou dévoile tous les secrets, dit Surcouf. On peut dire aujourd'hui bien des choses qu'il fallait taire hier. Bantam a sauté avec le *Malaca*. L'enfer ait son âme !

— Capitaine, dit Paul, je n'ai cherché que lui, du moment où j'ai mis le pied sur ce pauvre *Malaca* ; mais tous ces bandits se ressemblent tous, comme les singes de la forêt de Fer. Ils se sont mêlés comme un jeu de cartes ; allez trouver le valet de pique ! J'en ai assommé tant que j'ai pu, dans l'espoir de ne pas manquer le bandit.

— Il ne s'est pas manqué, lui, reprit Surcouf ; il s'est fait justice. Si Bantam n'avait pas été à bord, le *Malaca* ne sautait pas. J'ai reconnu la main du démon quand j'ai vu la fumée aux écoutilles.

— Il a fait un pacte avec le diable, dit Paul.

— Le pacte ne lui a pas réussi, reprit Surcouf.

— Pardi! le diable avait peur d'être détrôné sur terre! dit Paul... Mais excusez-moi... je vous dis des bêtises, et vous aviez, je crois, quelque chose de sérieux à...

— Oui, de très-sérieux, interrompit Surcouf... Écoutez-moi, Paul... Il y a un prisonnier à Timor, un prisonnier qui avait tout à craindre de Bantam... pour des raisons... N'importe!... Ce prisonnier est un compatriote, un gentilhomme, le comte Despremonts... Avez-vous entendu parler de lui, Paul?

— Jamais, capitaine.

— Tant mieux! je vois qu'on a été discret, reprit Surcouf.

A ce moment, Paul éprouva un serrement de cœur dont il ne put deviner la cause.

L'entretien continua.

— Mon cher Paul, on demande cinq mille piastres à Timor pour la rançon du comte. Nous sommes un peu riches enfin, par un hazard providentiel, et, de plus, nous avons en notre pouvoir deux jeunes prisonnières de Timor : elles sont fort laides, mais dans leur pays elles sont fort belles; leurs familles doivent les regretter. Il y a donc une négociation à établir aux meilleures conditions possibles.

— Je comprends, dit Paul, toujours agité sans motif connu, je comprends ; il s'agit de faire un échange de prisonniers et d'obtenir une diminution sur les cinq mille piastres, en rendant deux prisonnières.

— C'est cela, mon cher Paul; il faut pour cette négociation un homme courageux, adroit et connaissant le malais, et j'ai jeté les yeux sur vous.

Paul s'inclina pour remercier.

— Vous acceptez, n'est-ce pas? reprit Surcouf.

— Très-honoré de votre confiance, capitaine.

— Nous avons mis le cap sur l'île de Timor, poursuivit Surcouf, et, quand nous serons devant l'île, vous descendrez dans une embarcation avec les deux Malaises et trois rameurs; et l'échange se fera, selon l'usage consacré, sur le petit rocher de Fiou; il faut rendre justice à ces bandits : ce sont les seules occasions où ils montrent de la bonne foi.

— Je connais cette manœuvre, dit Paul. Maintenant...

— Maintenant, interrompit Surcouf, je vais vous apprendre une bonne nouvelle... En vous chargeant de cette négociation, vous serez infiniment agréable à une personne qui vous estime beaucoup, que vous estimez aussi, et qui demande tous les jours au ciel, dans ses prières, la délivrance du comte Despremonts.

Un frisson courut dans les veines de Paul; il fit un violent effort pour assembler quelque syllabes.

— Et... cette... personne... qui demande au ciel...

— Vous ne devinez pas? demanda Surcouf.

Paul fit un signe de tête négatif.

— On peut tout dire et tout nommer aujourd'hui, continua Surcouf; cette personne est notre belle comtesse Aurore... Aurore Despremonts... Que regardez-vous en mer, Paul?... vous découvrez une voile? Est-ce que la mer nous apporte le cadavre de Bantam?

A ce nom d'Aurore, Paul s'était levé comme s'il eût reçu une balle au cœur; mais une réflexion énergique réprima un cri sur les lèvres, et par un mouvement subit il voulut dérober aussi à Surcouf un visage couvert d'une affreuse pâleur.

Sans se retourner il répondit au capitaine, et, malgré son trouble, il s'estima heureux d'inventer quelque chose d'assez raisonnable.

— J'ai cru entendre... un bruit de rames... C'est que nous sommes dans les parages les plus dangereux... Vous le savez mieux que moi, Surcouf, l'an dernier, le bâtiment de M. Delanier a été ici, en un clin d'œil, entouré par cent pirogues qui semblèrent sortir de l'eau.

— C'est l'histoire de la mort de Vendredi dans *Robinson* que vous me comptez là, Paul, dit Surcouf en riant; mon

Breton en avalerait deux cents, de leurs pirogues... Asseyez-vous, Paul, et poursuivons. Il ne faut pas renvoyer à demain une si grave affaire...

— Sans doute, sans doute, dit Paul, en essayant de dérober les trois quarts de sa figure à Surcouf.

— Un jour perdu, poursuivit le capitaine, pourrait être fatal au comte Despremonts et à sa pauvre femme ; je n'ai jamais vu mariage si bien assorti. Ils s'adorent comme deux amants au premier quartier de la lune de miel. Si le moment n'était pas aussi grave, Paul, je vous ferais rire aux larmes... J'avais un jeune passager qui la croyait veuve, et qui...

— Oh ! le moment est trop grave ! — interrompit Paul avec un geste convulsif, — et, d'ailleurs, je connais maintenant très-bien cette affaire... Capitaine, je ne crois pas me tromper, nous avons dépassé la côte de Chéribon, n'est-ce pas ?

— Oui, et de beaucoup... je devine votre intention, Paul, vous voulez faire une petite descente chez les colons de Samarang ? mais songez-y bien, cela vous fera perdre un temps considérable, et j'ai promis à Aurore Despremonts de ne pas perdre une minute quand l'occasion se présenterait, et elle est plus favorable qu'on ne pouvait l'attendre, puisque avec l'argent de la rançon nous avons ces deux petites Malaises en notre pouvoir... Eh bien, vous ne répondez pas, mon cher Paul ?... vous tenez toujours à votre visite à Samarang ?...

— C'est que... voyez-vous, capitaine, dit Paul avec des efforts inouïs, je n'ai pas l'honneur de connaître M. le comte Despremonts, et...

— Mon Dieu ! que dites-vous, interrompit Surcouf au comble de l'étonnement, un brave officier ! le continuateur de la grande œuvre de Dupleix ; un noble Français ! Vous avez besoin de le connaître personnellement pour... Vraiment, Paul, je ne vous comprends pas ! vous avez encore dans la tête le fracas de la bataille !

Surcouf avait toutes les vertus et toutes les ressources des grandes choses militaires, la finesse même et la sagacité du soldat accompli ; mais toute sa pénétration échouait devant la vulgarité de la vie bourgeoise ; il aurait ainsi prolongé cet entretien avec Paul jusqu'au lendemain, et il n'aurait rien deviné.

Paul, qui se trahissait bien plus par sa pâleur que par les hésitations fiévreuses de sa parole, fit un dernier effort pour réparer son imprudente phrase, et dit d'une voix assez ferme :

— Capitaine, vous ne m'avez pas laissé achever... Certes, je n'ai pas besoin de connaître personnellement M. le comte... le comte...

— Despremonts, souffla Surcouf.

— Despremonts, reprit Paul, pour voler à sa délivrance ; mais à l'habitation de Vandrusen, j'ai de bons amis dont j'ignore le sort depuis la descente de Bantam, et, puisque je me trouve dans leur voisinage, je me souviens que j'ai des devoirs sacrés d'amitié à remplir.

— Eh bien, dit Surcouf, je vous approuve et tout peut s'arranger... Le retard ne sera pas long, vous me le promettez, Paul ?

— La chaloupe, trois bons rameurs, le temps de serrer les mains de mes amis, s'ils vivent encore... de les pleurer, s'ils sont morts, et un instant après vous mettez à la voile pour Timor.

Surcouf approuva d'un signe de tête, se leva pour donner quelques ordres, et Paul s'aperçut bientôt que le navire changeait de direction et gouvernait vers la droite du détroit.

Le malheureux jeune homme paraissait plus calme ; une résolution énergique était prise ; mais laquelle ? C'est ce que n'aurait pu deviner le plus sagace des observateurs.

A la hauteur de l'habitation de Vandrusen, le *Breton* mit en panne et la chaloupe prit la mer.

— Faites-leur bien mes amitiés à tous, dit Surcouf à

Paul du haut de l'échelle, et promettez-leur ma visite prochaine.

Paul répondit par des gestes, ce qui, pour lui, en ce moment, était plus facile que de répondre avec la voix. Il revoyait le débarcadère de Vandrusen, la guérite de pierre, les arbres de la fontaine des Roses d'ivoire, le sombre massif où il gardait Aurore dans la plus affreuse des nuits, un magnifique paysage, qui avait un instant, couvert de son ombre l'adorable femme à jamais perdue pour lui.

Une sentinelle avait probablement signalé un navire de France, car le bord de la mer perdit bientôt sa tristesse de solitude et s'anima de la présence de dix hommes bien connus de Paul.

Les joies de ces retours et de ces rencontres sont inconnues dans les villes, et les plus vives affections perdues et retrouvées n'ont rien de comparable à ces touchantes scènes du désert. On dirait que Dieu a créé une amitié plus sainte, une parenté plus aimante, pour les solitaires du désert, pour les vaillants défricheurs qui ont foi en lui et continuent son œuvre dans le pays du soleil.

Deux hommes de la troupe de Strimm et Torrijos manquaient à cette scène; ils avaient péri dans la nuit de l'attaque. Paul retrouva tous les autres et, dans l'accueil émouvant qui lui fut fait, il oublia un instant son désespoir. Le comte Raymond, ce gentilhomme si calme toujours, et qui avait la pudeur de la sensibilité, pleura de joie en revoyant son jeune ami Paul. Les mille choses qu'on avait à se dire de part et d'autre furent dites en quelques instants, car Paul ne cessait de répéter à chaque phrase :

— Surcouf attend le comte Raymond.

Enfin, Raymond s'écria :

— Mais je suis aux ordres du brave Surcouf; que me veut-il ?

Paul prit mystérieusement la main du comte Raymond, et l'éloignant de ses compagnons, il lui dit :

— Surcouf ne vous attend pas.

Le comte Raymond fit un mouvement qui déconcerta Paul.

— C'est moi, ajouta-t-il, c'est moi qui compte sur vous; c'est moi, votre ami, qui vous demande un service, à vous, mon noble ami, à vous si généreux toujours, à vous qui venez de m'accueillir avec des larmes de joie.

— Parlez, mon cher Paul, et quel que soit le service, je vous le rendrai, foi de gentilhomme.

Alors, Paul, vu l'urgence, raconta à Raymond toute l'histoire du comte Despremonts et d'Aurore; en finissant, il ajouta :

— Moi, je ne puis pas me charger de cette mission, c'est impossible !... impossible !

Et il versa des larmes de désespoir.

— Que Surcouf, reprit-il, m'ordonne de me précipiter dans le fond de l'Océan, pour y chercher le plus beau coquillage de l'Inde, j'obéirai ; qu'il m'ordonne de prendre tout seul l'île de Timor, on me tuera, mais j'obéirai... Aller retirer le comte Despremonts des mains de ces bandits! impossible ! Je n'ai pas tant de vertu! je suis un homme infâme! un lâche! un déserteur! je me punirai!

Le comte Raymond de Clavières aimait Aurore, lui aussi, et quel riant avenir il avait fondé sur cet amour! mais il était de la race des hommes héroïques, toujours prêts aux dévouements sublimes; il prit la main de Paul et lui dit:

— Consolez-vous, mon enfant : vous aimez Aurore, et je vous comprends mieux que personne. Ce que vous ne voulez pas faire, je ne puis pas le faire, et je le ferai.

Il quitta Paul, s'avança vers les colons, et leur dit :

— Mes amis, le temps presse; j'ai une grande mission à remplir: Il n'y a pas une minute à perdre, je vais délivrer le comte Despremonts.

Et, mettant le pied sur la chaloupe, il ajouta, en montrant le *Breton :*

— Mes amis, feu de toutes vos armes, et saluez le drapeau tricolore !

Une salve de mousqueterie retentit sur la plage.

— Et vous, dit Vandrusen au comte, vous ne saluez pas comme nous le drapeau de la France?

— Ce n'est pas mon drapeau! répondit le gentilhomme de Versailles; et il partit.

DEUXIÈME PARTIE

LE POUVOIR DE LA FEMME

I

Après le départ du comte Raymond, Paul, affectant un air d'insouciance, prit le bras de Vandrusen et lui dit :

— Le soir de l'attaque de Bantam, notre brave Raymond vous a fait une manœuvre bien savante...

— Si savante, interrompit Vandrusen, que nous n'y comprenions rien du tout. Et pourtant nous lui obéissions en aveugles.

— Cette manœuvre, dit Paul, pouvait seule sauver cette femme... madame... j'ai oublié son nom... Vous avez battu en retraite du côté de la...

— De la vallée de la Mort, dit Vandrusen.

— Oui, reprit Paul très-agité, j'avais encore oublié ce nom... Cependant les anciens nous ont fait ici bien des histoires sur cette vallée... Croirais-tu, Vandrusen, que je serais fort embarrassé, si je voulais faire une course de ce côté-là...

— Comment, dit Vandrusen, tu n'as jamais eu la curiosité de voir la vallée de la Mort?

— Jamais, Vandrusen. Le travail et le sommeil m'ont toujours occupé.

— Oh! une vallée fort curieuse! reprit Vandrusen! mais bien triste à cause du *boon-upas*, le mancenillier des Célèbes, et le plus beau où le plus affreux qu'on puisse voir dans les îles de la Sonde.

— Elle est bien singulière, dit Paul, la vertu qu'on attribue au *boon-upas*.

— C'est l'arbre de la mort, dit Vandrusen.

— Nous avons là un mauvais voisin, dit Paul en riant; heureusement c'est un voisin éloigné.

— Éloigné de deux milles, reprit Vandrusen.

— Pas davantage! fit Paul avec un air indifférent, je le croyais dans le voisinage de Sumbaya.

— On suit ce ruisseau, dit Vandrusen en désignant la droite, et il vous conduit à la vallée, à travers des ébéniers. C'est là que nous avons dépisté Bantam.

— Mais le coquin, reprit Paul avec une chaleur factice, comme parle un homme qui vient d'apprendre ce qu'il voulait savoir et ramène l'entretien à son début, mais ce coquin a fini par comprendre la ruse du comte Raymond! il a laissé une partie de la bande sur vos traces, et il est venu nous poursuivre, moi et madame... j'ai oublié son nom... il est venu nous poursuivre dans la forêt de Fer.

— Cette femme, dit Vandrusen, nous aurait un jour causé quelque grand malheur. En la voyant entrer chez nous, moi, j'ai eu peur d'en devenir amoureux...

— Allons donc! fit Paul avec un rire composé.

— Oui, oui, reprit Vandrusen; c'est une femme fort dangereuse, et il en sait quelque chose, le comte Raymond.

— Ah! le comte en est amoureux? dit Paul avec le même rire.

— Il en perd la tête... mais voici le plus fort : Il a failli nous faire tuer pour cette femme.

— Vraiment ! dit Paul pour dire quelque chose.

— Je ne le blâme pas, reprit Vandrusen, Dieu m'en garde ! Notre devoir était de la défendre ; elle s'était mise sous notre protection ; mais, à notre place, il y aurait beaucoup de colons qui auraient livré la comtesse à Bantam, sans tirer un coup de fusil.

En tout autre moment, Paul se serait récrié d'indignation contre une lâcheté pareille ; mais son esprit entretenait une idée fatale, il n'écoutait plus Vandrusen que par complaisance, et il avait hâte de laisser tomber l'entretien.

Il prit pour prétexte la fatigue subie dans la journée, et, serrant la main de Vandrusen, il lui dit :

— Je vais me reposer quelques heures sous ces arbres. Au revoir !

Vandrusen ne conçut aucun soupçon ; le prétexte était fort naturel. Une oreille exercée aurait remarqué une grave altération dans la voix de Paul, mais Vandrusen était encore trop jeune pour avoir appris le degré d'observation que l'expérience donne à l'ouïe et au regard.

Paul, resté seul, frappa son front et déchira sa poitrine nue, en se traitant de lâche et de déserteur. Sa conscience repoussait le suicide ; mais, par un de ces accommodements qu'une éducation imparfaite peut inspirer, il croyait avoir trouvé un procédé ingénieux pour mettre d'accord sa conscience et son désespoir.

Il suivit l'indication de Vandrusen et marcha d'un pas ferme et rapide vers ce site affreux qui porte à Java le nom de vallée de la Mort.

Le soleil touchait la ligne de l'horizon maritime lorsque notre malheureux jeune homme arriva au but de sa course. La vallée, qui a un aspect lugubre même aux rayons du jour, avait pris des teintes crépusculaires dignes de son nom. Dans toute sa longueur on ne voyait aucune apparence de végétation sauvage ou de culture. Deux montagnes grisâtres et nues se prolongeaient à droite et à gauche jusqu'à la mer, en étalant, par intervalles, des torrents pétrifiés de scories noires, antiques débris des éruptions volcaniques de Java. Les formes de ce terrain primitif ont des aspects sinistres, surtout lorsqu'elles s'ensevelissent dans les ombres du soir ; ce sont des pics gigantesques, détachés sur la cime des plateaux, et ressemblant de loin à une succession de fantômes sortis des enfers pour envahir le ciel. Au milieu de la vallée, un arbre solitaire, inflexible comme le nopal et muet au souffle du vent ; un immense cadavre végétal s'élève avec une tristesse inexprimable et complète ce paysage de désolation. C'est le *boon-upas*, l'arbre homicide, qui distille une invisible rosée vénéneuse et frappe de mort tous les êtres de la création qui viennent chercher un abri sous son ombre et sur ses rameaux.

Telle est, du moins, l'opinion accréditée dans l'Inde, et surtout dans les îles de la Sonde ; nier à Java l'influence mortelle du *boon-upas*, c'est nier la chaleur du soleil.

Paul regarda cet arbre avec cette volupté poignante que ressent l'homme au désespoir, lorsqu'il regarde l'arme fatale de la délivrance, au moment où le suicide va se consommer.

Ce crime infâme est l'acte d'un désespoir incurable ; c'est le remède de la mort contre une vie impossible ; c'est le calme du port après une tempête qui ébranle le front, brûle la pensée, éteint le raisonnement. Chose étrange ! le suicide honoré par les païens, et regardé comme une vertu, après les héroïques exemples de Lucrèce, de Caton d'Utique et de Brutus, est flétri par le païen Virgile, ce premier poëte chrétien (1).

La nuit venait de tomber dans ce val de mort, et la clarté des étoiles s'arrêtait à la cime des montagnes. L'hor-

---

(1) ... Quam vellent æthere in alto
Pauperiem duram et duros perferre labores !

rible nature de ce paysage était une mauvaise conseillère pour un désespoir consommé.

L'épouvantable contraste des souvenirs et de l'heure présente entraînait encore le malheureux jeune homme à son œuvre de destruction. Il voyait luire les éblouissants tableaux de la veille : les arbres radieux de Kalima, les vagues lascives du golfe sacré, le kiosque éclairé par la plus belle des étoiles, une atmosphère d'azur et d'or, toute remplie des divines extases de l'amour, et après, un crêpe de deuil couvrant ce mirage de femme et de lumière; une vallée ténébreuse comme le vestibule de l'enfer ; un arbre fatal, dressé là comme un échafaud, pour le déserteur et la victime d'une criminelle passion.

Le vague souvenir de son pays natal et de la petite église parfumée d'encens et de genêts, ouverte sur le golfe pour sourire aux marins, arrêta quelques instants le jeune homme; mais ce qu'il aperçut dans une vision infernale effaça subitement ce précieux souvenir. Le comte Despremonts, ramené en triomphe de Timor à Kalima, quelle joie dans l'habitation hollandaise! quelle fête légitime! quel banquet nuptial chez les Davidson! quel avenir de ravissement pour les deux jeunes époux!...

— Béni soit, s'écria-t-il, l'arbre sauveur qui va m'endormir du sommeil éternel en punissant le lâche déserteur et l'amoureux insensé!

Des larmes de feu inondaient ses joues, et un violent accès de fièvre éteignit le dernier éclair de sa raison.

Il s'étendit sur le roc au pied de l'arbre de mort, bégaya la prière de l'enfance, apprise par une pieuse mère, murmura quelques paroles confuses, où le nom d'Aurore était seul prononcé distinctement, et les objets extérieurs se dérobèrent à sa vue; les sensations s'arrêtèrent, la pensée ne fonctionna plus; le corps se roidit dans une affreuse immobilité.

Cependant les colons étaient fort inquiets, à la veillée, devant l'habitation de Vandrusen. On avait attendu Paul au repas du soir, et on concevait de justes alarmes en comptant les heures de cet inexplicable retard

On ne pouvait plus envoyer Asthon à la découverte ; le chien de la case de Samarang était à Kalima. Strimm et ses amis prirent leurs armes et fouillèrent courageusement les bois du voisinage pour retrouver leur jeune ami et lui prêter assistance, s'il s'était réfugié sur un arbre pour se dérober à quelque bête fauve. Toute prudence fut même oubliée ; le nom de Paul retentissait dans la nuit à tous les carrefours ténébreux, et aucune voix ne répondait. Chaque minute augmentait la désolation de tous.

La nuit et les bois gardaient leurs secrets ; les plus intrépides et les plus alertes parmi les colons désespéraient, après des courses brûlantes faites dans des massifs impénétrables, où le pied d'un homme ne s'était jamais posé. Strimm, cet intraitable sauvage civilisé par un regard d'Aurore, osa même se hasarder seul dans le labyrinthe du bois de Fer, et visita l'auguste ruine où la jeune créole et son compagnon avaient passé une nuit. Personne ne découvrait le colon perdu, et on le pleurait déjà comme si on eût appris sa mort. Il y a dans le cœur des hommes bien plus de vertus généreuses qu'on ne le croit. Les villes ont fait calomnier l'humanité.

Vandrusen, qui avait un cœur chaud et la pensée lente, se ravisa tout à coup, vers les heures matinales, et frappant la terre du pied, il dit :

— Je me rappelle maintenant que notre ami Paul était fort pâle et fort agité, en me parlant hier soir... et une chose me frappe encore dans ce souvenir, il m'a demandé beaucoup de détails sur la vallée du *boon-upas*... Oui, en me souvenant de tout cela, je crois être dans une bonne conjecture... il y avait un profond désespoir sur sa figure... j'ai cru à la fatigue, moi... il m'a trompé ! il m'a trompé !... allons du côté de l'est, mes amis...

Et tous les colons s'élancèrent sur les pas de Vandrusen.

Le soleil se levait, mais la vallée de la Mort gardait encore des teintes sombres dans ses profondeurs. Paul ouvrit les yeux et regarda autour de lui avec une stupéfaction folle : ressuscitait-il dans un autre monde, ou se réveillait-il après un long sommeil dans celui-ci? Son esprit n'avait pas encore assez de lucidité matinale pour résoudre cet étrange problème.

Le sommeil, ce céleste médecin gratuit, avait donné un peu de calme au pauvre malade, et la fraîcheur embaumée des douces heures du matin passait sur son front comme une main caressante, la main d'un invisible ami.

Il se souvint alors des mille histoires contées par des imaginations indiennes sur le *boon-upas*, et il se formula cette réflexion à lui-même :

— C'est peut-être comme le gouffre du *Bec-de-l'Aigle*, à la Ciotat; on dit que tous ceux qui le regardent deviennent fous. J'ai vu beaucoup de gens qui ont regardé ce gouffre, je l'ai regardé moi-même, et nous avons tous gardé notre raison.

Et il contemplait le *boon-upas*, qui, à la tranquille clarté des heures du matin, ressemblait à un arbre ordinaire et lui promettait une ombre innocente quand le soleil arriverait au zénith.

Un incident, qui serait merveilleux dans la vallée de Montmorency, mais qui est très-vulgaire dans une solitude de Java, vint exercer une salutaire influence dans le réveil de Paul.

La Providence se sert de tout pour venir en aide aux bons cœurs : elle envoie le brillant oiseau du soleil sur l'arbre du désert, quand Aurore rencontre les terribles Damnés de Java; voyons ce qu'elle va faire pour le malheureux Paul.

Échappé à l'influence fabuleuse du *boon-upas*, Paul, en reprenant sa raison, retrouva son amour et son désespoir. Un rocher à pic démesuré se dressait de l'autre côté du val comme le démon de la tentation. Cette fois, la ressource offerte promettait un résultat infaillible ; il n'y avait pas de réveil ou de résurrection possible au fond de cet abîme. Il s'agissait de s'endormir au sommet, sur le talus glissant, et l'agitation d'un rêve faisait le reste.

— C'est bien ! dit Paul.

Et il s'achemina vers la roche secourable et plus infaillible que le *boon-upas*.

En ce moment, une forme colossale, dont la teinte se confondait avec la forme générale du paysage, passait dans le vallon, et au bruit des pieds de Paul, elle s'arrêta.

C'était un de ces superbes éléphants de Java, dont l'espèce est à peu près perdue aujourd'hui, grâce à la spéculation des chasseurs d'ivoire ou aux collectionneurs des jardins zoologiques anglais.

Paul s'arrêta aussi, et, dans l'heure de désespoir où il se trouvait, il n'éprouva aucune crainte. Quand on est décidé à mourir, la mort est bonne à accepter sous toutes ses formes.

L'éléphant examinait attentivement le petit être, et, ne lui voyant rien de dangereux entre ses mains frêles, il s'approcha sans crainte, poussé par cet instinct qui lie sa noble race à la race humaine.

En toute autre occasion, Paul aurait fait l'une ou l'autre de ces deux choses : armé, il aurait mis une balle dans l'oreille du colosse; désarmé, il aurait escaladé au vol un pic du voisinage pour se mettre en lieu sûr.

Ne pouvant tuer et ne voulant pas fuir, il marcha de son côté vers l'éléphant, sans s'émouvoir de deux dents horizontales et menaçantes, et d'une trompe qui s'agitait comme une massue prête à tout écraser.

Dans les violentes crises de l'âme, une sensation nouvelle est un repos. Le jeune homme éprouva soudainement un vif accès d'orgueil, en abordant de près, et sans pâlir, le plus fort, le plus courageux et le plus formidable des animaux de la création. De son côté, le colosse paraissait joyeux d'examiner de près une de ces créatures qu'il était destiné à servir, en écoutant la voix d'un instinct toujours supérieur à notre raison.

Paul caressa de sa petite main les oreilles rugueuses du colosse, dont la majesté ne s'offensa point d'une hardiesse si familière. Il parut même recevoir avec plaisir ces témoignages d'affection, et, voulant reconnaître ce procédé amical, il fit serpenter délicatement sa trompe autour des épaules et du cou du jeune homme, en modulant au fond de l'abîme de son gosier une gamme douce, qui donnait pourtant une idée de la toute-puissance de sa voix, lorsque la vengeance, la colère ou l'amour l'élevaient au tonnerre du mugissement.

Cet échange de civilités affectueuses se prolongea, et Paul retrouva même un sourire, ce sourire de la jeunesse, qui passe sur un mâle visage comme un rayon, et semble descendre du ciel.

L'éléphant ploya ses quatre piliers, comme un ami qui, trouvant l'entretien amusant, s'assoit pour le continuer plus à son aise. Paul ne voulut pas commettre une impolitesse envers une si noble créature, et il s'assit à son ombre.

Ce sont là des aventures du désert, aventures vraies. Nous sommes à Java, au cœur de l'Inde. Je n'écris pas un roman bourgeois, dont la scène se passe rue Saint-Honoré ; j'écris une histoire de colons, et quelque jour il m'arrivera, pour *les Damnés de l'Inde*, ce qui m'est arrivé pour *la Floride* et *la Guerre du Nizan* : d'illustres voyageurs écriront, comme l'ont écrit M. de Lagréné, notre ambassadeur en Chine, le même qui m'a comblé, à son retour, de trèsbeaux présents indiens, et le savant et spirituel docteur Yvan, ils écriront, dis-je, que mes romans sont des histoires, que mes paysages existent, que mes héros ont existé, que leurs aventures sont réelles et que je n'ai rien inventé de toutes mes prétendues fictions de roman. L'univers ne peut pas toujours ressembler au boulevard Montmartre et même à la rue de Rivoli.

Cette parenthèse nécessaire étant fermée, nous rentrons dans le récit.

Vandrusen et les autres colons, toujours à la recherche de Paul et conduits, cette fois, par une idée, arrivaient aux limites de la végétation et entraient en plein jour dans la profonde vallée de la Mort.

Vandrusen cherchait le *boon-upas*, et la troupe de Strimm, quoique très-intrépide, frémissait en entendant le nom de l'arbre si redouté. Cependant, le dévouement de l'amitié l'emportait sur toutes les considérations timides, même sur la plus inexorable des terreurs, la terreur nerveuse, fille de l'imagination.

Strimm, dont le coup d'œil embrassait un horizon, s'arrêta brusquement et fit signe à ses amis de ne pas bouger: il venait d'apercevoir Paul, en péril de mort, auprès d'un éléphant.

Tous les colons se cachèrent derrière une roche saillante pour tenir conseil. Vandrusen et Strimm, qui avaient dans le regard le compas du géomètre, affirmaient que l'éléphant était à portée de carabine, et que dix balles envoyées simultanément à l'oreille du colosse devaient le tuer sur place, car ils étaient tous adroits comme des chasseurs du Zanguebar ou de la baie d'Agoa.

— Mais, — car il y a toujours un *mais* dans ces occasions, — mais, dit Strimm à Vandrusen, si nous ne parvenons qu'à le blesser, ce qui est très-probable, Paul est perdu.

Personne n'eut le courage de contredire Strimm; personne n'osa garantir l'infaillibilité de son coup d'œil.

— Et si nous nous montrons, remarqua Vandrusen, le danger est aussi grand.

— Il faut pourtant prendre un parti, dirent quelques voix.

Strimm, l'œil fixé sur une crevasse de roc, regardait toujours cette étrange scène du désert, et tous ses instincts sauvages n'y comprenaient rien. Il voyait toujours l'éléphant placé à côté de Paul et jouant avec sa proie avant le coup de grâce, comme le tigre fait avec le kandjil.

— Pourtant, pensait Strimm, ce jeu n'est pas dans les habitudes graves de l'éléphant.

Vandrusen examinait les deux amorces de son fusil et mesurait une douzième fois la distance qui séparait ses balles de l'oreille du colosse ; mais Strimm secouait la tête en signe de désapprobation et regardait le soleil, comme font les sauvages dans les anxiétés fiévreuses de la vie du désert.

II

Après le lever du soleil, une petite brise s'était levée et soufflait de l'ouest, sans faire le moindre bruit, dans cette vallée nue et déserte. On devinait la brise aux parfums arrivés des bois et des jardins sauvages de Samarang ; on ne l'entendait pas.

Tout à coup, notre jeune colon Paul remarqua un changement singulier dans les allures de l'éléphant. Ses vastes oreilles se roidissaient avec un frôlement d'étoffe rude, et sa trompe, élevée verticalement au-dessus de sa tête, semblait recueillir au passage les émanations de l'air.

Strimm et Vandrusen avaient négligé l'ordinaire précaution des chasseurs d'ivoire, en entrant sur le domaine des colosses de la création : ils n'avaient pas pris le bain d'herbes et d'aromates qui sert à tromper le merveilleux odorat de l'éléphant et lui dérobe les émanations des sueurs de l'homme sous un ciel de feu.

Ici commence une scène fabuleuse en apparence, si on consulte les erreurs de la vieille zoologie, et qui est pourtant la chose du monde la plus naturelle, si on consulte les livres des observateurs modernes anglais et hollandais, et surtout ce savant naturaliste indien, auteur de cette phrase : *On écrira le dernier mot sur l'homme, sur l'éléphant jamais.*

Quant à moi, simple zoologue amateur, je n'ai jamais laissé échapper une occasion d'étudier l'éléphant, animal bien plus intéressant que l'homme et que son petit cortége de sept péchés capitaux immuables et stupides ; j'ai lu tout ce qui a été écrit sur ces géants tétrastyles, et toutes les fois que, dans mes histoires, j'ai donné un chapitre inédit de leurs mœurs, j'ai rencontré, à côté de l'incrédulité des chasseurs de bouvreuils de la plaine Saint-Denis, les bons témoignages des naturalistes de Madras, de Ceylan et de *Cap-Town ;* ce qui m'encourage à continuer.

L'éléphant, toujours supérieur à l'homme (du côté de l'intelligence, bien entendu), ne se laissa pas entraîner subitement par la première impression. Un odorat, quoique infaillible, pouvait se tromper, pensait le colosse ; il faut donc renouveler l'expérience et humer avec lenteur ces émanations suspectes qui viennent du couchant et révèlent des ennemis et des traîtres embusqués.

Paul regardait le colosse, et ne comprenait rien au changement opéré en lui. Les démonstrations amicales avaient cessé ; on voyait luire dans ses petits yeux de sombres éclairs d'inquiétude, et le soupir continu qui s'exhalait de son gouffre ressemblait au lourd fracas d'un torrent dans une caverne.

Chose étrange et pourtant humaine ! Paul avait oublié son projet de suicide, son impossible amour, sa lâche désertion : il assistait au désert à une scène émouvante dont il était l'acteur subalterne, et qui lui rappelait les premiers jours de la création.

Il s'habituait ainsi à sa renaissance, et éprouvait un charme à trouver le mot de l'énigme proposée par un animal raisonnable qui, dans tous ses mouvements, n'obéissait à aucun caprice, mais suivait une pensée mystérieuse, éclose dans son vaste front.

L'éléphant était arrivé à la conviction, il ne doutait plus.

Les émanations lointaines, apportées par le souffle de l'air, n'appartenaient à aucune espèce connue et amie, il y avait sur l'épiderme de ces êtres nouveaux une excitation fiévreuse, trahie par le soleil et annonçant une marche hostile à travers les bois et les rochers. L'éléphant devinait cela et poursuivait son infaillible raisonnement :

— Tous les parfums de cette vallée me sont connus, soit qu'ils viennent des arbres, des fleurs ou des fourrures, et j'ai toujours vécu tranquille, comme propriétaire légitime de ce sol depuis bien des années. Ce que je flaire dans l'air, c'est un ennemi, et un ennemi redoutable, doué d'une vie forte, puisqu'elle résiste à ce soleil.

Les éléphants, à l'état sauvage, ce qui est la civilisation pour eux, ont encore sur l'homme un autre genre de supériorité, ils n'ont pas besoin de formuler un raisonnement en phrases plus ou moins correctes comme celle qu'on vient de lire : sans monologue détaillé, et par la concentration merveilleuse d'une pensée dépouillée du verbe, ils arrivent plus vite que nous et mieux que nous à la conclusion.

En comparant les émanations, l'éléphant devinait que le petit être assis devant lui appartenait à l'espèce ennemie, usurpatrice du sol sacré. Celui-là seul n'était pas dangereux avec ses mains grêles et vides; mais, ajouta l'éléphant, il est venu avec une intention perfide, révélée dans ses yeux et son regard trop intelligents ; il est venu le premier pour sonder le terrain, découvrir la retraite où vivent nos paisibles familles et nous détruire avec l'aide de ses nombreux compagnons embusqués lâchement du côté des bois. Assommons celui-ci d'abord, ce sera toujours un de moins.

Paul suivait avec un intérêt fébrile les mouvements du colosse, et il s'aperçut qu'il venait de tomber en disgrâce, tout à coup et sans motif plausible, comme un courtisan perspicace se reconnaît frappé du même malheur en regardant la figure de son roi. Les petits yeux du colosse se fixèrent sur Paul ; ses deux défenses s'agitèrent comme deux poignards aux mains d'un assassin ambidextre ; sa trompe se leva, portant le coup de foudre à sa pointe, comme si un tigre fût sorti de terre.

Paul, si décidé à mourir la veille, s'effraya devant cette colère formidable, devant ce genre de mort qu'il n'avait pas choisi, devant ce monstre colossal qui remplissait le désert de sa majesté sauvage. Le jeune homme joignit ses mains, donna une expression lamentable à son visage, et demanda sa grâce en quelques mots accompagnés par les plus émouvantes notes du cœur.

L'éléphant replia sa trompe, détendit ses défenses et regarda Paul avec des yeux bienveillants ; il avait compris le véritable cri de l'innocence, et il paraissait même honteux de s'être laissé emporter trop loin par un jugement téméraire.

Paul, ravi de sa victoire, remercia Dieu par un rapide regard lancé au ciel, et se remit à caresser le colosse avec toute l'effusion de la reconnaissance et de l'amitié. Alors l'éléphant, touché de l'état de Paul, qui ruisselait de sueur et mourait de soif, tourna sa trompe du côté du nord, fit quelques pas dans cette direction, s'arrêta, marcha encore, toujours en désignant le même point avec sa trompe, comme avec un doigt indicateur.

Paul se rappela tout à coup l'histoire indienne de la belle Luckmi, conduite par un éléphant à une source d'eau vive, dans le désert où elle mourait de soif, et il faisait le premier pas pour rejoindre le colosse bienfaisant, lorsqu'un coup de tonnerre éclata dans la vallée et fit mugir tous ses échos dans des profondeurs infinies. Paul regarda l'azur du ciel et le grand soleil, et s'arrêta épouvanté.

Puis il vit tomber l'éléphant comme une masse de granit qui s'écroule de la montagne dans la vallée.

Au même instant Vandrusen, Strimm et les autres colons poussèrent des cris de joie et se montrèrent à Paul. Une minute fit toutes ces choses à la fois.

Les saintes amitiés du désert se manifestèrent alors dans leurs effusions les plus touchantes; à voir les larmes couler sur ces visages de toutes nuances, on aurait dit que tous ces hommes étaient frères et formaient la même famille. C'est que dans les moments solennels de la vie, les races des trois enfants de Noé se ressemblent toutes par le cœur.

Paul n'osait pas reprocher aux colons la mort du pauvre éléphant ; il accepta leur dévouement comme un service signalé, et leur laissa croire que leurs dix balles, si adroitement lancées comme par une seule main, venaient de lui sauver la vie. Il eût été trop cruel de les désabuser, car ils paraissaient triomphants et radieux de bonheur.

Vandrusen, nature ordinairement calme, élevait une voix joyeuse qui dominait toutes les autres, et, dans une sorte de délire, il disait à Paul :

— Ah! j'ai bien conduit l'opération! je m'en flatte! il ne fallait pas hasarder un seul coup, ni même deux ou trois; il fallait surtout attendre le moment où la bête s'éloignerait un peu de toi ; nous courions la chance de tuer notre Paul en voulant le sauver. Quand j'ai vu cet imbécile d'éléphant mettre quatre pieds d'intervalle entre lui et toi, oh ! alors, j'ai fait signe à tous les amis : c'est le moment. Droit à l'oreille, et feu partout!

Paul serrait les mains de Vandrusen et donnait quelques larmes au pauvre éléphant. Mais il eut beaucoup de peine à cacher à tous un véritable désespoir, lorsque, s'adressant à Vandrusen et lui demandant s'il n'y avait pas une source d'eau vive dans le voisinage, il obtint cette réponse:

— Oui, la source du *boan* ; elle est là.

Et le doigt de Vandrusen désignait un rocher dans la direction qu'avait prise l'éléphant.

Il y a des larmes au fond de toute chose; Paul fut saisi d'un attendrissement extrême en donnant un dernier regard au cadavre de ce noble quadrupède, dont la destinée avait été humaine : il était la victime d'une bonne action.

Une réflexion de Strimm fit précipiter le pas aux colons.

— Cet éléphant n'est pas seul, dit-il ; lorsque les autres flaireront de loin le sang de celui-ci, ils arriveront au vol, comme des tigres, et nous ne serons pas les plus forts.

On approuva Strimm et on partit, au pas de course, pour l'habitation.

Paul se réconcilia volontiers avec la vie, en voyant autour de lui tant d'amis que sa mort aurait désolés. Celui qui se tue doit avoir acquis la certitude qu'il n'est aimé de personne. Le suicide est aussi l'acte d'un égoïsme désespéré.

Pourtant sa joie paraissait fausse au milieu de la joie franche des autres, et Vandrusen, qui n'admettait pas la rencontre de l'éléphant, à la vallée de la Mort, comme l'accident fortuit d'une promenade, entraîna Paul à l'écart et provoqua une confidence avec son autorité d'ami et de chef de l'habitation. Paul était trop faible pour résister à des instances amicales, ou pour dissimuler : il avoua tout, et Vandrusen profita de l'émotion de l'heure pour exiger de Paul un serment inviolable et dont il lui dicta les termes. Paul jura, par la vie de sa mère, qu'il n'accepterait désormais la mort que de la volonté de Dieu.

Mais, cette concession faite à l'amitié de Vandrusen, Paul devint exigeant à son tour.

— Ami, lui dit-il avec un sentiment de tristesse inexprimable, je consens à vivre, car j'ai un grand crime à expier envers Dieu et envers mes compagnons du désert ; mais je ne reparaîtrai plus devant Surcouf, que j'ai trahi, ni devant le comte Raymond... Il me serait impossible de soutenir le regard de ces deux hommes... Je mourrais de honte à leurs pieds...

— Ce sont des faiblesses d'enfant... interrompit Vandrusen.

— Non, Vandrusen ; ce sont les remords d'un homme...

— Mais, mon cher Paul, Surcouf te connaît ; il n'élève aucun doute sur ton courage ; il ne te donne pas le nom de déserteur. Surcouf est un marin rigide, mais juste, qui en ce moment sait la folle histoire de ton amour, et qui te plaint. Tu t'exagères ta faute, mon cher Paul; un ami sera toujours moins sévère que toi.

— C'est possible, dit Paul, mais il est bien triste d'avoir besoin de l'indulgence de ses amis.

— Quant au comte Raymond, poursuivit Vandrusen, celui-là te comprend mieux que personne, il aime ce que tu aimes, et son désespoir est le tien...

— Oui, interrompit Paul, mais ce noble comte Raymond, il n'a pas reculé devant son devoir; en ce moment, il fait une chose qu'aucun homme n'a jamais faite, et qui surpasse en héroïsme les exploits de Dupleix, du bailli de Suffren et de Surcouf...

— Et que fait-il? demanda Vandrusen étonné.

— Ce qu'il fait! reprit Paul; ah! tu me demandes ce qu'il fait! Tu le sais, Vandrusen.

— Eh bien! dit le jeune colon hollandais, il va payer la rançon de Despremonts aux pirates de Timor.

— Par Notre-Dame de la Mer! dit Paul en se croisant les mains au-dessus de sa tête, ce n'est donc rien, cela! le comte Raymond aime madame... tu le sais!

— Oh! il l'aime bien! c'est vrai, remarqua Vandrusen.

— Bon! reprit Paul, et il part, en vrai gentilhomme qu'il est, pour délivrer le comte Despremonts et le ramener chez sa femme!... Oh! vois-tu, Vandrusen, j'aimerais mieux prendre tout seul une frégate anglaise à l'abordage!... Tu ne comprends pas cela, toi, Vandrusen! tu as un caractère tranquille : tu as vu la comtesse Aurore, et, au moment de l'aimer, tu as dit : « Ne l'aimons pas! » Il y a des hommes qui font de leur cœur ce qu'ils veulent; ils le brûlent ou ils l'éteignent à volonté. Moi, je suis d'une autre race. Tant pis! je ne pourrais pas soutenir en face la vue de Despremonts, j'ai même la jalousie du passé... je ne puis pas t'expliquer cela clairement... tu ne me comprendrais pas...

— Oui, dit Vandrusen.

— Le comte Despremonts, reprit Paul, je l'estime, je

l'honore, je le respecte, mais il me serait impossible de lui serrer la main ; il me serait impossible de regarder tout ce qu'il emporte de bonheur autour de lui !...

— C'est juste, je ne comprends pas, interrompit Vandrusen d'un ton légèrement ironique.

Paul était trop exalté pour remarquer cette nuance, il ajouta :

— Mais d'où vient que les hommes ne comprennent pas une chose si simple ?... Je me sens brûlé vif, moi, comme saint Laurent, rien qu'à l'idée de voir en face le comte Despremonts ! je ne le verrai pas ! je ne le verrai pas !

En disant cela avec une vive animation, il frappait son front avec sa main et la terre avec son pied.

Il y eut un moment de silence. Des larmes coulaient sur les joues de Paul. Vandrusen regardait son jeune ami et secouait mélancoliquement la tête, comme on fait en écoutant les plaintes d'un pauvre fou.

— Et pourtant, dit Vandrusen en renouant l'entretien, il faudra bien le voir...

— Le comte Despremonts ? interrompit Paul ; ah ! voilà où je voulais en venir ! Jamais, Vandrusen ! jamais !

— Mais dès qu'il sera libre, reprit vivement Vandrusen, il viendra nous visiter ; c'est son devoir. Qui sait même ? le comte Despremonts viendra s'établir au milieu de nous ! Qu'irait-il faire en France ? Son nom y est proscrit...

— Je comprends cela mieux que vous, interrompit Paul : aussi mon parti est pris.

— Paul, dit sévèrement Vandrusen, vous venez de jurer...

— Soyez tranquille, Vandrusen ; ce que j'ai juré, je dois le tenir ; mais je n'ai pas juré de rester ici dans votre habitation...

— Bien ! s'écria Vandrusen, il songe à nous quitter !

— Il le faut, mon cher Vandrusen, il le faut.

— Et où iras-tu ?

— J'irai voir les Damnés de l'île ; je vivrai de leur vie vagabonde et maudite, je perdrai mon nom et mes souvenirs dans les marches brûlantes du désert ; je vivrai par la douleur, qui est une volupté aussi ; je me ferai sur terre un purgatoire d'expiation pour me réhabiliter à mes propres yeux, pour me rendre mon honneur perdu, et peut-être un jour, si les remords s'éteignent en moi, si je redeviens pur, j'aurai le courage de reparaître au milieu des vivants.

— Paul, dit Vandrusen, tu te trompes toi-même ; tu ne feras rien de tout cela... Veux-tu savoir ce que tu vas faire ?

— Voyons, instruis-moi, Vandrusen.

— Tu iras à Kalima...

— Non ! mille fois non ! interrompit Paul avec feu.

— Attends, Paul, laisse-moi finir... Tu iras vivre comme un damné ou une bête fauve, autour de l'habitation de Davidson ; tu feras ce qu'ont fait tous les amoureux infortunés, et tous les fous de la passion ; tu regarderas de loin les arbres, le toit, le rocher, la mer, où respire la femme de ton amour... Tu ne réponds pas ?... tu gardes le silence cette fois... j'ai deviné.

— J'irai, répondit Paul, j'irai où m'appelle le besoin de ma nouvelle vie... mais je ne la verrai jamais... elle... je ne lui parlerai jamais. S'il me reste une douceur, une douceur amère ici-bas, pourquoi m'en priverais-je ? Oui, je veux verser la dernière larme de mon cœur dans le voisinage d'Aurore, et, quand ce trésor de désolation sera tari, je découvrirai une douleur inconnue, une douleur que les pleurs n'adoucissent pas et que je serai fier de subir, car la souffrance extrême donne l'orgueil à celui qui peut en faire sa vie ; et l'orgueil est une force, il soutient encore les damnés dans l'enfer !

— Mon pauvre ami, dit Vandrusen, que Dieu garde ta raison !

— Ma tête est forte, rassure-toi, Vandrusen ; les cerveaux

étroits deviennent fous ; les fronts larges résistent à tous les coups de tonnerre qui éclatent autour d'eux. Oui, j'irai près de Kalima ; je connais ses habitudes de toutes les heures ; elle ne me verra pas, elle ne m'entendra pas ; et je dirai à l'arbre de lui donner son ombre, à la fleur de lui donner son parfum, au golfe de lui donner sa fraîcheur, à la nuit de lui donner son silence. Je mettrai tant d'amour sur les chemins où elle passe, qu'elle respirera, sans le savoir, une brise plus fraîche, un air plus doux. Si elle est heureuse, elle devra son bonheur à quelque chose d'invisible qui vient de mon âme, de mon souffle, de mes vœux. Laissez-moi cette illusion ; c'est la dernière ; elle me donne une joie triste, et mon malheur ne doit rien dédaigner.

Paul s'appuya contre un arbre, Vandrusen n'osa plus rien ajouter. Une si grande douleur devenait respectable, comme une blessure ou une maladie sans guérison.

Ayant repris un peu de vigueur après l'effort qu'il avait fait, Paul reprit d'une voix calme :

— Un dernier service, Vandrusen, et tu me le rendras...

Le colon fit un signe de tête affirmatif.

— Tout ce que je viens de te dire, reprit Paul, est insensé aux yeux de tous... épargne-moi le dur travail de le répéter aux autres. Rassure-les bien sur mon compte ; invente... imagine... dis-leur ce que tu voudras... ma pauvre tête ne peut rien trouver... Toi, plus calme, plus réfléchi, tu trouveras un prétexte à mon départ... quand je serai parti... Ce soir, je ferai la veillée avec tous... Et demain, avant le lever du soleil... Vandrusen, pardonne-moi, l'amitié ne peut pas suffire à l'homme ; c'est horrible à penser ! l'amitié, sans doute, est une belle chose... pour les vieillards.

Plusieurs voix connues se firent entendre sous les arbres de l'habitation. Tout venait d'être dit.

Et le lendemain, par un chemin bien connu, Paul se dirigeait vers Kalima, aux dernières lueurs des étoiles.

III

Sur une plage devant Chéribon, côte septentrionale de Java, on voyait alors une espèce de caravansérail où se confondaient les petits caboteurs, les saltimbanques, les margoulins, les matelots en retraite, les Saradacarens musiciens, les déserteurs, les renégats, les filous habiles, les banqueroutiers du Bengale, tous ceux enfin qui avaient à payer une dette insolvable, qui avaient côtoyé le bourreau ou la prison, déchiré le pacte social, cassé la corde de la potence, ou qui avaient trop abusé de la bonté, de la faiblesse ou des distractions du prochain.

Un hardi spéculateur catalan, nommé Mariani, avait trouvé le secret de commencer une fortune en vendant des liqueurs, des vins sans nom, du tabac et du marc de café à cette cohue de consommateurs ruinés et mis au ban de l'archipel malaisien.

Au milieu de cette gangrène vivante de l'Asie, on voyait pourtant d'honnêtes marins et de probes voyageurs de commerce qui, étendus sur des nattes au bord de la mer, à l'ombre de grandes toiles goudronnées prenaient leur collation en fumant la pipe et en causant avec des courtiers malais.

Mariani, le maître de cet établissement étrange, remarquait depuis quelques jours un Malais, assez proprement vêtu, qui consommait le rhum et le café avec une aisance extraordinaire et payait toujours sans marchander. Cet homme, pensait Mariani, doit être un pirate enrichi.

Mais l'argent d'un pirate ayant la même valeur que l'argent d'un honnête homme, Mariani gardait son opinion secrète, et traitait le Malais avec beaucoup de déférence.

Un jour, en payant sa dépense, le Malais dit à Mariani :

— Vous avez là du rhum exquis. En avez-vous une caisse à me vendre ?

— Vous partez donc ? demanda Mariani.

— Moi, partir ! dit le Malais ; je suis fixé à Chéribon, ici, dans le voisinage ; j'ai acheté pour cent piastres une petite maison et un jardin grand comme ma main, et je suis heureux. Il me faut un peu plus que de l'air pour vivre ; un rien me suffit. Ma grande dépense est le rhum, car je ne compte pas le café.

— Alors, dit Mariani, vous n'avez pas de l'ambition, comme tant d'autres ?

— Moi ? dit le Malais en riant, j'ai fait le mois dernier une bonne spéculation sur une partie d'écailles, j'ai acheté ces quatre pouces de terre, et je tire d'un petit sac. Quand tout sera mangé ou bu, je vends ma cabane, et je vais recommencer mon trafic.

Le Malais disait cela d'un ton leste et charmant, qui ravit Mariani.

— Je vais vous préparer votre provision de rhum, dit le maître de l'établissement. Quel nom dois-je écrire ?

— Le mien, interrompit le Malais... je me nomme Turbry. D'ailleurs, je paye la caisse comptant. C'est une habitude que j'ai prise dans le commerce.

— Bonne habitude ! dit Mariani.

Turbry, ou pour ne pas tromper le lecteur, Bantam, salua, en portant la main à son chapeau de paille, et sortit.

Mariani se crut fixé sur le compte du prétendu Turbry, et il contait mot pour mot l'histoire de la petite maison et de la partie d'écailles aux curieux de son établissement. Un pareil habitué lui faisait honneur.

Bantam, que nous n'appellerons plus de son faux nom, passait chaque jour en revue le personnel de ce caravansérail ; il causait avec les Européens surtout ; et lorsqu'il rencontrait une figure intelligente, il prolongeait l'entretien et n'épargnait pas le rhum. Très-souvent cette familiarité lui coûtait une menue pièce de monnaie, qu'il tirait avec lenteur du fond d'une bourse portugaise, et qu'il remettait avec une répugnance feinte à l'emprunteur.

Un jour, il crut avoir trouvé l'homme qu'il cherchait depuis longtemps et qui paraissait remplir les conditions nécessaires à un projet infernal. C'était un Hollandais, à face ouverte et fraîche ; ni jeune, ni vieux ; parlant bien le malais, et vêtu d'un simple caleçon de coutil, ce qui annonçait autant une extrême misère qu'une précaution contre la chaleur.

A la troisième séance de causerie, Bantam, à force de verser du rhum à son interlocuteur, lui fit raconter le secret de sa vie. C'était un spéculateur qui avait commis le crime de baraterie à Bombay, et qui s'était échappé pour éviter la potence. Il se nommait Ovestein, après avoir quitté son premier nom.

— Parlez-moi franchement, lui dit Bantam d'un ton de bonhomie admirable ; vous me paraissez un industriel plus malheureux que coupable, et je m'intéresse à vous... Quelles sont vos ressources ?

— Si j'avais de la vache enragée, je la mangerais, dit Ovestein.

— Cela veut dire que vous n'avez rien à mettre sous la dent ? reprit le Malais.

— Je vis comme tant d'autres, répondit Ovestein, c'est-à-dire que je ne vis pas... et, puisque vous êtes assez bon pour vous intéresser à moi, vous pouvez me rendre heureux en me prêtant une piastre.

— Et que ferez-vous d'une piastre, Ovestein ?

— Je vivrai huit jours au moins.

— Et après ?

— Après, j'irai à la pêche des coquillages, c'est mon métier.

— Cela vous rapporte-t-il beaucoup ?

— Oh! c'est la mer à boire! il faut faire le plongeon, se déchirer les mains, se rôtir au soleil, pour gagner quelques cailloux des Maldives, fausse monnaie qui ne réjouit pas l'œil comme l'argent.

— Il n'est pas bête, cet Ovestein! fit Bantam avec un léger éclat de rire. Eh bien! je veux faire un heureux...

— Donnez-moi la préférence, dit le Hollandais en riant à l'unisson.

— Voyons, reprit Bantam avec gravité, méritez-vous d'être heureux, monsieur Ovestein?

— J'ai souffert depuis le berceau, monsieur Turbry.

— Oh! vous avez bien rencontré quelques agréments par-ci par-là?

— Jamais, mon bon monsieur Turbry... Au moment où j'arrangeais mes petites affaires au Malabar, une damnée police, qui empêche toujours les gens de devenir heureux comme ils l'entendent, a étendu la main pour me saisir. J'ai le pied agile; je me suis mis dans le lest du navire *le Surate*, à fond de cale, et j'ai évité la cravate de chanvre. C'est beaucoup : mais à quoi sert la vie, quand elle ne vous sert à rien?

— Ovestein, dit Bantam, tu mérites de vivre... Écoute... Connais-tu à Chéribon quelque jeune Hollandaise de bonne mine, et qui puisse ressembler à une femme honnête quand elle aura un collier de corail et une robe de crêpe Nankin?

— Des Hollandaises de race croisée? dit Ovestein en regardant le plafond de toile, des Hollandaises fausses... sang métis?... Il y a tant de mélange depuis un siècle...

— Ça m'est bien égal! reprit Bantam, je ne tiens pas à la pureté de la race... Il me faut une femme jeune et belle, chose très-facile à trouver, surtout dans les créoles de race croisée... une femme qui parle le hollandais et le malais, si c'est possible.

— Une femme pour vous? demanda Ovestein.

— Non, pour vous, reprit Bantam ; je veux vous marier.

Ovestein regarda son interlocuteur d'un air ébahi.

— Ah ! cela vous étonne ! reprit Bantam ; mais, quand vous saurez tout, vous ne serez plus étonné... d'abord, il faut trouver la femme.

— Elle est trouvée, dit Ovestein.

— Où est-elle ?

— Ici, à Chéribon... une Hollandaise qui ferait honneur aux premières familles d'Amsterdam. Elle a du sang espagnol dans les veines, ce qui lui donne un teint vigoureux, et des yeux noirs. C'est une blonde brune, qui a déjà été marchandée par deux nababs ; mais elle veut se marier, c'est sa manie.

— Tant mieux ! tu l'épouseras, dit Bantam, je n'aime que les amours légitimes, moi ; j'ai des mœurs.

— Ma foi ! j'aime mieux l'épouser, dit Ovestein ; au moins elle m'appartiendra.

— Maintenant, point d'observations, mon cher Ovestein ; accepte le bonheur en aveugle, et ne crie pas au voleur si je te mets de l'argent dans tes poches... viens de ce côté.

Bantam se leva, et conduisant Ovestein vers un pilastre de bois chargé de petites affiches manuscrites, il lui dit :

— Si tu sais lire, lis cela.

Ovestein lut :

« A vendre, dans une belle position, à Kalima, une superbe plantation en plein produit, à un quart de pipe de l'habitation de Davidson. Le logis est neuf, avec ferme, étable et viranda ; meubles anglais. S'adresser à M. Charles Luxton, agent comptable de la succession de Claiford. »

— Je connais le prix de cette propriété, dit Bantam ; on la cède pour mille piastres. Personne n'en veut. Vous l'achèterez sous votre nom, et je payerai.

— Vous m'avez défendu de m'étonner, dit Ovestein ; je

trouve donc cela très-naturel et j'achète les yeux fermés.

— Très-bien! reprit Bantam; j'aime la soumission, et il faut marcher très-vite. Voici d'abord une petite bourse qui vous sera utile pour de menues dépenses. Vous achèterez au bazar un costume de planteur. Il vous faut aussi une montre avec une énorme clef en cornaline et un bambou à pomme d'or. Quand vous serez équipé à l'instar de Madras, vous deviendrez un homme superbe, et toutes les créoles disponibles vous chanteront à l'oreille le refrain du *pantoum* :

> Il était beau comme Brama
> Quand la jeune Delmir l'aima.

— Me voilà prêt à être superbe, dit Ovestein en riant; et après, vous...

— Point d'après, point de demande inutile, interrompit Bantam; je sais ce que j'ai à faire, et vous n'avez qu'à suivre mes instructions.

Ovestein s'inclina comme un esclave soumis.

— Vous ne reparaîtrez plus ici, poursuivit Bantam; nous nous verrons chez moi, dans mon petit jardin, très-facile à trouver, en suivant le chemin qui part de la grande fontaine. Portail rouge; deux marches en pierres grises; une allée de bambous.

— Je connais la maison, dit Ovestein.

— Quand vous serez équipé proprement, reprit Bantam, vous irez à la promenade des lataniers, et vous aurez la physionomie d'un homme qui s'ennuie depuis longtemps pour cause d'ancienne richesse. Vous aurez l'air de vous marier par désespoir, comme dans une attaque de *spleen*, comme on se brûle la cervelle. Toutes les femmes vous paraîtront indifférentes; on croira que vous prenez la première qui vous tombe sous la main. Habituez-vous à être rusé; rien n'est plus facile, il faut avoir l'air de ne pas l'être. A dater de ce moment, nous ne nous connaissons plus en public... A ce soir, chez moi, à six heures et demie, après la promenade ; c'est entendu... Je vois arriver le brick qui fait le service de la côte ; j'attends quelqu'un du bord.

Bantam descendit à la mer, et bientôt il fut abordé par un jeune Malais qui lui remit secrètement une lettre conçue en ces termes :

« Rien de nouveau, maître ; les trois femmes ne se quittent plus. Davidson est toujours un imbécile. Je le soupçonne d'être amoureux de la belle blanche. Il n'y a point de danger. Un Chinois m'a donné la recette d'un poison qui ne laisse aucune trace chez les animaux. C'est un élixir de jusquiame et de fleur de namphœa qu'il faut faire bouillir avec une jeune racine de nénufar. Quand vous ordonnerez, j'agirai.

» A la taverne de l'*Albatros*, à Kalima. »

Bantam déchira la lettre et en éparpilla les morceaux dans la mer.

Le jeune Malais attendait un ordre et, n'en recevant point, il s'éloigna.

Un homme qui a commis le crime de baraterie, et qui a trouvé le moyen d'échapper au bourreau, ne rencontre que des facilités dans l'exécution des projets vulgaires. Bantam avait compris cela ; Ovestein méritait toute sa confiance par ses antécédents, et il répondit à tout ce qu'on attendait de lui.

Mariage, achat, travestissement, tout réussit au gré du Malais pirate, organisateur de ce complot réel, sans mélange de fiction romanesque et sans exemple dans l'histoire des sauvages amours de l'Inde, le pays des violences, des embûches ténébreuses, des passions acharnées et des enlèvements.

La femme légitime d'Ovestein paraissait âgée de trente ans, ce qui est toujours l'exagération d'un lustre dans le climat de l'Inde ; elle avait une beauté calme et douce, comme une ménagère bourgeoise d'Amsterdam ; ses yeux, d'un velours saphir, semaient la sympathie autour d'elle ; sa tête s'ombrageait d'une chevelure tropicale, qui avait des reflets écarlates sur un fond noir.

Ovestein jeta facilement un voile sur le passé de sa femme ; mais prenant tout à coup son mariage au sérieux, il ne voulut pas l'exhiber en public, à Chéribon, et sollicita de M. Turbry la faveur de partir au plus vite pour l'habitation de Kalima, ce qui fut très-aisément accordé, comme on le pense bien.

L'installation fut prompte ; Bantam acheta trois esclaves du Zanguebar et une jeune fille d'Agoa, qui devait être la femme de chambre de madame Ovestein. Le nouveau mari avait de fréquentes entrevues avec Bantam, à la taverne de *l'Albatros*, mais ils ne s'entretenaient que de choses oiseuses, et Ovestein, intimidé par le regard étrange de son énigmatique bienfaiteur, n'osait jamais lui adresser une question et ne comprenait rien à sa fortune. Madame Ovestein domptait courageusement sa nature créole pour jouer son rôle actif de femme de ménage et mériter son bonheur. Elle donna bientôt à sa maison cet air de propreté domestique qui est d'origine hollandaise ; elle assigna des attributions particulières à chaque esclave ; elle veilla aux plus minutieux détails de l'économie intérieure, et, comme elle ne doutait pas de tout ce qu'il y avait de faux dans cette mise en scène, elle mit partout les innocentes apparences de la vérité.

Bantam affectait de ne donner aucun conseil, et Ovestein, charmé de cette marque de confiance, prenait l'initiative en beaucoup de choses, et lorsqu'il rendait compte de ce qu'il avait fait, un signe amical de Bantam exprimait une approbation. Les devoirs de bon voisinage devaient être remplis d'autant mieux, qu'un seul voisin existait aux environs, et un voisin hollandais. Les deux nouveaux mariés, suivis de leurs esclaves et couverts d'un parasol de Chine, rendirent une visite à Davidson. Aurore, Augusta et

Maria furent charmantes et firent le plus gracieux accueil à madame Ovestein. Il est si doux d'avoir des voisins dans un désert !

Davidson ne perdit pas l'occasion de montrer ses arbres, ses plantes et ses fleurs à son visiteur compatriote. L'intimité s'établit très-promptement dans les relations à la campagne, surtout en pleine solitude : les visites devinrent fréquentes. Les Davidson se rendirent chez Ovestein et acceptèrent même une collation de fruits et de rafraîchissements. On rentrait d'une habitation ou de l'autre toujours le soir et fort tard ; il n'y avait aucun danger à courir, car le trajet était fort court, et les esclaves et les enfants ouvraient et fermaient la marche. Davidson était au comble du bonheur ; il ne trouvait pas toujours, dans Aurore et ses deux filles, un auditoire complaisant, et Ovestein, enchanté de causer avec un honnête homme, écoutait avidement tout ce qu'il plaisait à son voisin de lui conter sur les récoltes, les semailles, les greffes, les influences des lunes, sur tout ce qui regardait le travail du bon agriculteur.

Un jour, à la taverne de *l'Albatros*, Bantam dit à Ovestein avec le ton d'un maître :

— Ce soir, à onze heures, la porte sera ouverte et tu m'attendras ; ta femme et tes esclaves seront retirés ; comprends-tu ?

Ovestein prit la pose d'un homme qui ne comprend pas.

— Crois-tu donc, par hasard, reprit Bantam, que je t'ai marié, que je t'ai fait honnête homme, et, ce qui vaut mieux, homme heureux, pour te laisser vivre comme tu fais depuis quelques jours ?

— Je pense bien, reprit Ovestein, qu'il y a un projet dans la tête de monsieur Turbry.

— Tu trouverais charmant, toi, n'est-ce pas, de faire bonne chère, d'avoir une maison, et d'être le mari d'une belle femme, sans être un peu troublé dans ta béatitude ?

— J'attends toujours les ordres de monsieur Turbry, dit Ovestein d'une voix émue.

— Ovestein, tu prends ton bonheur un peu trop au sérieux ; ton bonheur est bâti sur l'argile, et d'un souffle je puis le renverser. Tant que le criminel est vivant, il a le bourreau à côté de lui. Si je vais te dénoncer au premier attorney, tu es pendu.

— C'est vrai, dit Ovestein en baissant la tête.

— Les Davidson croient à ton mariage, mais je n'y crois pas, moi ; entends-tu ? Je suis ton maître et tu es mon esclave. Rien n'est ta propriété dans cette habitation, pas même ta femme.

Ovestein chancela et joignit les mains dans une attitude suppliante.

— Sois tranquille, je ne veux pas t'enlever ta divinité, je veux seulement bien te convaincre que tu dépends de moi, que ton sort est dans mes mains, et que tu dois me servir jusqu'au bout.

Ovestein, qui avait tremblé pour son bonheur conjugal, se rassura et dit d'une voix ferme :

— Je vous servirai jusqu'à la mort !

— C'est bien, Ovestein ; ce soir, à onze heures, attends-moi, et tu seras seul pour me recevoir.

Ovestein partit, le cœur rempli de joie ; on lui laissait sa femme ; tout ce qu'on pouvait attendre de sa complaisance après tant de générosité inattendue lui était indifférent.

A onze heures, Bantam arriva et dit à Ovestein de prendre un flambeau et de lui montrer les salles basses.

Ovestein obéit. Bantam examina tout dans les plus grands détails ; il sonda l'épaisseur des murs avec l'ongle du doigt, il essaya le mécanisme des fenêtres et des portes, et cette inspection minutieuse étant terminée, il dit, en s'arrêtant au milieu d'une petite chambre, isolée au fond d'une galerie :

— Il faut faire de cette pièce une jolie chambre à coucher de réserve. Il y a des meubles dans le chenil. A l'autre extrémité de cette galerie, tu établiras une autre chambre de réserve, mais sans aucune espèce de luxe. Tu ôteras ce petit verrou qui ferme cette fenêtre intérieurement, et tu le replaceras de telle manière, qu'en touchant un clou extérieur, il tombera.

— Je comprends, monsieur Turbry...

— Tu ne comprends rien; il t'est même défendu de comprendre. Le moment va venir où tu peux gagner cette habitation ou la perdre.

— Je la gagnerai.

— Nos dernières recommandations... tu les recevras demain, et avant d'agir, tu réfléchiras toujours cinq minutes. Il s'agira pour toi d'être nabab ou perdu. A ce soir, à la taverne de *l'Albatros;* à ce soir, ici. Pars et marche comme un homme qui n'a point de souci dans le front.

Resté seul, Bantam écrivit au crayon ce billet :

« Ton chinois est un imbécile, avec sa racine de nénufar; des chiens grands comme des tigres se moquent bien de cette bouillie. Voici un paquet plus efficace. Demain tu serviras ce plat aux gardiens, après le coucher du soleil. »

Le petit serviteur malais pris le billet des mains de Bantam et se dirigea du côté de la case de Davidson.

IV

En se reportant à l'époque où notre histoire se passe, on trouvera un pays abandonné au désordre et assez semblable à la Californie lorsqu'elle a été dernièrement envahie par les chercheurs d'or.

La force arbitraire et la ruse sauvage étaient à peu près les seules lois qui régissaient alors les colonies aventurées sur la côte de Java. On rencontrait, à la vérité, sur quelques points, des consuls, vieillards à cheveux blancs, oubliés ou tolérés par les métropoles, et n'ayant autour d'eux ni puissance visible, ni puissance morale pour donner protection aux nationaux. Cependant, l'amour du gain, de la solitude, de la propriété, de l'indépendance, ou le fracas de la guerre qui ébranlait toute l'Europe, avaient décidé beaucoup de colons courageux à braver les périls de l'isolement et de l'anarchie, pour extraire promptement d'un sol fécond une modeste fortune et aller ensuite au Bengale, où la civilisation anglaise portait déjà ses fruits et tenait des garnisons respectables sur le Malabar et Coromandel.

Ces préambules sont quelquefois nécessaires, lorsqu'on raconte, en plein repos de civilisation, les vieilles histoires des pays sauvages et lointains.

L'entretien annoncé avait eu lieu à la taverne de *l'Albatros*, et à l'action on reconnaîtra bientôt la parole du maître.

Davidson, ses filles et Aurore, avaient accepté une invitation de leur voisin, qu'ils appelaient déjà leur ami; madame Ovestein était de très-bonne foi, et elle recevait la famille avec cette grâce créole qui est un attrait de plus chez la femme. Elle était si heureuse de se réhabiliter au milieu de ce groupe charmant, pur comme un bouquet de la fontaine des roses d'ivoire!

Presque toujours, une pauvre femme, victime de sa faiblesse et de la force de l'homme, trouvant l'occasion de vivre en paix avec elle, ne la laisse point échapper et s'estime heureuse de recommencer sa vie après ce premier faux pas. Avec quelle joie ineffable elle reçoit son nouveau baptême des mains d'une honnête famille et dans une maison calme, où tout rappelle les austères vertus et les pieux devoirs accomplis!

Augusta et sa sœur Maria ne se doutaient point du bonheur qu'elles donnaient à leur voisine, lorsque leurs bouches virginales lui prodiguaient des caresses de sœurs.

Les deux filles de Davidson avaient beaucoup gagné à la fréquentation d'Aurore; elles avaient ajouté à leurs grâces naturelles d'autres avantages qui ne sont pas à dédaigner, et qui viennent de la haute éducation et de l'usage du beau monde. Les jeunes femmes sont toujours disposées à subir, avec une facilité admirable, l'influence de cette heureuse contagion; elles peuvent toutes devenir comtesses, par la tenue, sinon par le titre, dans le voisinage d'une grande dame. La transformation s'opère à l'insu des maîtresses et des écolières. Les leçons ne se formulent point en termes techniques, et on arrive sans éprouver les ennuis de toute science professée, à un bon et infaillible résultat.

Ainsi, dans ce coin sauvage de l'Inde, et sous ce toit entouré de bêtes et d'hommes fauves, on voyait, ce jour-là, réunies trois femmes qui, par leurs charmes, leurs grâces et leur beauté, semblaient avoir, pour les destinées d'un prochain avenir, quelque chose de providentiel et de divin. Le hasard n'avait pas conduit Aurore chez les Davidson. Il n'y a point de hasard; un athée a inventé ce mot.

Nos trois belles amies, assises à la table d'Ovestein, usaient du plus beau des priviléges de la jeunesse : elles faisaient des projets et des rêves d'avenir. Madame Ovestein écoutait dans l'extase. Aurore disait, en montrant le jeune damné Simming, qui faisait l'office d'échanson et versait le vin de Constance :

— Quand je dirai à cet enfant : « Pars et ramène-moi les tiens du désert! » je serai obéie. Ils sont quarante, là-bas, qui vivent comme des panthères ou des oiseaux de rapine, et que le bon Dieu n'a pas mis au monde, certainement, pour faire ce métier. Tous les regards qui regardent le soleil sont destinés à regarder Dieu. Ces quarante Damnés sont mes amis, et ils en conduiront bien d'autres avec eux; et de ces pauvres sauvages nous ferons des hommes; de ces bandits, nous ferons d'honnêtes gens. Il manque des villes au désert; les villes viendront. On sème les damnés pour récolter les élus. Ce ne sont ni les millionnaires, ni les gens vertueux, qui sont les germes des grandes civilisations : ce sont toujours des pauvres et des bandits. Mon professeur disait souvent :

— « Les plus vertueux des Romains ont eu des voleurs pour ancêtres. »

Cette phrase a fait sourire mon enfance, je la prends au sérieux aujourd'hui.

Davidson et les femmes écoutaient Aurore avec une émotion douce; mais il y avait là un homme qui tremblait de tout son corps et regardait ces phrases comme des allusions à son adresse. C'était le maître de la maison, Ovestein, le complice de Bantam. Il s'épouvanta surtout en entendant parler, pour la première fois, de ces quarante Damnés redoutables qu'un signe d'Aurore pouvait amener à Kalima, et dont la retraite était connue du jeune Simming.

Ovestein trouva sa position fort embarrassante. Il craignait trop Bantam pour reculer devant les périls mystérieux de cette nuit; mais, en réfléchissant bien, il crut avoir un expédient pour conjurer l'invasion des quarante Damnés.

L'entretien était suspendu par moments, et les convives prêtaient l'oreille au bruit du vent et de la mer, bruit toujours lugubre dans la solitude et les ténèbres.

Davidson disait :

— Ah! nous sommes dans la saison de l'année où règnent les vents d'ouest; mais, ce soir, nous avons un ouragan plus fort.

— Ces maudits vents d'ouest dureront-ils longtemps? demanda Aurore avec tristesse.

— Non, madame, répondit Davidson; à la nouvelle lune, le vent doit infailliblement sauter à l'est.

— C'est que j'attends des nouvelles de l'est, répondit Aurore, et, tant que ces ouragans maudits souffleront, je ne recevrai rien.

Et, prêtant une oreille attentive, elle ajouta :

— Mais, il me semble, si je ne me trompe, qu'il y a des voix humaines dans cette tempête...

— Non, madame, dit Ovestein; c'est un ouragan de premier calibre, comme nous disons, et les oreilles se trompent dans la nuit.

Les femmes écoutaient toujours avec terreur, et pourtant elles étaient habituées à ces bruits nocturnes qui retentissent, à certaines époques, sur le rivage et dans les solitudes de Java.

— On n'entend pas aboyer les chiens, dit Davidson.

Cette réflexion simple rassura quelque temps tout le monde. Il n'y avait rien à craindre du côté des hommes, puisque les gardiens vigilants et fidèles se taisaient.

— Voilà, dit Aurore en riant, une réflexion qui nous rend tout fiers; nous ne craignons pas les choses terribles qui ne viennent que du ciel. La foudre qui tue, le torrent qui noie, l'ouragan qui déracine n'épouvantent pas les créoles; mais ils ont peur quand on leur annonce qu'on a vu fuir deux yeux de tigre dans les herbes, la nuit, ou que des pirates ont débarqué.

— C'est que l'homme et la bête fauve sont plus terribles que les fléaux du ciel, remarqua Davidson.

— Eh bien! moi, dit Aurore, je ne crains que ce qui vient de là-haut; car cela m'annonce la colère de Dieu. Quant aux hommes fauves et à leurs semblables des bois, je ne leur ferai jamais l'honneur de les redouter.

— Mes filles, dit Davidson, retenez bien ce que vous venez d'entendre.

— Oh! dit Augusta en secouant son auréole de cheveux blonds, nous ne perdrons jamais rien de toutes les paroles de notre bonne amie Aurore. Nous étions enfants, et elle a fait de nous des femmes.

— Mais, dit Aurore en embrassant Augusta, je n'ai point de mérite, moi, à être courageuse dans les dangers de la terre; mon éducation a tout fait... Tenez, mes bonnes amies, à l'âge de six ans, j'assistais à un bal donné dans le jardin du gouverneur, à Pondichéry. Deux esclaves vinrent parler à l'oreille du colonel Darrigues, et aussitôt l'ordre fut donné à tous les danseurs de se réfugier dans l'habitation, ce qui fut exécuté avec un remarquable empressement, car on se doutait bien de quoi il s'agissait. Perdue dans les hautes plantes, à cause de ma taille d'enfant, j'eus la curiosité de rester, et, dans le trouble général, on ne remarqua pas mon absence... J'étais orpheline, d'ailleurs. Une mère seule aurait pensé à moi... Le colonel, marchant sur la pointe des pieds et armé d'une carabine, s'approcha de la haie vive du jardin, et en ce moment, je vis luire dans l'obscurité deux yeux rouges qui ressemblaient à deux tisons. Le colonel fit feu et s'écria :

— « Il est tué ! il est tué ! »

Alors tout le monde sortit, et on courut pour voir le cadavre d'un superbe tigre frappé au front. Je courus comme les autres, et un officier, ayant voulu me faire retirer, je lui répondis :

— « Monsieur, j'ai regardé le tigre quand il était vivant, je puis le regarder mort. »

L'officier m'embrassa et me dit :

— « Nous te mettrons un uniforme de soldat et tu viendras avec nous en guerre dans le Décan.

» Il ne s'est pas trompé ; seulement, j'ai toujours attendu l'uniforme.

— Une bonne leçon encore, mes chères filles, dit le planteur hollandais.

— Et nous en profitons, dit Maria ; notre belle Aurore nous rend courageuse... Tenez, bon père, autrefois, nous attendions toujours le grand soleil pour aller aux Bains de Diane ; Aurore a traité cette prudence d'enfantillage ; nous nous levons maintenant à cinq heures et nous traversons le grand massif d'arbres, aux étoiles, intrépidement, comme des hommes... comme des hommes qui n'ont pas peur. Aurore marche en tête : c'est notre colonel, les trois chiens jouent comme des chats, et, quand le soleil se lève, nous nageons en pleine mer.

— Chut ! dit Davidson... cette fois, je ne me trompe pas... ce n'est pas le vent.

Le silence devint général.

Simming entra, pâle malgré son teint, et dit :

— On voit une grande flamme du côté de l'habitation.

Tout le monde se leva et courut sur la terrasse.

Ovestein prit Simming par la main, en lui disant à voix basse :

— Je vais te donner un ordre.

Simming, ne se doutant de rien, suivit Ovestein sous un hangar ténébreux contigu à la maison.

L'œil du jeune Malais voyait clair dans la nuit, et la lame d'un poignard lui annonça bientôt ce qu'on voulait lui dire. Leste comme un quadrumane, Simming franchit Ovestein d'un bond et disparut.

La terreur est au comble, l'incendie, favorisé par l'ouragan, dévorait l'habitation et dominait la toiture. On entendait l'écroulement des kiosques, des balcons, des fenêtres, et on voyait d'énormes langues de flammes s'étendre sur la cime des arbres voisins.

Davidson voulait partir, mais ses filles le pressaient dans leurs bras et le retenaient par leurs prières et leurs larmes. Aurore joignait ses instances aux supplications des deux sœurs, et madame Ovestein, très-sincère dans son désespoir, donnait des ordres à ses esclaves et les envoyait sur le théâtre de l'incendie.

Ovestein avait perdu la tête dans cette baraterie plus compliquée que la première ; il allait et venait, tordant ses bras et mettant sur le compte de l'incendie le désespoir que lui causaient un assassinat avorté et la fuite de Simming.

— Mes chers amis, disait madame Ovestein, ne vous chagrinez pas ainsi ; tout ne sera pas perdu. D'abord, et en attendant mieux, vous trouverez un abri chez nous.

— Oui, oui, dit Ovestein, enchanté de l'initiative qu'avait prise sa femme, et se souvenant des instructions de Bantam. Je vais donner mes ordres... Je vais préparer mes chambres de réserve... ne vous inquiétez pas...

Et il sortit avec le prétexte d'aller faire, pour les chambres de réserve, ce qui était déjà fait.

Un Malais à mine suspecte, un esclave de Davidson, arriva et dit à son maître :

— Le feu a pris dans la Rizière par une imprudence de

Clam, qui s'endort toujours sur la paille en fumant. Tous vos esclaves ont été étouffés en voulant éteindre le feu. Je me suis sauvé par miracle, moi. Ordonnez, maître, et je vais rejoindre mes pauvres amis.

Le Malais, couvert par les ténèbres, imita le bruit des sanglots étouffés.

Davidson le retint et lui dit :

— Reste, mon pauvre ami, Dieu t'a sauvé; je ne veux pas te perdre.

La toiture de la maison s'écroula avec un fracas horrible, et une énorme colonne de feu monta vers les étoiles. Puis, le silence et l'obscurité retombèrent sur le domaine de Davidson; l'incendie et le crime avaient commencé l'œuvre de cette épouvantable nuit.

Une longue scène de désolation muette succéda aux émotions de la soirée. Les femmes rentrèrent dans une maison qui devenait leur hôtellerie providentielle, et madame Ovestein ne cessait de leur répéter, avec l'accent de l'amitié la plus sincère :

— Vous trouverez ici les soins affectueux de l'hospitalité fraternelle; notre maison sera la vôtre. Rien ne vous manquera, ni l'abri sûr, ni la consolation.

Augusta et Maria répondaient par des pleurs et des caresses, Aurore trouvait dans sa fermeté des ressources qui lui faisaient supporter ce nouveau malheur; et elle se disait à elle-même à chaque instant :

— Et Surcouf! Surcouf, qui n'arrive pas! point de nouvelles de Surcouf! Ce maudit ouragan, qui arrête ce brave marin, incendie la maison où je l'attends! Je suis une abandonnée de Dieu! je porte le malheur avec moi!

Et elle se dérobait aux caresses de ses deux amies, comme si elle eût été atteinte d'un mal contagieux.

Ovestein avait complétement oublié la marche de son rôle; jamais complice ne servit plus mal les intérêts et les combinaisons d'un crime. Si les heures eussent été calmes, il se serait trahi; mais, dans l'agitation générale, ses sottises et ses négligences passaient inaperçues; il lui était permis d'oublier les détails minutieusement indiqués par Bantam.

A minuit, Davidson regarda ses filles avec tendresse, et, les embrassant, il leur dit :

— Bon espoir! avec du travail nous regagnerons ce qui est perdu. Soyons forts pour refaire notre avenir.

Et se tournant vers Ovestein, qui paraissait accablé dans sa douleur et qui attendait une demande inévitable prévue par Bantam :

— Cher voisin, lui dit-il, avez-vous eu la bonté de faire préparer une natte pour ces pauvres enfants?

— Comment donc! une natte! dit Ovestein. Nous avons, grâce au Ciel, quelque chose de mieux... Lorsque ces demoiselles voudront se retirer, ma femme les conduira... Nos chambres de réserve sont prêtes.

Augusta et Maria, épuisées par leurs émotions, suivirent leur hôtesse, et Aurore, avertie par un signe de madame Ovestein, quitta aussi la salle après avoir serré la main de Davidson.

Aurore fut installée la première dans la salle basse de la galerie, et les deux jeunes filles montèrent aux appartements supérieurs.

Ovestein, resté seul avec Davidson, lui dit :

— Ma femme vous a préparé un modeste lit de sangle tout à côté de la chambre de vos filles. Une petite cloison vous sépare; elles peuvent entendre votre voix. Ah! nous voudrions être plus à notre aise! mais nous offrons de grand cœur le peu que nous avons.

Davidson remercia par un regard très-affectueux.

Puis il se ravisa tout à coup et dit :

— Où est Simming? Je n'ai plus revu Simming... Aurais-je perdu ce pauvre enfant aussi?

— Il est curieux comme tous ceux de son âge, dit Ovestein avec un grand trouble, et sans doute il a voulu voir le désastre de près... Au reste, ne soyez pas en peine sur son compte... ordinairement, il passe ses nuits sur un arbre comme un oiseau.

— Comment le savez-vous, demanda Davidson?

— C'est... c'est lui qui me l'a dit... vous savez que l'enfant aime à causer et qu'il n'est pas timide... nous causons ensemble quelquefois... il me parle de sa famille... croyez-vous, monsieur Davidson, que cette famille de Damnés soit bien éloignée de Kalima?

— Ah! voilà ce que j'ignore, dit Davidson; au reste, cela m'est fort égal, et je ne comprends pas votre demande en pareil moment... Vous paraissez bien fatigué, Ovestein; vos idées se brouillent. Pardon de vous retenir... si vous voulez monter, je vous suis.

— Les esclaves sont là-bas, dans la ferme, dit Ovestein, et je vais les appeler pour fermer les portes, quand je vous aurai installé chez vous... car vous êtes chez vous.

Davidson serra cordialement la main de son hôte et monta l'escalier.

Aurore, seule dans sa chambre et se croyant en lieu sûr, fit une courte prière, et, ne pouvant plus résister à une fatigue fiévreuse, elle demanda au sommeil l'oubli de quelques heures et sa guérison du lendemain.

V

A peu de distance de l'habitation d'Ovestein, le roc vif se détache de la plaine et commence une montagne qui s'étend jusqu'aux forêts de Chéribon.

A la première assise de ce roc, des buissons inextricables couvraient, depuis une époque inconnue, une porte élégamment taillée en talus, dans la forme adoptée en Égypte pour les hypogées. C'est par cette issue qu'on entre dans un temple souterrain dont l'architecture est supérieure encore aux merveilles enfouies par de puissants sculpteurs dans les cryptes d'Élora, de Doumar-Leyna, d'Éléphanta et de Ceylan.

Il est maintenant bien reconnu, et la civilisation qui arrive à l'Inde le démontrera bien mieux, que toutes les œuvres de l'art religieux effacent, par leur fini, leur grâce, leur pureté, leur élégance, le travail plus récent du continent indien.

On a donné des noms aux temples souterrains d'Élora, depuis le temple de *Ten-Tauly* jusqu'au *Desavantar*, ou les dix incarnations; mais le temple de Kalima est plus mystérieux : il est anonyme. On n'y trouve pas de ces informes sculptures d'animaux symboliques et ces colosses à faces inhumaines qui meublent les cryptes de la presqu'île; le roc y est ciselé avec une délicatesse merveilleuse; les bas-reliefs représentent des scènes du Ramanaïa et sont encadrés d'ornements gracieux, de bordures légères, de frises charmantes. Par intervalle, on rencontre une statue debout sur un piédestal, et si bien placée, au milieu d'une nef ténébreuse, qu'elle ressemble plutôt à une apparition infernale qu'à un bloc de pierre façonné par le ciseau.

A minuit, un être humain sortit de ce temple, comme le Typhon égyptien, le dieu du mal. Il écarta les broussailles avec ses deux mains de bronze, et, arrivé sur un terrain découvert, il regarda les étoiles et marcha vers l'habitation d'Ovestein.

La comtesse Despremonts dormait de ce lourd sommeil qui suit les grandes agitations; elle était tourmentée par un de ces rêves affreux qui suppriment la respiration et oppressent le cœur. Elle croyait marcher dans un labyrinthe formé d'un nombre infini de petits corridors étroits et noirs, qui semblaient toujours se fermer devant elle, en écrasant son front de leur voûte rugueuse et gluante, et elle était forcée de marcher avec précipitation, car elle entendait un souffle haletant qui brûlait ses oreilles, et un bruit de pas stridents, comme si des griffes de fer eussent déchiré le pavé d'un corridor de granit.

Elle se réveilla en sursaut et voulut pousser un cri, mais sa bouche était bâillonnée ; elle voulut se défendre, mais ses bras, retenus par des mains vigoureuses et invisibles, perdaient leurs mouvements dans une triple étreinte de nœuds et de liens. La prière seule était libre, elle pria.

Deux hommes l'enlevèrent avec précaution et franchirent la fenêtre sans faire le moindre bruit.

Celui qui était sorti du temple souterrain ouvrait la marche et conduisait le funèbre convoi d'une vivante.

Les trois hommes déposèrent la jeune femme sur la poussière amoncelée par les siècles au fond du temple de Kalima, devant un socle éclairé par la lueur livide d'une lanterne.

Bantam, — il est probablement reconnu à l'œuvre, — dit à ses deux complices :

— Vous êtes maintenant inutiles, allez à l'habitation et veillez jusqu'au jour.

Ovestein et le Malais de Davidson, acheté par l'or de Bantam, s'inclinèrent et sortirent du souterrain.

Bantam croisa les bras sur sa poitrine nue et cuivrée, et dit, avec le ton d'une raillerie infernale :

— Eh bien, esclave, tu as un maître! tu es à moi !

Aurore ne pouvait répondre que par un regard ; mais si la foudre jaillissait des yeux d'une femme, ce regard aurait tué Bantam.

— Oui, oui, ajouta le bandit, tu gardes ton orgueil ; mais tu es trop belle pour ne pas vouloir garder la vie, et ce souterrain sera ta tombe, si tu refuses de faire ce que je vais t'ordonner.

Aurore souleva sa belle tête inondée de cheveux et fit un geste de refus avant l'ordre.

— Ecoute-moi bien, reprit Bantam. Aucune puissance ne peut t'enlever à ma colère ou à mon amour. Je te hais et je t'adore à la fois, et j'aime mieux te voir morte et ensevelie dans ce rocher que de te voir la femme d'un autre. On dit qu'ils sont jaloux, ceux qui hurlent à cette heure au fond des bois. Les tigres sont des agneaux rayés. La jalousie est là, dans cette poitrine, comme le feu dans un volcan. Je suis jaloux de tout ce qui est autour de toi, arbre, fleur ou créature humaine. Ainsi, personne ne te verra plus. Tu ne vivras que pour ton maître, fière esclave ; mes yeux seuls admireront ta beauté ; mon oreille seule entendra tes pleurs ou tes paroles, et si tu m'obliges à faire éclater ma haine, oh ! alors, je donnerai la tranquillité à ma vie : avec ce poignard, je te tuerai pour ne plus t'aimer.

Aurore se souleva à demi, comme pour braver l'arme que Bantam agitait dans sa main.

— Écoute, Aurore, reprit Bantam. Voici une feuille de papier et un crayon ; je rendrai un de tes bras libre et tu écriras à Ovestein une lettre conçue en ces termes :

« Le malheur affreux qui vous frappe m'oblige à quitter votre maison sans vous voir, pour nous éviter à tous des adieux déchirants. En des jours meilleurs nous nous reverrons. J'ai de grands devoirs à remplir. Que Dieu vienne à votre aide !

» Et tu signeras. »

Aurore fit un geste brusque, résolu et négatif (1).

— Tu refuses? reprit Bantam... Mais regarde bien autour de toi... tu n'es plus dans tes palais de reine, où les courtisans les plus fiers étaient heureux de garder tes sandales, quand tu nageais entre les perles et le corail... Regarde !... tu es dans le palais de la Mort. Il y a ici deux hommes, celui qui t'aime et celui qui te hait... Veux-tu m'obéir?...

Aurore prit la pose de l'immobilité.

Dans le désordre où l'effrayant réveil de cette nuit l'avait mise, on aurait cru voir une de ces belles martyres chré-

(1) La chronique de Bombay, intitulée : le *Martyre de la comtesse Despremonts*, se termine ainsi : « Celle qui a subi ces horribles angoisses fait honneur à la femme. »

tiennes, abandonnées sur la poussière du cirque à l'infâme curiosité de la foule, et attendant le tigre ou le lion, pour mourir et revivre...

— Tes cris ne peuvent être entendus de personne dans le creux de cette montagne, dit Bantam, et je veux voir ta figure dans toute sa beauté.

Il ôta le bâillon qui couvrait la moitié du visage d'Aurore, et se mit à la contempler avec des yeux remplis d'une flamme sinistre.

— Il me faut cette lettre, dit-il ; il me la faut... une dernière fois, je t'offre la vie... le tigre a porté la gazelle dans son antre... la soif du sang est douce à étancher... ne m'irrite pas !... ce que je médite n'est jamais entré dans la pensée d'aucun homme... tes cheveux qui se roulent sur la poussière vont se hérisser si je parle... la haine et l'amour vont s'associer... Une dernière fois, esclave charmante et maudite, veux-tu obéir ?

— Tue ! répondit Aurore.

Un cri de rage féline sortit des lèvres du démon indien ; ses cheveux s'agitèrent comme des couleuvres ; sa main droite, convulsivement entraînée, laissa tomber le poignard, et il se précipita sur sa victime en rugissant comme un lion.

Au même instant, un pilier du souterrain sembla s'ouvrir, et un homme de haute taille s'écroula sur Bantam, le fit rouler à trois pas de la jeune femme, et, l'étreignant dans ses bras robustes, il s'écria :

— Aurore, ramassez le poignard avec les dents, et mettez-le dans cette main, l'autre me suffit pour retenir le monstre.

Bantam s'agitait comme la panthère prise au piége, mais le bras et le corps vigoureux qui pesaient sur lui rendaient la fuite impossible. Le poignard arriva bientôt à la main qui l'attendait, et la longue lame d'acier traversa le monstre et le cloua sur la poussière du souterrain.

Aurore, les bras toujours liés, était à genoux, les mains

jointes, et remerciait le miraculeux sauveur, croyant remercier un ange de Dieu.

— Eh oui, c'est moi! dit Paul, et je vous expliquerai tout.

Et il coupa les liens qui retenaient les bras nus de la jeune femme.

Aurore, dans ce moment de résurrection et d'enthousiasme, allait embrasser son sauveur; mais Paul détourna la tête, repoussa les mains tendues et dit:

— Au nom du Ciel, madame, laissez-moi vous sauver! Ne me regardez plus et suivez-moi.

Paul, armé du poignard de Bantam, marcha vers la porte du souterrain et prêta l'oreille aux bruits du dehors. Sa main fit le signe: Approchez! mais sa tête ne se retourna pas.

Il ouvrit les buissons à droite, du côté de la mer, et sa main étendue en arrière répétait souvent le même signe. Après une marche très-pénible à travers des brèches ouvertes, il s'arrêta et dit, sans regarder Aurore:

— On peut attendre le jour ici, et, le jour venu, je ne craindrai plus les deux autres scélérats.

— Mais, au nom du Ciel, dit Aurore, qui, dans sa reconnaissance exaltée, ne remarquait point le désordre de sa nuit, expliquez-moi ce miracle, mon cher Paul.

— Ce n'est pas un miracle, dit le jeune homme en regardant le ciel, mais le moment n'est pas aux paroles... Permettez-moi de me taire et de prier Dieu.

Paul s'obstina dans son silence et s'assit sur les herbes pour attendre le soleil.

Dès que le jour parut, il fit le signe de la main qui veut dire: Attendez; et, sans donner un regard à la jeune femme, il descendit à l'habitation d'Ovestein.

Les Damnés de l'île, Simming à leur tête, arrivaient en même temps, et tout disposés à se battre au premier mot de la belle déesse qui venait du ciel et jouait avec les sauvages oiseaux du désert. Ces pauvres gens revirent Paul avec des transports de joie bien rares même chez les peuples civilisés.

Paul ne comprenait rien à cette subite invasion des Damnés, mais Simming lui expliqua tout, et le jeune colon dit avec calme :

— Il n'y a pas de justice ici, Dieu la fera, et nous serons ses instruments.

Les femmes, levées avec le soleil, examinaient avec inquiétude cette scène qui troublait les heures calmes du matin. Augusta et Maria reconnurent Paul au milieu de cette bande sauvage armée de carabines et de lances, et leur premier mouvement fut celui de l'effroi ; mais elles se rassurèrent bientôt sur un signe de Paul, et elles descendirent avec toute sécurité, précédées de Davidson et de madame Ovestein, et interrogeant par le regard.

— Tout va bien ! leur dit Paul et nous causerons plus tard.

Et, désignant Ovestein et le Malais son complice, il dit à Simming :

— Arrêtez ces deux hommes avec l'aide de nos bons amis du désert.

Ordre exécuté sur-le-champ.

Madame Oveisten tomba aux genoux de Paul, et fit éclater naturellement tant d'innocence, que le jeune homme la releva et lui dit :

— Madame, rassurez-vous ; il ne vous sera fait aucun mal.

Toutes ces choses étaient dites et faites à la fois.

Paul se fit désigner la chambre d'Aurore, et, n'osant toucher aux saris et aux étoffes éparpillées en désordre sur les nattes, il dit aux deux sœurs Davidson :

— Prenez ceci, et veuillez bien me suivre sans m'interroger.

Ils marchèrent tous les trois vers les bois qui avoisinent le souterrain, et, en arrivant aux premières herbes inclinées sur le sentier ouvert à travers les buissons, Paul dit aux jeunes filles :

— Suivez ce chemin, et vous rencontrerez une bonne amie qui vous attend.

Quelque temps après, Aurore et les sœurs reparurent, enlacées l'une à l'autre et pleurant sans parler.

Paul désigna du doigt l'habitation aux femmes et se rendit auprès de Simming, pour compléter son œuvre de justice.

Il choisit douze Vadankéris, leur raconta brièvement le crime de la nuit, et fit traîner Oveisten et le Malais coupables jusqu'à la porte du souterain.

Les Damnés apprêtaient déjà leurs armes comme pour une exécution, mais Paul les arrêta en disant :

— Non, c'est inutile, point de sang versé.

On poussa les deux criminels dans le souterrain, et, Paul donnant l'exemple, ils se mirent tous à l'œuvre, et avec les énormes pierres étalées sur le vestibule, ils fermèrent la porte du temple de Kalima.

— Quatre hommes, dit Paul, resteront en sentinelle devant cette porte murée pendant huit jours. Après, la vigilance sera inutile ; il n'y aura plus de prisonniers, il n'y aura que trois assassins morts.

Aurore était entourée, dans l'habitation, par les notables des Vadankéris, qui la regardaient dans l'extase, et par la famille hollandaise. Elle ne parlait pas, elle ne racontait rien, malgré les plus vives instances ; elle attendait Paul.

Le jeune colon, justice étant faite, rentra, et tous les yeux l'interrogèrent. Il s'excusa de ne pouvoir parler devant un si grand nombre d'auditeurs, et Aurore, comprenant cette délicatesse, dit avec beaucoup de douceur :

— Je vous en prie, mes bons amis, laissez-nous seuls, Paul et moi.

On obéit comme si une voix du ciel eût parlé.

— Ainsi, dit Aurore en joignant ses mains, vous ne voulez entendre parler ni de reconnaissance, ni d'amitié ?

— Non, madame, interrompit le jeune homme ; vous êtes vivante, je suis payé... Dieu m'a conduit par la main, de Samarang à Kalima. Ma vie était inutile aux colons de Vandrusen. Le comte Raymond, ami deux fois noble, était parti avec Surcouf pour aller délivrer... votre mari.

A cette révélation inattendue, Aurore se conduisit en femme ; elle comprima un cri de joie, et affectant le ton de l'insouciance, elle dit en chiffonnant la frange de son fichu :

— Eh bien ! ensuite, continuez, Paul ; arrivez vite au plus intéressant.

Paroles imprudentes et bonnes, qui ont l'excuse de venir du cœur.

Paul se trompa, puisqu'on avait voulu le tromper par un mensonge délicat, et il reprit avec un peu d'assurance :

— J'étais là, madame, dans le voisinage des Davidson, et je vivais de quelques souvenirs heureux et que rien n'éteindra jamais. Ne m'interrogez pas, je vous prie ; mon silence vous répondrait, et vous ne me reverriez plus...

— Non, non, Paul, interrompit Aurore, je vous reverrai toujours, moi... continuez.

— Hier au soir, je prenais plaisir à regarder la cime des arbres et les saintes étoiles qui servent de couronne à... aux sœurs Davidson, lorsque l'incendie éclata... Je me doutais d'un crime... mon ange gardien me parlait... je connaissais vos visites à l'habitation voisine, et j'appris par un esclave que vous étiez là, en sûreté... du moins du côté de l'incendie... je me plaçai alors sur un bon terrain d'embuscade pour surveiller tous les mystères de cette nuit...

— Excellent jeune homme ! dit Aurore avec des larmes dans la voix.

Et elle tendit la main à Paul, qui affecta de ne pas remarquer ce mouvement affectueux.

— Madame, j'ai vu s'engloutir le navire où se trouvait Bantam : eh bien ! une voix me disait à l'oreille :

— « Les démons ne meurent pas ; Bantam est sorti de la

mer ; Bantam court encore sur les traces qu'une robe sainte effleure...

» Et cependant j'avais vu sombrer *le Malaca!* Voilà qu'au milieu de la nuit un être humain passe devant moi, tenant à la main une lanterne sourde... je le reconnais du premier coup d'œil!... La mer avait vomi le démon! il aurait corrompu ses perles et son corail!... Je le suis de loin, et je le vois entrer dans le sanctuaire des faux dieux... J'attends... je le vois sortir, mais sans lanterne... Par malheur, je n'avais pas d'armes... à quoi m'auraient servi les armes, dans le métier que je faisais?... il m'était si indifférent de mourir sous la main d'un homme ou sous la griffe d'une bête fauve... Il a préparé quelque chose d'horrible dans ce souterrain! me suis-je dit... j'avais la ressource de donner l'alarme; mais je connais Bantam ; il doit avoir pris ses précautions de défense, ai-je pensé; il y a autour de lui d'autres assassins bien armés... Je vais me perdre, et je ne la sauve pas...

— Paul, laissez-moi respirer, interrompit Aurore; ce moment est plus terrible que... l'autre.

Sur un signe de la jeune femme, il poursuivit :

— Ce que je venais de voir m'annonçait que le crime devait se commettre dans le souterrain. Une inspiration d'en haut m'éclaire; j'assiste, dans une horrible vision, à une scène que le crime me garde, et je me dis : Je prendrai une pierre du souterrain et j'écraserai sa tête, dussé-je en écraser une autre du même coup !

— Très-bien! dit Aurore avec énergie.

— Et je me suis caché derrière les piliers, comme la foudre derrière les nuages, pour éclater au moment venu... J'ai vu entrer trois hommes... je vous ai vue... Oh! pardonnez-moi, madame... il fallait vous sauver... et Dieu vous a sauvée par ma main !

Paul s'inclina et se dirigea vers la porte.

— Et vous partez? demanda Aurore qui palpitait de toutes les émotions.

— Mon devoir est accompli, dit Paul; je rentre dans ma solitude.

— Oh! dit Aurore en se levant, superbe comme une reine, vous ne me quitterez pas! Je vous ordonne de rester.

— Madame! s'écria Paul avec l'accent du désespoir, votre amitié me tue! J'ai juré de vivre; je l'ai juré par la vie de ma mère! Il m'est défendu de mourir pour vous. Oh! madame, rendez-moi le désert, la solitude est bonne avec ma pensée et avec Dieu!

Aurore s'assit devant la fenêtre ouverte, pour respirer et demander au Ciel un bon conseil... Le jeune homme hasarda encore un pas vers la porte. Une voix impérieuse l'aurait mis en fuite; une voix douce l'arrêta.

VI

Il est des moments où l'œil le plus sagace ne saurait soupçonner ce qui se passe dans le cœur des femmes; ce sont les moments où les femmes ont des irrésolutions soudaines qui leur défendent à elles-mêmes de se dire ce qu'elles doivent accepter ou refuser. Hélas! il y a au fond des vertus les plus rigides un éclair d'hésitation et de faiblesse. Les anges ne sont qu'au ciel.

En regardant ce noble jeune homme, qui avait été pour elle un héroïque sauveur et qui ne retirait que le désespoir de tant de services rendus, Aurore éprouva un sentiment de pitié si dangereux qu'elle ouvrit la bouche pour formuler sa pensée du moment. Elle allait lui donner un espoir bien vague, mais tout genre d'espoir est une consolation; elle allait lui dire :

— Nous vivons dans un pays et dans un temps où les vivants de la veille sont les morts du lendemain; si une horrible fatalité me rendait libre et brisait mes liens; si cette robe de veuve que j'ai essayée tant de fois, en apprenant de Timor des nouvelles toujours heureusement démenties, si cette robe devenait la mienne, je vous donnerais le droit d'attendre ce que le temps peut amener.

A peine échappée aux griffes de Bantam, Aurore était peut-être excusable de fléchir une minute sous le poids d'une vive et légitime reconnaissance; eh bien, la bouche qui allait commettre cette faute se ferma; l'inexorable devoir reprit le dessus, et Paul n'eut pas le bonheur d'entendre une pensée qui resta au fond de l'âme.

Cependant, la douce voix qui avait rappelé le jeune colon ne pouvait pas brusquement se taire. Il fallait donc dire autre chose sous une nouvelle et plus morale inspiration.

— Paul, dit-elle, ne faites pas les choses à demi; regardez autour de vous, et voyez si votre devoir d'honnête homme ne vous impose pas quelques obligations. Toute une famille désolée et ruinée par un crime dont je suis la cause; et cette famille est la même qui nous a accueillis si hospitalièrement! Abandonnez-moi, je ne me plaindrai pas, puisque mon amitié vous est importune, mais n'abandonnez pas les pauvres Davidson dans un trop cruel moment. Attendez qu'ils soient heureux pour les quitter.

— Et vous, madame, dit Paul, vous resterez avec eux aussi?

— Eh! mon Dieu! où irais-je? Ai-je un asile sur terre? Deux fois, les Davidson m'ont accueillie, et, si je puis leur être utile aujourd'hui et leur rendre un peu du bien qu'ils m'ont donné, je ne manquerai pas à ce devoir.

— Ainsi, madame, reprit Paul, je vous verrai tous les jours, je vous parlerai toujours, je dormirai sous votre toit?...

— Ah! interrompit Aurore en souriant, voilà ce qui vous décide à partir!

— Certainement, madame, dit Paul d'un ton résolu.

— Jamais je ne comprendrai ce langage, reprit Aurore.

— Moi, madame, je le comprends trop... Tenez, madame,

ce que je vais vous dire est une folie, mais c'est la seule chose raisonnable qui explique clairement ma pensée.

— Dites cette folie, j'écoute.

— Madame, si vous étiez un homme, vous vous aimeriez, c'est inévitable, et alors vous me comprendriez très-bien.

— Vous avez apprécié cette phrase à sa juste valeur, dit Aurore; ainsi, je n'y répondrai pas.

Les yeux et la figure de Paul exprimaient le plus complet égarement : il voyait deux femmes dans Aurore : l'une assise devant lui et lui parlant de sa voix la plus douce, l'autre renversée comme une martyre sur la poussière du souterrain et illuminant de sa beauté radieuse ce temple de la désolation et de la mort.

Cette vision affreuse et adorable restait fixée dans son esprit, et rien ne pouvait plus l'en arracher. C'était une image indestructible, dont l'empreinte devait vivre, comme celle que le sculpteur grave sur l'airain. Il fallait emporter ce souvenir à travers ces solitudes de feu ou ces bois pleins d'ombres qui entretiennent les passions inexorables, bien mieux que ne font les villes bruyantes et les logis numérotés. Il faut bien que le souvenir des images adorées soit irritant au désert, puisque le plus grand des cénobites, Jérôme, s'est échappé un jour de sa thébaïde, la tête délirante, la poitrine en feu, et qu'il a voulu revoir encore une fois la ville de ses amours, le gynécée où il avait entendu des voix divines, les rotondes de marbre où l'amour soupire toutes les séductions du démon du midi.

Existence impossible, périls de tous côtés, repos de l'âme et du corps à jamais perdu, voilà ce que notre jeune cénobite de Kalima voyait dans son amour désolant. Il prit son front à deux mains, comme pour en arracher toutes ses douleurs et toutes ses extases, et il allait partir, en disant le plus funèbre des adieux, l'adieu du silence désespéré, lorsque le jeune Simming entra, en pleurant, et changea la scène. Il venait annoncer une triste nouvelle. Davidson n'avait pas eu la tête assez forte pour supporter la perte soudaine de ses biens, et, après une affreuse nuit d'insomnie, une ébullition de sang l'avait foudroyé. Ses deux pauvres filles n'embrassaient qu'un cadavre en ce moment.

— Taisons-nous! taisons-nous! s'écria Aurore; n'offensons pas le Ciel.

Et elle sortit précipitamment pour secourir Augusta et sa sœur.

Paul ne la suivit pas; il s'assit sur une natte, et appuyant sa tête sur ses mains, il dit :

— Heureux Davidson!

Au désert, les secours de l'art sont efficaces, s'il s'agit de guérir une blessure ou une inflammation vénéneuse, car les sauvages de l'Inde connaissent la vertu de leurs plantes et du suc de certaines fleurs; mais le coup qui venait de frapper Davidson était sans remède, et les cris de désespoir, les larmes et les sanglots des deux jeunes filles ne pouvaient rendre la vie à leur père. Sous ce climat de feu, Davidson, à peine mort, se décomposait déjà sous des teintes livides, et repoussait les dernières caresses et les derniers adieux.

Ainsi le convoi funèbre suivit de près la mort. Les sauvages du désert, les Damnés de l'île, accompagnèrent Davidson et lui creusèrent une fosse profonde devant le temple de Kalima. Aurore avait fait taire un moment ses préoccupations et ses douleurs, pour donner les derniers ordres relatifs à cette lamentable cérémonie, et les sauvages, toujours heureux d'obéir à cette voix d'ange, à cette femme du ciel, remplirent les instructions données, et furent payés de leur peine, quand la plus blanche et la plus pure des mains eut serré les leurs avec affection.

Il a été réservé aux femmes le don de guérir les blessures de l'âme avec le baume de la parole, et les blessures du corps avec les soins de la main. Aurore ne quitta plus les deux sœurs Davidson, ces pauvres et innocentes orphelines dont elle avait fait le malheur, quoique involontairement. Elle les tenait étroitement embrassées et mouillait ses yeux de leurs larmes, pour mieux souffrir encore de leurs douleurs. Dans ces lamentables scènes, il y a une phase de désespoir muet qu'il faut respecter par le silence, car aucune parole de soulagement ne vaut une goutte de rosée amère tombée d'une paupière amie sur la joue des affligés; puis, quand il semble que le trésor des yeux est tari, et que toutes les douleurs ont coulé avec toutes les larmes, les paroles arrivent, et ces larmes du cœur conseillent l'espoir et la résignation.

Aurore parla donc la première et versa la divine rosée de ses lèvres sur le front des deux sœurs.

— La mort, dit-elle, est la seule chose qui ne manque jamais à la vie; nous devrions nous en consoler en naissant. La mort est peut-être le seul bien de ce monde; Dieu ne nous l'aurait pas donnée, si elle était un mal. Celui qui meurt nous assigne un rendez-vous, et il est heureux, car il arrive le premier.

Augusta et Maria exprimèrent par signes leur résignation, mais le mot terrible, le mot *avenir!* fut prononcé avec tristesse, et les deux jeunes filles retombèrent dans leur abattement.

— L'avenir, dit Aurore, c'est Dieu qui le fait, et sa bonté descend toujours sur les pauvres solitaires comme nous. La femme isolée au désert est la perle précieuse que Dieu regarde. Cette force et ce courage qui sont en moi ne m'ont été donnés que pour servir les autres. Je vous servirai; la comtesse Aurore Despremonts sera, mes pauvres malades du deuil, votre sœur de charité.

Augusta et Maria couvrirent de caresses les cheveux d'Aurore.

— Je ferai même plus, reprit-elle! vous êtes orphelines maintenant, eh bien! je serai votre mère; je n'ai que quelques années de plus que vous; mais ce ne sont pas les années qui vieillissent et donnent l'autorité ou le privilège de la protection; ce sont les longs malheurs soufferts, les injustices reçues, les voyages orageux, les illusions évanouies. Voilà ce qui me donne le droit de vous appeler mes filles, de vous conduire par la main et de vous protéger.

Un rayon de joie traversa le visage des deux sœurs; elles sentirent leur extrême douleur s'adoucir devant cette jeune mère qui s'offrait ainsi à deux orphelines et leur rendait tout ce qu'elles avaient perdu.

— Ce n'est pas tout, reprit Aurore; il est dans la vie, et surtout dans la vie du désert, il est des moments où nous devons savoir prendre de subites et courageuses résolutions. Aucun lien ne nous attache désormais à ce sol de Kalima. L'incendie a dévoré le toit et la plantation. Nous ne pouvons pas habiter cette maison de madame Ovestein, la maison du crime. Il faut donc partir.

— Et où irons-nous? interrompit brusquement Augusta.

— Nous irons, poursuivit Aurore, chez nos bons amis de Samarang. Le sol y est fertile et béni; il rend tout aux mains qui lui prêtent peu. Je me ferai suivre par les Damnés de l'île, et je leur livrerai leur terre de rédemption. Je ferai des hommes avec des sauvages. Dieu m'aidera. Nous sommes nombreux et nous ne craignons pas les périls de la nuit. Ce soir, au coucher du soleil, à la fraîcheur des étoiles, nous marcherons à notre terre promise; Dieu conduira la caravane du désert, et demain nous trouverons des mains amies, des cœurs de frères, des eaux douces et des fruits doux.

Augusta se leva, et, prenant la main d'Aurore, elle dit:

— Mère, nous te suivrons partout.

— Mes filles, répondit la comtesse, tenez-vous prêtes; une vie nouvelle commence pour nous.

Aurore retrouva Paul dans le même état où elle l'avait laissé.

Le jeune homme ne prenait aucune part au deuil des autres, il gardait tout pour lui.

La belle comtesse Despremonts lui raconta son entretien avec les deux sœurs, et, voyant que son auditeur ne sortait pas de la léthargie, elle changea de ton et lui dit avec sévérité :

— Au nom de la Providence, qui prend pitié des femmes, je vous ordonne de vous rendre auprès des Vadankéris, les Damnés de l'île, et de leur dire que, ce soir, vous serez leur chef, et qu'ils escorteront au désert trois pauvres femmes, les filles Davidson et moi.

Paul se leva, comme si une voix du ciel lui eût parlé; il inclina sa tête et sortit pour exécuter l'ordre comme un esclave soumis.

Les sauvages exprimèrent leur joie par des démonstrations bruyantes; ils s'occupèrent ensuite des préparatifs du départ.

En très-peu d'instants, ils firent, dans le bois voisin, trois palanquins de lataniers garnis de velours des gazons et ornés de fleurs sauvages. Paul les aida dans ce travail, et cette distraction lui donna un peu d'adoucissement.

Après le coucher du soleil, Aurore, tenant par les mains les deux sœurs Davidson, dit aux Damnés :

— Mes amis, nous nous confions à vous et aux saintes étoiles de Dieu.

Les Vadankéris se disputèrent alors avec une grande vivacité, car ils voulaient tous porter le palanquin d'Aurore.

— Les yeux fermés, je vais choisir les quatre premiers, leur dit la jeune femme en riant.

Paul s'avança pour courir la chance heureuse d'être choisi, mais Aurore lui dit d'un ton sérieux :

— Votre place est à la tête de la caravane; vous êtes chef de tribu.

Cela dit, elle prit place sur le palanquin; les deux sœurs l'imitèrent, et on entendit dans les ténèbres une voix mélodieuse qui cria :

— En avant! mes amis! et à la garde de Dieu!

Et la caravane partit d'un pas ferme et résolu, comme partaient les tribus nomades aux jours antiques des migrations, lorsqu'elles quittaient le sol stérile pour chercher le sol nourricier et le puits du désert.

VII

Dans une histoire, on ne peut raconter à la fois les événements qui se passent à la même date et en différents lieux. Il faut, de toute nécessité, donner la priorité aux uns et faire attendre les autres. Mais rien ne sera oublié ; tout doit concourir au but commun.

Un soir, par une mer calme, l'embarcation du *Breton* voguait sur la petite île de Fiou, rocher désert où se payaient les rançons des prisonniers tombés aux mains des pirates de Timor.

Pour ne pas irriter les pirates et faire égorger ceux qu'on veut délivrer, on doit prudemment s'abstenir de manifestation hostile. Les Européens doivent avoir le courage de débarquer en amis sur l'île de la Rançon, sans jamais excéder le nombre deux. Ils se mettent de cette manière à la merci des pirates, qui, sous un prétexte quelconque, peuvent prendre la rançon, garder les prisonniers et même massacrer les parlementaires.

Le comte Raymond laissa les deux rameurs et descendit sur l'île ; il était accompagné d'un matelot de Nantes, qui parlait fort bien le malais et devait servir d'interprète au besoin.

Peu de temps après, trois pirogues sortirent d'une petite baie à l'ouest de Timor, et se dirigèrent vers le rocher désert.

Le comte Raymond était sans armes, il attendait les pirates debout sur la pointe du débarquement.

Cinq Malais presque nus et d'un aspect féroce sortirent des pirogues, et le comte ôta son chapeau et les salua poliment, comme il eût fait en présence d'une ambassade anglaise.

Le matelot nantais, peu rassuré par ces visages de Timor, faillit se jeter à la nage au moment où le comte Raymond le prit par le bras pour lui faire exposer le but de sa mission.

Les pirates écoutèrent le petit discours du matelot et tinrent conseil ensuite, avant de répondre. Le comte ramassait de merveilleux coquillages d'azur et d'argent, et les examinait avec l'attention d'un conchyologiste passionné.

Un pirate, chargé probablement de répondre au nom de tous, parla au matelot et lui dit :

— On sait à Timor que le Français a pris des trésors à Banjermassing, et la tribu de fer demande mille piastres de plus pour la rançon du prisonnier Despremonts.

La réponse transmise au comte Raymond, le gentilhomme dit :

— C'est de la canaille qu'il faut bâtonner ; impossible de trouver parmi ces drôles un homme de bonne foi... Transmettez-leur cette réponse.

Le matelot frissonna de tout son corps, et il se garda bien d'interpréter une phrase qui les aurait fait égorger sur-le-champ. Il prit donc sur lui de proposer, par-dessus le marché, les deux jeunes filles gardées à bord du *Breton*.

Un Malais, transporté de joie, sauta au cou du matelot, et le comte Raymond, trompé par cette embrassade, qui ressemblait à une agression, tomba sur le Malais, l'arracha du cou de l'interprète et le renversa sur le rocher.

— C'est un témoignage d'amitié ! cria le matelot ; ce Malais est le père de nos deux jeunes filles esclaves.

Le comte s'excusa par signes, et le matelot compléta tout de suite la justification ; il y avait urgence ; les autres Malais avaient déjà mis les mains sur leurs crids.

Un nouveau conseil de pirate fut tenu à l'écart, et il fut proposé au comte Raymond de conduire les deux jeunes filles ; on rendrait alors le prisonnier sans supplément de rançon.

Cela parut raisonnable, et la chaloupe partit avec le Malais pour ramener les deux prisonnières ; Raymond resta seul et ne daigna pas s'occuper des pirates ; il traça sur le sable une lettre, la première des lettres de l'alphabet, comme par habitude ; puis, se ravisant tout à coup et se reprochant la coupable inopportunité de cette initiale, il l'effaça et ne songea plus qu'à remplir jusqu'au bout sa mission et son devoir.

Une seule pirogue n'avait pas abordé l'île ; elle se tenait au large et à une distance qui ne permettait pas de distinguer les trois hommes qui la montaient. Des communications par signaux étaient établies entre cette pirogue et les cinq pirates. Lorsque la rançon et les deux prisonnières furent prêtes, la pirogue du large s'avança et déposa sur l'écueil un prisonnier européen, ou, pour mieux dire, un spectre à face livide, qui excitait la commisération et montrait sur tout son corps les traces d'une longue et douloureuse captivité.

Le comte Raymond fut touché aux larmes en voyant ce malheureux compatriote ; il serra ses mains de squelette, et le conduisit, ou, pour mieux dire, le porta jusqu'au banc de la chaloupe.

— Monsieur le comte, lui dit-il, vous trouverez à bord du *Breton* tous les soins que votre état réclame.

Le prisonnier témoigna d'abord quelque étonnement ; mais, trop faible pour demander une explication, il répondit par des gestes affectueux aux derniers mots bienveillants du comte Raymond.

Tout l'équipage était sur le pont pour recevoir le comte Despremonts, l'ami de Surcouf, le prisonnier miraculeusement délivré. *Le Breton* était en fête.

Surcouf, debout sur l'échelle, attendait son ami en s'applaudissant du succès de l'entreprise. La chaloupe accosta *le Breton*.

— Voilà notre ami Surcouf, dit le comte Raymond en montrant le capitaine au prisonnier de Timor.

Celui-ci leva la tête et salua Surcouf de la main, en posant un pied chancelant sur l'échelle du *Breton*.

Surcouf examina l'homme qui montait, soutenu dans les bras du comte de Clavières, et, frappant du poing sur la rampe de l'échelle, il s'écria :

— Les bandits ! Ce n'est pas Despremonts !

Toutes les bouches répétèrent le cri de Surcouf. Le prisonnier délivré s'arrêta sur l'échelle, et, trop faible pour parler, il fit une pantomime qui signifiait :

— Puisqu'il y a erreur, faites-moi ramener à Timor.

Dans sa vivacité de marin, Surcouf avait commis une faute, mais elle fut promptement réparée.

— Arrivez donc, cria-t-il en étendant les deux mains, arrivez. Nous comptions vous délivrer le second, vous, après le comte. On ne peut pas tout faire à la fois, excusez-nous. La rançon est chère, au marché de Timor !

Rassuré par le ton et le sourire de Surcouf, le pauvre délivré monta les derniers échelons avec une figure épanouie par la joie, comme une âme du purgatoire qui touche à la porte du ciel.

Les marins du *Breton* ne virent qu'un homme et un compatriote malheureux dans le prisonnier de Timor ; ils n'auraient pas fait un meilleur accueil au comte Despremonts. On lui prodigua tous les soins, et avec ces paroles du cœur inspirées par la sainte fraternité de la mer. Le moment n'était pas venu de lui adresser des questions; avant toute chose, il fallait lui rendre la vigueur et la santé.

Seul, le comte Raymond gardait une figure sombre et ne prenait aucune part à la fête.

— Eh bien, lui dit Surcouf en riant, vous vous tenez à l'arrière comme un diplomate destitué. Bah ! vous avez toujours fait une bonne action. Consolez-vous ; la vie de ce pauvre diable vaut bien la vie d'un grand seigneur devant Dieu, n'est-ce pas ?

— Oui, Surcouf, dit Raymond avec calme, la révolution de Bethléem avait dit avant la révolution de Paris : Tous les hommes sont égaux devant Dieu. Il ne s'agit pas de cela. En toute autre occasion, je serai joyeux comme tout le monde, mais il y a une question d'honneur engagée; ne la jugez pas, je la sens, cela suffit.

— Allons donc! dit Surcouf, vous avez des scrupules exagérés, mon cher Raymond ; est-ce votre faute si ces pirates maudits vous ont joué un tour de leur métier?

Le comte Raymond secoua la tête et regarda la mer du côté de Timor.

— Ainsi, dit-il avec le plus grand calme, ainsi, mon brave Surcouf, l'expédition est terminée?

— Sans doute?

— Ah! elle est terminée! et vous comptez abandonner le comte Despremonts!

— Non, dit Surcouf vivement; non, trois fois non, je ne compte pas l'abandonner! mais il faut attendre les galions. Je n'ai pas à bord le coffre-fort de Bornéo! Il faut des piastres cordonnées; il faut des onces espagnoles; il faut de la poudre d'or ou des lingots échangés sur un comptoir de Pulo-Pinang, contre la monnaie des colonnes d'Hercule, pour arracher le comte Despremonts à ces bandits!... Il faut tout cela et je suis à sec !

— Il faut emprunter, dit Raymond, je vous offre ma signature...

— Emprunter! dit Surcouf dans un éclat de rire; emprunter! Ah çà! est-ce que vous croyez qu'il y a des prêteurs dans l'Inde comme à la Comédie française? Votre signature! mais vous ne trouveriez pas un *half-crown* sur votre signature, toute respectable qu'elle est!

— Eh bien, il faut alors tenter un coup de Bornéo...

— Assez de Bornéo, interrompit Surcouf. Dieu me garde de risquer la vie de tous ces braves gens sur une carte de pharaon !

— Ainsi, la conclusion de tout ceci enterre à perpétuité le comte Despremonts à Timor? N'est-ce pas, Surcouf?

— Cet excellent Raymond! dit Surcouf en souriant, on voit qu'il n'est pas amoureux de la belle Aurore, lui! il lui faut le comte Despremonts à tout prix.

Raymond pâlit et bégaya quelques paroles dépourvues de sens.

— Pardon, reprit Surcouf, je ne comprends pas bien ce que vous venez de me dire.

— Je dis, répondit Raymond, que nous devrions parler sérieusement; il ne s'agit pas de madame la comtesse Aurore Despremonts, mais de son mari. J'ai promis de l'arracher aux pirates de Timor; je tiendrai ma parole ou j'y laisserai ma vie en gardant mon honneur de gentilhomme français!

— Raymond, dit Surcouf en tendant la main au comte, je viens d'user de ruse envers vous; vous me pardonnerez, n'est-ce pas?

— Faites-moi comprendre votre ruse, mon cher Surcouf; je ne puis pardonner l'inconnu.

— Avec ma franchise de Breton, je vous dirai que j'avais contre vous un soupçon très-grave...

— Quel soupçon, Surcouf?

— Plus qu'un soupçon! une mauvaise pensée! une calomnie! là, franchement, je vous croyais amoureux de la belle comtesse... le soupçon est détruit... Je vais être sérieux comme vous.... Quand j'ai vu la trahison infâme des pirates, je me suis dit : il faut écraser ce nid de serpents pour l'honneur du pavillon de la France! Il ne sera pas dit que des voleurs de grands chemins ont mystifié des marins bretons! puis... une réflexion est venue...

— Quelle réflexion?... parlez, Surcouf!...

Le comte Raymond venait de se remettre de son émotion et sa parole était ferme. Surcouf poursuivit :

— Si le comte Raymond est amoureux de la belle comtesse, je trouverai des obstacles dans mon plan, me suis-je dit; et j'ai voulu vous étudier en affectant une gaieté insouciante qui n'était pas dans mon cœur... L'épreuve faite est à votre avantage, je reprends ma première idée, et nous aurons vengeance de l'affront ; il m'est permis maintenant de compter sur vous !

— Oui, Surcouf, dit Raymond avec calme, comptez sur moi. Vous avez bien jugé mes sentiments... la comtesse Aurore est une amie... elle s'est placée sous ma protection... elle attend de moi le dévouement d'un gentilhomme et la délivrance de son mari. Je veux répondre à toute sa confiance, dignement, résolûment, tant qu'une lueur d'espoir brillera à la pointe de mon épée. Je veux lui rendre son mari et ne reparaître devant elle qu'après avoir épuisé ma dernière ressource. Si je meurs dans cette entreprise, je veux que Surcouf, l'homme de la loyauté vierge, puisse lui dire :

— Le comte Raymond n'a pas réussi ; il a fait plus : il est mort !

Surcouf examina très-attentivement le comte Raymond, et sa pensée dit intérieurement :

— Il aime la comtesse ! Il est sublime !

Cette pensée ne remonta pas aux lèvres. Surcouf reprit d'un ton léger et dit :

— Le pauvre délivré a repris des forces ; on peut maintenant l'interroger.

— C'était aussi mon idée, dit Raymond.

Et ils se rapprochèrent du prisonnier, qui, après un bon repas assaisonné de rhum et de constance, était en train de raconter ses aventures aux marins.

— Nous allons mieux, n'est-ce pas ? dit Surcouf.

— Oh ! je n'ai que la maladie de la faim, répondit gaiement le libéré. Et voilà le meilleur remède, ajouta-t-il en montrant les débris de son festin.

— Vous faisiez donc maigre chère à Timor ? demanda Surcouf.

— Une poignée de riz bouilli par jour et de l'eau.

— Voilà tout ?

— Des coups de bâton quelquefois, au dessert.

— Cette canaille ! murmura le comte Raymond.

— Vous avez déjà dit votre nom à ces braves gens? demanda Surcouf.

— Pas encore, capitaine. Ils m'offraient tout ; ils n'ont pas eu le temps de me demander quelque chose. Voici mon nom : Alban Révest.

— De quel pays?

— Eh ! puisque je m'appelle Alban, je suis natif du Bausset, à trois lieues de Toulon. Vous devez savoir, capitaine, que saint Alban est le patron du Bausset.

— Voilà justement ce que j'ignorais, dit Surcouf en riant: eh bien, Alban Révest, raconte-moi tes aventures en deux mots.

— Capitaine, j'ai fait le tour du monde avec *le Solide*, capitaine Marchand.

— Un très-bon marin, interrompit Surcouf.

— Oui, mais ce très-bon marin nous joua tous, une belle nuit, à la dame de cœur, dans un tripot de l'Ile de France; il joua le navire qui appartenait à M. Élisée Baux, de Marseille ; il joua les pelleteries de la cargaison, la caisse et l'argent comptable, et nous tous par-dessus le marché. En nous réveillant, on nous annonça que notre capitaine nous avait tous perdus au *reversis*, à deux *quinolas*. Faut-il être bête ! comprenez-vous qu'on puisse perdre *le Solide* et sa cargaison au *reversis*? De six heures du soir à six heures du matin, on lui avait forcé tous ses quinolas, toutes ses dames de cœur ! il est vrai de dire aussi qu'on lui avait fait voir le soleil à minuit. Il y avait là trois compères qui avaient de la glu au bout des doigts. Bref, le pauvre capitaine Marchand se brûla la cervelle et ne paya pas.

— Je sais toute cette histoire, interrompit Surcouf en riant.

— Ah ! capitaine, vous auriez dû me le dire ; j'ai besoin d'économiser la parole... M. Masse, le second, prit le commandement du *Solide*. Je n'aimais pas M. Masse, moi; c'était un brave homme, mais très-dur au matelot. Je lui mis le parti en main, et il me débarqua à l'amiable. Depuis lors, j'ai fait toutes sortes de métiers toujours honnêtes ! je suis du Bausset ! j'ai couru la côte, j'ai fait le petit cabotage au Coromandel ; j'ai servi à bord du *Malouin*, un fameux corsaire, celui-là, sans vous offenser ! puis le bon Dieu m'a puni. J'ai quitté la course pour faire un peu de traite. Nous avons tous péri corps et bien, il y a six mois, du côté de Timor, avec mon négrier *les Trois-Sœurs*. Quand je dis tous, je me trompe ; je n'ai pas péri, moi. Je me suis sauvé à la nage, comme un Gabian... Avez-vous encore un peu de rhum, camarades ?

— Servez donc du rhum à ce pauvre Alban ! dit Surcouf.

— Nous perdons beaucoup de temps à entendre des sornettes, dit le comte Raymond à l'oreille de Surcouf : si nous allions au fait !

— Soyez tranquille, répondit Surcouf ; je connais les marins provençaux : il ne faut pas les arrêter. Si on leur coupe la parole, ils se taisent, et on ne peut plus leur arracher un mot, et justement le mot dont on a besoin.

Alban Révest, ayant bu un dernier verre de rhum, se remit à la disposition du capitaine.

— Connais-tu bien Timor ? demanda Surcouf.

— Je connais ce que j'en ai vu, très-peu ; une caranque ; un village de cages à poules, un fort qu'on renverserait avec une chiquenaude. C'est la capitale, cela. Elle entrerait dans la place de la fontaine au Bausset... vous connaissez la place de....

— Non, Alban, interrompit Surcouf ; dis-moi, les pirates sont-ils nombreux sur ce point ?

— Mais, assez nombreux, capitaine... il y a bien deux cents hommes jeunes et armés.

— Deux cents ! remarqua Surcouf... c'est beaucoup... et armés ?

— Jusqu'aux dents, comme des voleurs du bois de Cuges.

— Deux cents maroufles, dit le comte Raymond, qu'on chasse comme de la valetaille en maraude !

— Oh ! non pas ! dit Surcouf, je les connais. Et s'adressant au marin provençal : — Tu n'étais pas seul prisonnier à Timor ?

— J'ai entendu parler d'un autre, répondit Alban.

— Sais-tu son nom ?

— Ah ! moi, capitaine, je suis brouillé avec les noms... Croiriez-vous que j'ai oublié le nom du cousin de la Ciotat ?

— Cherche bien dans ta mémoire, Alban... Est-ce un Français ?

— Oui, capitaine ; quant à cela, je puis affirmer que l'autre prisonnier est français.

— Noble ?... un marquis ?... un duc ?

— Tout juste ! c'est un noble !... le... le comte...

— Est-ce le comte Despremonts ?

— C'est cela... je ne suis pas pardonnable d'avoir oublié ce nom. Il est écrit en grosses lettres dans le *Cafouche*, où j'ai passé trois mois sur six. Despremonts, oui... avec un nom de femme à côté... il me semble que je les lis ! mais je n'ai point de mémoire pour les noms !

— Eh bien ! dit à voix basse le comte Raymond à Surcouf, qu'attendons-nous ?

— Ce qu'on attend toujours en mer : un bon vent.

— La mer est calme comme un miroir, dit Raymond.

— C'est son défaut, cher comte ; vous n'avez pas appris la marine sur le canal de Versailles. Laissez-moi mener ma barque, et, si Dieu veut, nous réussirons.

Surcouf regarda le ciel et ajouta :

— Demain !

VIII

Surcouf avait donné au comte Raymond un conseil plein de sagesse.

— Je suis résolu, lui avait-il dit, à faire une descente chez les pirates de Timor ; mais auparavant, la prudence veut que nous fassions une dernière tentative pour réclamer le comte Despremonts. Il faudra reprendre leur prisonnier de vive force, lorsque nous aurons perdu tout espoir de réussir pacifiquement. Nous agissons ainsi dans l'intérêt du comte mon ami. Si les pirates nous rendent leur prisonnier, je renonce à tirer vengeance d'une insulte, puisque l'erreur sera reconnue ; s'ils refusent ou s'ils demandent une rançon nouvelle, oh ! alors, tous les conseils de prudence ne doivent plus être écoutés. On agira.

Quand Surcouf prononçait ces deux mots : *on agira*, deux éclairs sortaient de ses yeux, et sa main semblait pétrir la foudre pour la faire mieux éclater.

Le comte Raymond accepta une seconde fois la mission périlleuse de négocier l'affaire avec les pirates. Il se rendit, avec le même interprète, sur l'îlot où se payaient les rançons ; les signaux d'usage furent arborés, mais pas une pirogue ne prit la mer. On distinguait pourtant très-bien les pirates sur la côte basse de Timor : ils affectaient de garder une immobilité railleuse, qui ressemblait à une nouvelle insulte. Après deux heures d'attente, le comte, dissimulant son irritation devant le Malais et les deux rameurs, descendit dans la chaloupe et rejoignit Surcouf.

— Nous sommes joués, dit le capitaine du *Breton* en riant ; prenons patience.

— La patience est toute prise — dit Raymond, qui trépignait sous son enveloppe de calme — je vais vous raconter, Surcouf, ce que fit Jean-Bart sur la côte de Plymouth.

— C'est inutile, interrompit Surcouf ; si je montais un vaisseau de cent vingt, comme Jean-Bart, je serais le roi de l'Inde, après le soleil.

— Ainsi donc, reprit le comte, il faut nous résigner et attendre le trois-pont de Jean-Bart, qui ne viendra jamais, parce que le Directoire est assis sur le trône de Louis XIV.

— Oh ! mon cher comte, dit Surcouf en riant, ne parlons pas politique sous l'équateur ! Si Louis XIV avait planté des vaisseaux sur l'Océan indien, au lieu de planter des arbres à Versailles, Paris serait à Calcutta ; et ce bon Louis XVI, qui aimait tant l'Inde, se promènerait aujourd'hui, sous une allée de magnolias, du Malabar au Coromandel.... Ne parlons pas politique... parlons du Timor.

— Je ne demande pas mieux, dit le comte.

— A la bonne heure! reprit Surcouf. Écoutez, mon cher Raymond, vous n'étiez pas avec moi, lorsque je pris *le Black-Swan?*

— Hélas! non.

— Il était en rade de Madras ; le capitaine donnait un bal pour fêter l'achèvement du fort Saint-Georges. On dansait entre deux batteries de trente canons. A minuit, j'arrivai avec ma *Mouche* et vingt Bretons à l'épreuve de la balle. Nous entrâmes, au son d'une musique enragée, par les sabords ; nous prîmes *le Black-Swan*, la cargaison, les danseurs, les danseuses, l'orchestre, les matelots, les armes, et quand tout fut au pouvoir de France, je ne gardai pour mes hommes que les rafraîchissements, et je dis aux jeunes et belles créoles :

— Mesdames, nous sommes en pleine mer, continuons le bal ; il ne sera pas dit qu'un Français aura interrompu les danses.

Et le bal fut continué. Un peu avant le jour, nous saluâmes nos belles danseuses, et nous reprîmes la mer. Comment trouvez-vous cette expédition?

— Je la connaissais, dit Raymond (1).

— Eh bien, mon cher comte, lorsqu'on a tenté un coup si hardi pour la puérile satisfaction de faire une plaisan-

---

(1) Le fait est historique, quoique incroyable. Du reste, dans mon histoire, je me suis bien gardé d'inventer, en ce qui concerne Surcouf. Ce marin historique est toujours au-dessus de l'invention. Ses exploits dispensent le narrateur de descendre aux fables. L'expédition de Timor est encore une fable de la plus exacte vérité.

terie française en pleine mer, croyez-vous qu'on reculera devant une imprudence dont le but est honorable et sérieux ?

— Je suis heureux de ne pas douter, dit Raymond; mais je suis malheureux d'attendre.

— Fiez-vous à moi, reprit Surcouf; pensée lente, exécution rapide, voilà le succès.

Surcouf fit un brusque salut de tête et descendit sous le pont.

— Au fait, pensa le comte, Surcouf a une grande responsabilité : c'est le père de toute cette famille de braves marins, il lui est permis de mettre un peu de prudence au fond de son courage. Attendons.

De ce moment, Surcouf, absorbé par les préparatifs de son expédition, devint à peu près invisible; il n'avait que des entretiens très-courts avec Alban Révest, déjà complétement rétabli de ses souffrances, et il passait de longues heures sur une grande carte hollandaise, où le moindre écueil était relevé dans le voisinage de Timor.

Quelques jours se passèrent ainsi dans une inaction apparente; *le Breton* courait des bordées devant la côte, mais à une très-grande distance. Personne n'osait plus interroger Surcouf, pas même le comte Raymond. En voyant le brave capitaine oisif et silencieux, tout le monde comprenait que la parole et l'action allaient éclater à la fois.

Un soir, après un entretien qui devait être le dernier, Albert Révest dit à Surcouf, sur ce ton d'intelligence et de naïveté qui exprime bien le caractère des marins provençaux :

— Capitaine, il ne faut pas être un aigle pour deviner ce que vous voulez faire; moi Alban Révest, du Bausset, je l'ai compris. Eh bien, voulez-vous que je vous parle, le cœur sur la main, de Provençal à Breton?

— Je le veux bien, dit Surcouf en souriant, parle comme tu voudras.

— Capitaine, vous allez faire une... bêtise... pardon!

j'allais dire un autre mot provençal beaucoup plus fort, mais vous ne l'auriez pas compris.

Surcouf répondit par un éclat de rire qui encouragea Révest et le fit continuer ainsi :

— Vous allez attaquer deux cents Mandrins, deux cents Gaspard de Besse, deux cents tigres d'enfer, avec vingt-cinq hommes, et pourquoi? Je vais vous le dire : pour délivrer un prisonnier... ce ci-devant noble... Despremonts... je n'aime pas les nobles, moi ; ce n'est pas ma faute ; c'est la faute de mon père, qui n'aimait pas M. du Castelet, notre voisin... Mais passons là-dessus... il y a nobles et nobles ; M. Despremonts était digne d'être roturier, je le veux bien... il faut le délivrer des pattes de ces Sarrasins... Moi, capitaine, moi, Alban, je ne suis bon à rien du tout, sans me flatter... je viens de boire et de manger à bord pour cinq ans. Donnez-moi une embarcation et je vais à Timor, et je dis à ces *mascaras* :

— « On s'est trompé comme au *reversis*, quand on donne le valet de cœur pour le valet de carreau ; ce n'est pas moi, c'est l'autre prisonnier qui doit être délivré. Remettez-moi en cage, et renvoyez-moi Despremonts.

» Comment trouvez-vous mon idée, capitaine Surcouf? »

— Je la trouve superbe ! dit Surcouf en serrant la main d'Alban.

— Eh bien, bonsoir et bonne nuit ! dit le marin ; donnez-moi le canot.

Et il marchait déjà vers l'échelle, d'un pas résolu.

Surcouf le retint en disant :

— Écoute donc, mon ami... je trouve ton idée superbe, mais je ne m'en servirai pas.

— Vous avez tort, capitaine ; et quand vous me connaîtrez mieux, vous vous repentirez. A bord, je ne suis d'aucune utilité, moi ; M. Masse me le disait un jour, et quand les sauvagesses des Marquises de Mendoce vinrent à bord du *Solide*, M. Masse me dit :

— « Je vais te marier avec la fille du roi, mademoiselle

Tava-Miny, et te débarquer. Tu ne feras rien toute ta vie, voilà tout ce que tu sais faire.

» Si la fille du roi avait eu le teint d'une Baussetane, je l'épousais. Mais elle avait la couleur d'une pièce de deux sous de la République, et je restai garçon. Je déteste le cuivre sur les joues, le vert-de-gris s'y met. Savez-vous à quoi je suis bon?

— Voyons, à quoi es-tu bon, Alban ?

— A donner des coups d'estramaçon un jour d'abordage, à descendre l'épaule d'un Sarrasin, à mettre une balle dans une pièce de vingt-quatre sous le jour de la Saint-Alban. J'ai gagné trois plats d'étain à dix-sept ans et demi, et à la paume, j'en rendais quarante-cinq au plus fort du Castelet, à Olivier.

— Voilà ce qu'il me faut! dit Surcouf en riant, je te retiens à bord; je te permets de dormir ou de ne rien faire, et un jour de bataille, tu travailleras.

— Comme un forçat de Toulon, capitaine ; mettez-moi au chantier, et donnez-moi de bons outils.

— Choisis, dit Surcouf.

Et il désignait à Alban un trophée d'armes suspendu au mât.

Alban examina en détail cet arsenal et choisit une massue malaise hérissée de pointes de fer.

Aussitôt il exécuta un moulinet, comme avec un bâton de longueur, et fit sortir de l'air de formidables sifflements.

— Bien manœuvré ! dit Surcouf, et à ce soir.

— Encore une fois, reprit Alban, vous ne voulez pas que je m'échange contre le ci-devant noble ?

— Non, tu le délivreras, mon ami, et cela vaudra mieux.

— Ainsi soit-il ! dit Alban.

Et il se remit à faire ses moulinets, aux applaudissements de tout l'équipage.

Le jour arrivait à sa fin; la brise d'ouest attendue souffla dans les voiles et la proue se tourna vers l'île de Timor.

Surcouf, selon son usage, fit ranger ses hommes en demi-cercle et leur dit :

— Le pavillon de France a été insulté par des pirates. L'île où nous aborderons sera le tombeau de l'insulteur ou de l'insulté.

Personne ne répondit. Tout le monde s'arma.

Surcouf tenait la barre du gouvernail, et, en vue de Timor, *le Breton* se mit à louvoyer. Le ciel était noir, c'est-à-dire plus favorable à l'expédition qu'à la descente.

A minuit, Surcouf prit Alban Révest par la main et le conduisit à l'avant du navire.

— Sommes-nous dans la bonne direction, penses-tu ? lui dit-il.

Alban examina la côte, pour découvrir dans l'obscurité le point de débarquement et l'échancrure de la Caranque, en mesurant de l'œil, autant qu'il était possible, la hauteur des ombres qui se détachaient sur le fond plus clair des eaux, et, quand il fut arrivé à la conviction par un examen minutieux, il désigna du doigt un point de la côte et dit :

— C'est là qu'il faut débarquer.

— Le repaire des bandits est-il bien éloigné de la mer ? demanda Surcouf.

— Un bon quart de lieue dans les terres, répondit Alban.

— En plaine, ou sur une hauteur ?

— Comme la colline du vieux Bausset.

— Quel homme ! dit Surcouf ; il croit que tout le monde connaît son village.

— Pardi ! capitaine, voulez-vous que je vous parle des pays que je ne connais pas ? Le vieux Bausset est très-connu. Le général Bonaparte y a tenu garnison quand il était lieutenant...

— C'est bien ! interrompit Surcouf ; il parlerait jusqu'à demain de tout, excepté de Timor.

— C'est tout ce que vous aviez à me demander, capitaine ?

— Oui... pour le moment, dit Surcouf en reprenant un

ton de douceur, tu seras près de moi quand nous débarquerons.

— Merci ! capitaine, et quand il y aura un bon coup à donner, faites-moi signe, je vous saurai bon gré de la préférence.

— En attendant, dit Surcouf en riant, je te fais signe de te taire. Devant le danger on ne parle plus.

— Il fallait me dire cela plus tôt, capitaine, je n'aurais rien dit.

Le Breton cargua ses voiles, et, grâce à cette impulsion donnée qu'on appelle l'*air du navire*, il perça la Caranque comme un javelot bien dirigé.

Le rivage était désert et l'ombre des grands arbres donnait à l'eau immobile une teinte noire. Le silence des nuits du nord régnait aux environs. On n'entendait aucun de ces murmures qui accompagnent les ténèbres dans les solitudes indiennes. L'homme et la bête fauve semblaient exilés de l'île de Timor.

Surcouf montra aux canonniers un amas de pirogues amarrées et leur donna un ordre mystérieux à voix basse.

Vingt-cinq hommes débarquèrent en silence, tous armés de haches, de crids et de pistolets, et cheminant pieds nus sur le roc ou les herbes, avec précaution et lenteur, de peur de heurter trop brusquement les feuilles des arbres et de réveiller les oiseaux.

Alban Révest marchait le premier, tenant toujours les yeux fixés sur tous les accidents de terrain ou de végétation qui lui servaient de point de reconnaissance.

Parvenu au pied d'une colline boisée, Alban prit le bras de Surcouf et lui fit le signe qui veut dire :

— C'est là.

Il était alors une heure du matin : on avait donc cinq heures de nuit à bien employer.

Le comte Raymond marchait au premier rang, à côté de Surcouf; rien ne trahissait en ce moment ses émotions intérieures. Entretenant le raisonnable espoir de rencontrer le comte Despremonts, il avait soigné sa toilette autant que les ressources du bord le lui permettaient. Ses longs cheveux noirs, soigneusement tressés, étaient retenus par un nœud de ruban et retombaient en arrière avec une certaine grâce naturelle qui ne faisait pas regretter le plâtrage de la poudre d'amidon. Révolté contre la mode du pantalon révolutionnaire, il portait une culotte de basin blanc agrafée sous le genou, et laissant à découvert une jambe nue et fine, jadis admirée à Trianon, lorsqu'elle se couvrait d'un bas de soie sans plis. La veste blanche du planteur rendait plus de justice à la souplesse de son torse que l'habit de cour, et la fine chemise à jabot de batiste, au col rabattu, révélait seule le grand seigneur.

Ainsi équipé, le noble comte Raymond de Clavières marchait à la délivrance de Despremonts, l'heureux mari de la plus belle des créoles de l'Inde. Jamais acte chevaleresque n'a mieux illustré un blason.

Pour monter la colline des Pirates, il fallait bien se garder de suivre le sentier battu. Surcouf n'était pas homme à commettre une sottise pareille. Le succès des entreprises dépend de l'observation minutieuse de toutes les précautions de détail. Hélas! les plus grands empires ne se sont pas écroulés pour des fautes éclatantes; l'oubli des détails amène les hautes chutes. Un grain de sable négligé fait tomber un colosse. L'histoire est sablée de ces petits grains.

Réussir, c'est jouer aux échecs avec une pensée de pure distraction; c'est entrer dans l'esprit de son adversaire et deviner tout ce qu'il trame contre vous; c'est se recueillir dans son esprit pour savoir mieux cacher son plan et donner le change; c'est destituer cette fatalité aléatoire qu'on nomme le hasard et l'enchaîner avec les nœuds invincibles de la combinaison; c'est se mettre au-dessus de cette abstraction que les étourdis appellent le bonheur, en prévoyant tout ce que le succès peut craindre dans une lutte engagée avec l'homme, être faible, toujours borné dans ses ressources, toujours vaincu, quand un génie supérieur l'attaque avec une intelligence calme et un calcul acharné.

Surcouf était un très-habile joueur d'échecs, comme son illustre compatriote et mon ami, de la Bourdonnais, le petit-fils du gouverneur de l'Inde. Surcouf a toujours réussi ; était-il heureux ? de la Bourdonnais a toujours vaincu ses adversaires ; était-il heureux ? Le bonheur, c'est l'intelligence au suprême degré.

Les vieux marins de l'Inde savent que Surcouf a mis trois bonnes heures pour gravir une colline dont on peut atteindre le sommet en dix minutes.

— Il suffisait, disait-il, d'un oiseau criard, réveillé en sursaut, dans une heure de la nuit où tout dort dans les bois, pour donner l'alarme aux bandits.

Surcouf, doué d'une dextérité merveilleuse, écartait les branches avec cette délicatesse de mouvements qu'on réserve aux sensitives ; il les élevait en voûte, et les rendait avec les mêmes précautions à leur état naturel, lorsque tous ses hommes avaient passé. Il fallut opérer ainsi, jusqu'au sommet. La colline garda son silence. Jusqu'à ce moment l'intelligence et l'adresse avaient fait le bonheur.

Le tour du courage était venu.

Perçant avec le sommet de sa tête le dernier voile de feuillages qui cachait le repaire des bandits, Surcouf vit, à vingt pas, sur un terrain nu, la capitale de Timor : un amas assez considérable de huttes de bambous. Quelques étoiles trouaient le plomb d'un ciel orageux en ce moment, et laissaient distinguer dans son étendue cet épouvantable nid de tigres humains.

Le marin breton prit d'une main un pistolet à sa ceinture, de l'autre sa hache d'abordage, et, se tournant vers les siens et se grandissant de toute sa taille de héros, il fit le geste qui commande l'extermination et s'élança le premier sur le repaire des forbans.

IX

Les pirates ne dorment que d'un œil, dit un proverbe de l'Archipel. Au premier coup de foudre tombé sur la première hutte, toute la bande infernale se réveilla en sursaut et prit les armes. Au même instant le canon gronda dans la caranque, et son fracas fut répété à l'infini par les échos des solitudes. Les plus déterminés et les moins intelligents parmi les pirates se précipitèrent sur le chemin de la mer pour défendre leurs pirogues et repousser une descente du haut des falaises de roc qui bordent le rivage. La ruse de Surcouf diminua ainsi le danger. Un combat terrible s'engagea au premier carrefour des huttes, là où vinrent se réunir les pirates qui n'étaient pas descendus à la mer.

Les marins attendaient les bandits devant les huttes, et comme ils étaient tous doués d'une force prodigieuse, ils les assommaient d'un coup de hache, et se précipitaient ensuite sur les masses sombres avec une furie d'élan qui appliquait l'abordage au combat de terre.

Surcouf était partout; rien ne résistait à cet homme surhumain, qui passait entre le fer et le feu comme un protégé du ciel, renversant tout sur son passage, frappant des deux mains, écrasant du pied, épouvantant avec sa voix, toujours debout sur des cadavres, toujours défiant les blessures et la mort, comme des accidents impossibles, des accidents repoussés par un épiderme de bronze trempé par un ange dans le Styx des chrétiens.

A côté de lui, le comte Raymond, calme et gracieux comme dans un assaut d'escrime, maniait une de ces longues et foudroyantes épées du moyen âge, glaive d'archange exterminateur, trop lourdes pour les bras d'aujourd'hui, et qui trouaient autrefois les masses sarrasines aux gigantesques batailles de Damiette et de Mansourah.

Le prisonnier délivré, Alban Révest, exécutant le jeu irrésistible de sa masse d'armes, emportait dans un tourbillon d'éclairs les crids, les poignards, les lances, les javelots, toute la ferraille empoisonnée sortie des arsenaux malaisiens.

Le canon grondait toujours du côté de la mer, et avec des sons si distincts, si rapprochés, que les pirates, se croyant exposés à un feu d'artillerie, regardaient la lutte comme impossible et fuyaient à travers les bois en abandonnant leur repaire inondé de sang et jonché de morts.

Le soleil se leva tout à coup comme un spectateur curieux qui se montre quand la bataille est finie et vient féliciter les vainqueurs.

Le comte Raymond se servit du soleil comme d'un flambeau pour commencer ses recherches et découvrir dans les huttes du repaire le comte Despremonts. Personne n'y songeait. Toutes les pensées se tournaient déjà vers une seconde bataille qu'il fallait nécessairement livrer à l'autre bande descendue à la mer pour secourir les pirogues.

Les femmes et les enfants se précipitaient aux pieds du comte Raymond, qui les rassurait tout de suite par un geste pacifique, et leur demandait, avec la voix de son interprète, des nouvelles de l'autre prisonnier français, le comte Despremonts.

En courant ainsi de hutte en hutte, on découvrit le père des deux jeunes filles esclaves: celui-là n'était pas sorti; il avait obéi à de bons instincts naturels et ne voulait pas se battre contre les blancs, de peur, disait-il, de tuer le protecteur de ses filles. Cet honorable scrupule pouvait être très-utile au projet et à l'idée fixe du comte Raymond. Il fallait se servir de cet homme pour arriver au noble prisonnier de Timor.

L'explication fut très-courte. L'interprète écouta le récit du père, et, poussant un cri de détresse, il se retourna vers M. de Clavières et dit :

— Le prisonnier Despremonts est mort depuis sept mois.

On l'aurait vendu vivant; car, disait le père, les Malais tiennent toujours leur parole donnée, mais l'appât de l'or avait fait commettre une faute, mais ils n'ont pas cru tromper les blancs en rendant un autre prisonnier de leur nation.

Le comte Raymond ne se contenta pas de cette explication, quoique fort naturelle. Il voulait continuer ses visites, et le père des deux esclaves donna tout de suite de nouveaux renseignements à l'inteprète, qui les transmit en ces termes:

— Il y a ici tout près la cabane du chef; on y a conservé tout ce qui appartenait au comte Despremonts, dans l'espoir de retirer de ces objets un grand bénéfice.

— Courons vite et voyons, dit le comte.

Le pirate fit une objection à l'interprète.

— Que vous demande-t-il encore? dit Raymond.

— Il demande la protection pour lui et ses deux filles, car il se regarde comme très-compromis vis-à-vis des siens, répond l'interprète.

— Dites-lui, reprit Raymond, que nous le conduirons, lui et sa famille, à bord du *Breton*.

Le père écouta, bondit de joie et fit le signe: Venez!

Toutes ces choses furent dites et faites en un clin d'œil, car il fallait rejoindre Surcouf et ses marins, dont l'attitude annonçait une prochaine reprise d'hostilités.

La case du chef était inhabitée, mais elle avait une apparence d'ameublement: on y voyait plusieurs nattes, deux hamacs et un service chinois de pipes à l'opium.

Le comte, qui furetait partout, découvrit derrière une tenture japonaise une espèce de trophée, où s'étalaient un uniforme complet d'officier de marine et plusieurs objets de forme européenne, suspendus à de grosses arêtes polies fichées dans le mur de bois en guise de clous.

Un portefeuille de maroquin vert fixa d'abord l'attention du comte. Il fut ouvert tout de suite et refermé avec émotion et respect. Raymond avait vu un paquet de lettres et lu sur la première adresse, en caractère de style féminin, ces mots : *A monsieur le comte Despremonts.*

Pressé par le temps, le comte décrocha toutes ces reliques, se réservant de les examiner plus tard à loisir, et, donnant l'uniforme à l'interprète, il dit au père et aux deux filles de le suivre et de joindre Surcouf et ses marins.

— Comte Raymond, dit Surcouf d'un ton sévère en revoyant son ami, vous avez mérité les arrêts pour huit jours.

— Voici mon excuse, répondit le comte en montrant l'uniforme du comte Despremonts.

Il faut dire qu'emporté par le feu du combat et absorbé par les préoccupations nouvelles, Surcouf avait complétement oublié le prisonnier qu'on venait délivrer. L'honneur du drapeau passait avant tout.

Raymoud donna tous les détails de son expédition privée à Surcouf et ne reçut que des éloges.

— Et vous avez fait cela en si peu de temps? ajouta le capitaine.

— De peur de l'oublier, répondit le comte.

— Pauvre Despremonts, reprit Surcouf. Mais nous le pleurerons plus tard; songeons à nous en ce moment. Rien n'est fini. J'ai envoyé le plus agile des nôtres à la découverte et je l'attends.

Dans le rude combat qui venait d'être livré, trois marins seulement avaient reçu des blessures, mais peu graves. Surcouf avait inventé une maxime assez paradoxale, celle-ci :

— Dans une affaire, il n'y a de blessés que les maladroits, et de tués que les débiteurs de la mort arrivés à l'échéance.

Il n'y avait pas eu de débiteurs échus.

L'éclaireur ne reparaissait pas, et Surcouf témoignait beaucoup d'impatience.

— Que penses-tu de ce retard? demanda-t-il à Alban Révest.

— Ah! dit le marin du Bausset en poussant un soupir, je pense que nous resterons à Timor.

— Mais, diable! ce n'est pas mon intention de rester ici, dit Surcouf en riant, le pays est affreux. Achève donc ta pensée, Alban.

— Oui, capitaine. Il y a deux tribus à Timor, deux tribus associées par le brigandage : la tribu de Fer et la tribu de Cuivre... Je pense que la mitraille du *Breton* vient de travailler contre les pirogues, n'est-ce pas?

— C'est fini. Le canon ne tire plus ; les pirogues sont en loques, j'en suis sûr ; je connais mes canonniers.

— Oui, mais les pirogues de la tribu de Cuivre, celles-là ne sont pas en compote ; il y en a plus de quatre cents dans une autre caranque, plus au sud, de l'autre côté du cap. J'ai fait la traite tout autour de l'île ; je le connais, mon Timor, comme le Bausset.

— Je comprends, dit Surcouf en prenant une pose de réflexion.

Puis, il ajouta avec vivacité :

— Mais il faut attendre encore un peu mon éclaireur... Je lui ai bien recommandé de faire une entaille, de dix en dix pas, sur tous les arbres, pour se reconnaître au retour; il ne peut pas s'être égaré en prenant cette précaution.

Tous les marins étaient debout, immobiles et les yeux fixés sur leur chef.

Le comte Raymond seul ne paraissait prendre aucune part à la préoccupation générale du moment. Il roulait entre ses doigts un étui rond de maroquin fermé par un ressort, et il éprouvait, devant cette relique mystérieuse, la tentation fébrile d'un enfant.

Le soleil montait en versant une chaleur torride que les hommes du Nord supportaient très-bien, car la chaleur est la vie de tout le monde, comme le froid est la mort. Un paysage affreux et sublime entourait cette héroïque poignée de conquérants : c'était l'éruption volcanique de Timor, soudainement pétrifiée et se couronnant, au souffle divin, de panaches d'arbres, de touffes d'herbes, d'immenses bouquets de fleurs ; une admirable nature, qui dédaignait la main de l'homme et n'avait eu besoin, pour se faire si puissante, que d'un regard de son soleil.

D'après les calculs d'Alban Révest, une centaine de pirates avaient abandonné les huttes pour courir à la mer au premier coup de canon. En supposant le nombre exact, il fallait encore livrer bataille à un ennemi quatre fois plus fort par le nombre ; mais ce n'était pas là ce que redoutait Surcouf : en déchaînant ses indomptables marins sur les pirates, lui en tête, il comptait bien les traverser au vol et rejoindre la mer et *le Breton*. Là n'était pas la difficulté. Il y avait autre chose à craindre, une embuscade sur quelque terrain mouvant, une surprise adroitement préparée, avec cette adresse infernale qui est l'arme la plus terrible des sauvages, lorsqu'ils se défendent sur un sol dont ils connaissent toutes les ressources et tous les accidents, et contre un ennemi étranger.

Enfin, l'éclaireur arriva ; il ruisselait de sueur et ses pieds laissaient partout des traces de sang. On l'entoura pour entendre son récit.

Il avait suivi de loin cent pirates environ, qui, après avoir assisté à la dévastation de leurs pirogues, avaient gravi une montagne qui formait ce promontoire et avaient disparu de l'autre côté, en s'éloignant toujours de leurs huttes et de leurs familles, comme s'ils ne soupçonnaient pas l'attaque des marins de Surcouf.

— Parbleu ! dit Surcouf, c'est bien ainsi que j'avais calculé la chose ; et mes canonniers m'ont admirablement secondé !

Et frappant sur l'épaule d'Alban Révest, il ajouta :

— Tu as raison, Alban ; je vois clair sur mon échiquier. Il n'y a pas de temps à perdre.. Mes amis, suivez, à votre droite, les entailles des arbres, et au pas de course jusqu'à la mer... Où sont les deux plus forts ?

Tous se présentèrent, excepté le comte Raymond, toujours occupé de sa relique.

— Les deux premiers venus, reprit Surcouf, prenez chacun dans vos bras une des pauvres filles qui ne pourraient pas nous suivre, et en avant!

Le trajet fut bientôt parcouru. On arriva sur le bord de la caranque. Les chaloupes en sortirent comme des flancs du *Breton*, et l'embarquement fut fait en vingt coups de rames. Les canonniers montrèrent à Surcouf l'eau du golfe toute couverte des débris des pirogues.

— Bien travaillé, dit le capitaine; merci!

Par malheur, la mer gardait un calme effrayant, contrariété assez fréquente sous l'équateur. Il semble que le soleil engourdit aussi l'océan Indien en l'accablant de sa chaleur. Les étoiles avaient emporté les nuages plombés de la nuit, et la tenture du dieu bleu couvrait le dôme du ciel, sans laisser sur un seul point le signe nébuleux de l'espoir, le petit nuage précurseur du vent.

— Par Notre-Dame de Saint-Céri, dit Alban en regardant le ciel indigo, si nous sortons de ce mauvais pas, je fais peindre un *ex-voto* à M. Bringier pour la chapelle de Saint-Alban.

On avait déployé tout le luxe des voiles sur *le Breton*, et le deux chaloupes le remorquaient lourdement pour le faire sortir de la caranque et lui donner le souffle de la pleine mer.

— Ah! les bandits! murmurait Alban; ils sont fins comme les renards du grand *Gabre!* ils savent ce qu'ils font. Cette coquine de mer travaille pour eux! nous filons cinq pas à l'heure comme *le Bucentaure* de Venise!

Surcouf dissimulait son inquiétude et disait en riant aux canonniers:

— Otez les boulets, et de la mitraille jusqu'à la gueule.

— Ça y est déjà, capitaine, répondirent les canonniers.

L'un d'eux ajouta:

— Nous avons craint une attaque tout à l'heure, et, s'ils

s'étaient jetés à la nage, nous étions frits; mais nous avions mis tout le long des bastionnages une enfilade de chapeaux et de cabans, et nous avions l'air d'être cent à bord. Les bandits n'ont pas bougé, mais ils ont eu alors l'idée d'aller chercher les voisins.

— Eh bien, nous attendrons les voisins, dit Surcouf.

— Capitaine, dit Alban, un jour, par le vingtième de latitude, au beau milieu de l'archipel des îles Basses, avec le pauvre Marchand, que Dieu ait son âme! nous avons vu *le Solide* cerné comme un dauphin par mille pirogues.

— Allons donc! s'écria Surcouf, voilà bien les marins du Midi! jamais les pirates n'ont mis en mer mille pirogues!

— Mettez cinq cents, reprit Révest; lisez le livre du bord; on l'a imprimé aux frais de la République. Vous verrez mon nom dans les cadres : Alban Révest du Bausset, et...

— Assez! dit Surcouf avec une légère impatience; taisons-nous, si nous voulons avoir du vent.

L'anxiété de tous les marins était vive. Chacun se rappelait cent histoires de pirogues et de forbans, et ce danger, contre lequel le plus fort courage succombe, était déjà présent à tous les yeux.

Le plus profond silence régnait sur le pont du navire et sur la mer, laquelle ne laissait pas la moindre trace de sillage; les voiles se collaient aux vergues; les flammes les plus déliées dormaient immobiles sur les mâts.

Le Breton doublait le promontoire, et la mer apparut dans toute son immensité lumineuse. Les yeux étaient fixés sur la côte sud, trop voisine encore pour ne pas être dangereuse. Surcouf, qui avait des yeux d'aigle, fit un mouvement, et plusieurs têtes s'inclinèrent comme pour dire *oui*, puisque le silence le plus absolu était recommandé.

La mer se couvrait d'écume, au milieu de son calme plat; on eût cru qu'une invasion de monstres marins sortait de la mer; on distinguait déjà le bruit des rames; et à mesure que l'ennemi approchait, on apercevait un nombre prodigieux de pirogues qui semblaient voguer toutes seules, car aucune tête ne se montrait au-dessus des bois volant à fleur d'eau. Sur ce point seul, la mer était agitée, mais autour, le saphir le plus tranquille se déroulait jusqu'à l'horizon.

Quand, à la veillée, les plus braves, parmi les voyageurs de l'Inde racontent ces invasions des pirogues malaises, ils mettent encore dans leur parole l'émotion du péril passé.

Si notre Surcouf n'éprouva rien en ce moment, c'est que son courage savait même dompter les terreurs nerveuses, les plus invincibles de toutes, les épouvantes de l'imagination.

X

La tactique des pirates malaisiens est fort redoutée des navires surpris par le calme plat, sur les côtes de Bornéo et dans l'archipel voisin. Si ce n'est pas un vaisseau de haut bord, monté par un nombreux équipage et défendu par de nombreuses pièces d'artillerie, il faut désespérer du salut. Les pirogues, gouvernant à la *toue* et à fleur d'eau, portant chacune trois hommes bien armés et invisibles, car souvent ils nagent à côté du bois, forment un cercle immense autour du navire, puis elles se rapprochent et se resserrent, et, à une certaine distance, les pirates nagent entre deux eaux, atteignent le navire, l'envahissent par les sabords avec une furie d'oiseaux de proie, et en un clin d'œil l'équipage, écrasé par le nombre, est massacré sans merci. Dans les expéditions, les pirates sont toujours au moins cent contre un. La défense, malgré des actes d'héroïsme et tous les efforts d'un courage de désespoir, succombe presque toujours. Nos vieilles attaques de diligences, à main armée, sur les grandes routes, sont des jeux d'enfants auprès de ces terribles scènes de l'océan Indien.

Les pirogues s'arrondissaient au large avec une admirable symétrie ; *le Breton* était le centre d'un cercle noir et délié, comme si l'on eût tracé cette figure de géométrie avec un crayon à l'aide d'un compas démesuré.

Surcouf, assis sur le cabestan, chargeait sa pipe avec le plus grand calme, comme si *le Breton* eût été convié au spectacle d'une joute : les canonniers veillaient, la *lance* allumée à la main ; les marins tenaient leurs doigts à la détente des carabines ; tous avaient la conscience des périls suprêmes du moment, mais pas un de ces mâles visages n'exprimait la moindre émotion.

Le comte Raymond ne daignait pas faire à des pirates l'honneur de s'occuper d'eux ; il était assis à l'écart et roulait toujours entre ses doigts la relique, soupçonnant trop ce qu'elle renfermait, et n'osant presser le ressort, de peur d'élever sa curiosité à la hauteur d'un sacrilège.

Enfin, la tentation l'emporta, il ouvrit... et l'irradiation du soleil indien qui remplissait la mer et le ciel en ce moment s'éteignit devant l'image éblouissante qui frappa ses yeux. On eût dit que le soleil se déplaçait.

Impossible de la méconnaître, cette figure céleste qui semblait sortir de son cadre avec son auréole nuptiale de seize ans. Le peintre n'avait pas mis le nom d'Aurore au bas du portrait; celui qui n'aurait vu qu'une fois l'original aurait reconnu la copie du premier coup d'œil. Le charme et la grâce des traits, la pureté exquise des contours, la distinction idéale des lignes, faisaient oublier la beauté. Quelques légères erreurs du pinceau, sur l'échancrure du corsage semblaient révéler l'émotion du peintre, comme sur le portrait de la comtesse Brignole, peint d'une main tremblante par Antonio Van Dyck.

Une voix forte se fit entendre et dit :

— Attention, canonniers ! et pointez bas !

Le comte contemplait toujours l'image adorable. Les canons grondèrent, et le précieux écrin ne fut pas fermé.

Cependant le cercle se rétrécissait toujours, et la mitraille qui pleuvait sur la mer n'intimidait pas les pirates.

L'air gardait son silence. *Le Breton* semblait cloué sur une plaine de saphir pailletée de soleil.

— Il faudrait peut-être *prendre des riz?* dit Alban avec le plus grand sang-froid.

Cette plaisanterie, dite dans un péril si affreux, excita le rire de tout l'équipage, et Surcouf même prit part à l'hilarité générale ; mais il fit signe au facétieux inopportun de ne plus recommencer.

L'éclat de rire fit plus d'effet que le canon à l'oreille du jeune comte de Clavières, il se crut le point de mire des justes railleries de l'équipage, et, serrant le portrait d'Aurore, il se leva d'un air assez confus, et, pour se donner une contenance, il regarda la mer.

En cet instant, les pirates changeaient de manœuvre, ils voyaient qu'ils avaient à combattre, non pas un vaisseau marchand, mais un navire qui, malgré son exiguïté, distribuait fort adroitement sa mitraille et coulait beaucoup de pirogues. Le cercle se brisa, et les pirates se massèrent, dans l'éloignement, sur deux points qui correspondaient à la proue et à la poupe du *Breton* et où ils se trouvaient à l'abri du feu des deux batteries. Si le *Breton,* favorisé par la brise, eût été maître de ses mouvements, et s'il avait pu tourner sur sa quille, il aurait rendu leur manœuvre fatale aux pirates, mais il était exposé à toutes les mauvaises chances de son immobilité.

Surcouf, ainsi menacé dans la direction des deux extrémités de son navire, mit une chaloupe à la mer, et, à l'aide d'un câble de remorque, il fit tourner le *Breton,* présenta ses deux batteries aux pirogues, et commanda un feu partout soutenu. Ces décharges firent des ravages considérables, parce que les masses ennemies étaient plus profondes ; mais les pirates se servaient des pirogues coulées comme de point d'appui et nageaient toujours, en les poussant vers le navire.

Quant aux pirogues intactes, et elles étaient trop nombreuses, elles avançaient avec une rapidité effrayante, et les nuages de fumée, immobiles sur la mer, favorisaient encore la marche de l'ennemi.

Le comte Raymond, appuyé sur le bastingage, assistait à un spectacle que Versailles ne lui avait jamais offert. Surcouf lui frappa sur l'épaule et lui dit :

— Je suis bien aise de vous consulter sur une chose grave.

— Parlez, capitaine, dit Surcouf en quittant sa pose inclinée de spectateur.

— Connaissez-vous bien le danger du moment?

— Eh! mon Dieu! dit Raymond, les moments se ressemblent tous. La vie est un long danger...

— Pas de sentence, comte Raymond... savez-vous que, dans un quart d'heure, nous pouvons être envahis par quatre ou cinq cents bandits?

— Après? demanda le comte froidement.

— Après, mon cher comte, ces bandits seront nos maîtres...

— Oh! interrompit le comte, il y a toujours la ressource de se faire tuer!

— Mais mon navire? mais mon *Breton?* mais mon drapeau? demanda Surcouf.

— Ah! oui, dit le comte; vous ne voulez pas que votre drapeau tombe au pouvoir de ces marauds... Eh bien! il y a une chose tout simple...

— Oui, interrompit Surcouf; j'ai allumé ma pipe pour faire le coup... Nous sauterons comme *le Tonnant* à Aboukir.

— Et comme tant d'autres de la marine royale, dit le comte.

Et en disant cela, il essayait de détacher de sa main gauche une empreinte de goudron qui l'offusquait beaucoup.

— Il ne faut pas croire, ajouta-t-il, que l'héroïsme des marins commence à Aboukir. Nous avons M. de la Clochetterie, le commandant de *la Belle-Poule*, qui...

— Oh! arrêtez-vous au premier! interrompit Surcouf.

— C'est que, reprit le comte, ma liste serait longue...

— Raison de plus, dit le marin breton, pour vous arrêter; nous n'avons pas le temps de raconter l'histoire des autres : faisons la nôtre...

— Eh bien, interrompit Raymond, tout est dit; nous sauterons comme *la Néréide* sous Louis XVI, laquelle se trouva cernée devant Ceylan par quatre vaisseaux du commodore Johnston.

— Nous sauterons comme on saute, dit Surcouf; rien n'est plus aisé : une étincelle de pipe sur la sainte-barbe, et bonne nuit pour tout le monde! en avant pour l'éternité!

— Après un signe de croix et un *In manus tuas*, dit le comte, on peut partir tranquillement; Dieu a signé le passe-port.

Et il continuait à se préoccuper toujours de l'empreinte de goudron qui souillait la blancheur de sa manche; aussi ajouta-t-il comme en aparté :

— Je ne suis pas né pour la vie du bord : il faudrait refaire sa toilette à chaque instant.

— Vous comprenez ma position, dit Surcouf; je réponds devant Dieu de la vie de trente hommes; et j'ai voulu vous consulter sur...

— Mais, interrompit le comte Raymond, ces trente hommes vous diraient tous le même mot : *Sautons!* Inutile de les consulter... ce serait perdre son temps... Soignez bien votre pipe, capitaine; la cendre étouffe le feu.

Surcouf secoua la cendre et montra un tison rouge au comte Raymond.

— Cela me rappelle Jean-Bart, dit le gentilhomme. Un jour, cet illustre marin fumait sa pipe dans la galerie d'Apollon, à Versailles. Les courtisans ne craignaient pas l'odeur de la poudre, mais ils craignaient l'odeur du tabac.

Le roi dit à Jean Bart :

— Mais ne perdrez-vous donc pas l'habitude de fumer?

— Impossible, dit le marin, je veux toujours être prêt à

faire sauter mon vaisseau pour sauver le pavillon. La pipe a été inventée pour la sainte-barbe.

Le roi se retourna vers les courtisans et leur dit :

— L'honneur du pavillon de France est dans la pipe de Jean Bart. Je vous ordonne de trouver excellente l'odeur du tabac.

Les courtisans achetèrent des pipes et firent semblant de fumer... Il y avait alors des courtisans.

— Avez-vous tout dit? demanda Surcouf.

— Comme vous voudrez, capitaine.

— Quand le moment sera venu, reprit le marin breton, nous nous embrasserons tous, et je vous ouvrirai le chemin du long voyage...

— En sautant, on raccourcit le chemin du ciel, remarqua Raymond.

Pendant ce dialogue, *le Breton*, tournant avec lenteur, n'avait cessé de vomir la mitraille sur les pirogues ; mais l'ennemi avançait toujours ; c'était une marée montante sur l'Océan immobile. On les apercevait très-distinctement, et, par moments, la mer semblait pavée de têtes noires dans une grande étendue, et tout à coup ces horribles têtes disparaissaient, on ne voyait plus que des pirogues vides poussées par des bras invisibles et ne s'écartant jamais de leur direction.

Presque toujours, à chaque bordée, la mitraille trouait la mer, brisait quelques pirogues et ne tuait personne. Le comte Raymond, qui se souvenait toujours de Versailles, croyait voir des tritons folâtrer à la surface des eaux, et il cherchait Amphitrite.

Cependant les tritons devenaient menaçants et terribles, et un très-court espace les séparait du navire. Le jeune comte de Clavières regarda Surcouf comme pour lui dire :

— Eh bien, le moment est-il venu de nous embrasser?

Surcouf fit le signe qui veut dire :

— Pas encore!

Alors le comte se mit à l'écart, ouvrit l'écrin du portrait

d'Aurore, en arracha l'ivoire, couvrit de baisers une image divine, la plaça sur son cœur et boutonna sa veste étroitement.

Cela fait, il reparut au milieu de ses camarades, avec un visage radieux de sérénité.

Alban Révest secoua la tête avec mélancolie et agita ses lèvres en regardant Surcouf.

— As-tu quelque chose de bon à dire? lui dit le capitaine.

— Non, répondit le marin provençal.

— C'est égal, parle, reprit Surcouf, je te le permets.

— Capitaine, reprit Alban, cela me rappelle le plus beau jour de ma vie. Notre vaisseau *le Solide*, qui méritait son nom, quoiqu'il ne fût pas bon voilier, était à l'ancre devant l'île capitale des Marquises de Mendoce, une mer magnifique. Savez-vous ce que nous vîmes arriver?

— Voyons, dépêche-toi, que vîtes-vous arriver?

— Ah! ce n'est pas un conte, capitaine; c'est imprimé dans le voyage du capitaine Marchand, tout le monde peut le lire...

— Veux-tu donc achever! dit Surcouf avec impatience.

— Nous vîmes arriver à la nage toutes les jeunes Mendoçaines; il y en avait plus de mille, je crois; elles montèrent à bord en riant comme des folles, nous volèrent jusqu'à notre dernière épingle et notre dernier mouchoir, et se lancèrent à la mer, sans échelle, en emportant tout ce qu'elles avaient volé.

— Eh bien, dit Surcouf, que signifie ton histoire?

— Capitaine, elle signifie que j'aimerais mieux voir encore nos jeunes Mendoçaines que ces faces de maudits qui couvrent la mer.

— Sois tranquille, dit Surcouf, tout à l'heure tu ne les verras plus.

— Oui, quand ils nous auront tous avalés, murmura le marin provençal.

— Enfants! cria Surcouf, à bâbord! à tribord! à l'avant!

à l'arrière! la hache aux poings! Canonniers, fermez les sabords.

Au même instant, on vit sortir de l'eau l'avant-garde des démons de la mer; les têtes seules se montraient avec les chevelures noires collées sur les tempes. Puis des centaines de griffes, armées de poignards, se cramponnèrent au bois du navire, et des cris sauvages retentirent sur la mer, pour accélérer la marche de toute l'armée, qui ne se montrait que par intervalles, et pour les besoins de la respiration, car elle nageait entre deux eaux.

XI

Surcouf prit un tronçon de corde desséché au soleil, l'alluma par un bout et le plaça sur le cabestan.

Puis, élevant la voix, cette voix qui aurait donné du courage aux plus lâches, il dit :

— Enfants, prenez du large aux coudes, et laissez-moi partout de la place pour deux mains!

L'assaut du navire commença sur tous les points. Les premiers pirates arrivés, au nombre de plus de cent, grimpèrent sur *le Breton*, les poignards aux dents, et un combat formidable s'engagea sur toute la ligne des bastingages.

Le comte Raymond, assis tranquillement à l'arrière et faisant face à la mer, renvoyait à l'eau, à grands coups d'épée, tous ceux qui attaquaient le navire de ce côté. On entendait partout tomber les haches sur les bois et les corps dans la mer; les griffes des démons étaient coupées dès qu'elles s'accrochaient au dernier appui. Surcouf remplissait le navire de sa grandeur héroïque, et, bondissant comme un lion de la proue à la poupe, il jetait au gouffre des tronçons de pirates, à chaque coup de foudre de sa masse de fer. Le désespoir avait augmenté la force et grandi le courage de tous ces hommes, déjà si vigoureux et si braves; on eût dit que *le Breton* était défendu par une armée; chaque marin se multipliait, et sur aucun point les pirates, toujours renouvelés, toujours intrépidement acharnés à l'escalade, ne pouvaient se faire une issue, dans ce tourbillon de fer qui mugissait sur les deux bords du navire. Mais le gros de l'armée flottante n'avait pas encore donné; un ordre habile, venu du chef, sacrifiait ainsi les plus ardents dans une première attaque, pour épuiser les forces des marins de Surcouf, et arriver à la victoire par la lassitude. Malheureusement, il était défendu de prendre une minute de repos; il fallait toujours, et sans relâche, faire tomber cette grêle de fer qui, à force d'être victorieuse, allait devenir impossible, car la vigueur humaine a ses bornes, même chez les athlètes les plus vigoureux.

Surcouf, qui avait toujours l'œil sur sa mèche allumée sur le cabestan, poussa un cri de joie et dit d'une voix de tonnerre :

— Enfants! Dieu vient à notre secours! encore un effort! un dernier! Frappez des deux mains et de front!

Il venait de voir la chose la plus simple du monde : une inclinaison dans la petite colonne de fumée qui montait de la mèche placée sur le cabestan.

Aussitôt la mer se rida, un murmure sourd courut dans les voiles, et les flammes tricolores frétillèrent à la cime des mâts.

— Voilà le vent! cria l'équipage.

Et toute lassitude disparut! les bras levés retombaient comme des marteaux de forges sur toutes les têtes hideuses qui sortaient de la mer. Les compagnons de Surcouf sentaient courir dans leurs cheveux une brise secourable comme le souffle d'un ange. Le navire marchait.

Un hurlement de rage stridente partit de la mer et répondit aux cris de joie du navire. On aurait cru entendre une immense meute de tigres marins violemment séparés de leur proie par une armée de lions. Déjà on voyait dans un lointain rassurant les pirogues à demi submergées.

Un instant, Surcouf eut l'idée de se faire agresseur à son tour et de profiter du vent pour courir sur la flottille et l'anéantir, mais il ne voulut pas, dit-il, abuser des faveurs de la Providence; sa famille de braves marins était sauvée; il fallait se contenter de ce bonheur et ne pas tenter l'inconnu.

Quand les souillures de cet affreux combat eurent été effacées sur le pont, les marins reprirent leurs calmes habitudes du bord, comme si aucun accident sérieux n'eût troublé les premières heures de ce jour. Tous ces hommes, braves au même degré, n'avaient pas cette loquacité fanfaronne qui éternise les récits dans l'action. Surcouf leur avait serré les mains à tous, et cela suffisait; ils ne demandaient rien de plus.

La brise était bonne, et *le Breton* voguait joyeusement vers Java. On fit sortir de l'entre-pont les deux jeunes filles et leur père, qui ne revinrent de leur effroi qu'en voyant des visages européens. Le capitaine recommanda d'avoir le plus grand soin de ces trois êtres à peu près humains.

Timor, les pirates, le combat, la mèche allumée sur le cabestan, tout était oublié. Merveilleuse et incroyable existence de ces hommes de fer qui habitaient l'Océan et jouissaient de tous ses périls, de toutes ses horreurs, de toutes ses tempêtes! ils n'auraient pas compris cette vie monotone des cités bourgeoises, cette vie raisonnable qui défait chaque lendemain ce qu'elle a fait la veille, à la même heure, dans une rue fangeuse ou dans une prison étouffante de quatre murs tapissés! il leur fallait, pour respirer à l'aise, le grand air de l'Océan de l'Inde, l'azur infini des horizons, les extases enivrantes qui suivent les grands périls, les promenades dans les détroits bordés de forêts sauvages, les surprises de toutes les heures, les nuits fraîches dans l'hôtellerie de Dieu, coupole semée d'étoiles, les jours brûlants sur le pont d'un navire, atome de bois illuminé par le soleil! ils appelaient cela vivre! ils appelaient mourir ce que nous faisons en vivant!

Surcouf aborda le comte de Clavières qui montait de l'entre-pont avec une toilette d'une blancheur virginale, et lui dit en souriant :

— Eh bien, cher comte, vous ne me demandez rien?

Le comte mit ses pieds nus dans de petits souliers neufs de paille de riz, et regarda Surcouf de l'air d'un homme qui n'a rien à demander.

— Vous étiez né pour être ambassadeur, ajouta Surcouf toujours sur le même ton de gaieté.

— Mais ne plaisantez pas, capitaine, dit le comte, je suis d'une famille de diplomates. Mon aïeul, Edmond de Clavières, a rempli une mission importante auprès du sultan Achmet III, en 1770, et...

— Oh! je m'en doutais, interrompit Surcouf avec une expression légèrement railleuse, vous êtes de race diplomate, cela se voit.

— Et à quel propos cette réflexion vous vient-elle, capitaine?

— Parce que vous ne me demandez rien en ce moment, car vous devinez que, dans moins d'une heure, je vous dirai moi-même ce que vous vouliez me demander. Ainsi, vous aurez la réponse sans hasarder la question. Je suis aussi d'une famille de chancellerie, moi. Mon aïeul a été envoyé en ambassade à la cour de Jacques II.

Le comte Raymond fit un sourire charmant, et déployant un vaste foulard, il en couvrit un escabeau de bois, et s'assit à l'ombre d'une voile.

— Ah! reprit Surcouf, vous voulez jouer au plus fin? Eh bien! je vais vous battre... Écoutez... nous faisons voile pour Kalima.

Le comte fit un effort pour dissimuler son émotion.

— Voilà, poursuivit Surcouf, voilà la réponse à la demande que le diplomate Raymond ne m'a pas faite... Allons! cher comte, avouez que vous êtes battu.

Le comte ne put, cette fois, contenir un léger éclat de rire, baigné de deux larmes, et dit :

— Soit, je l'avoue, je suis vaincu, et je vous remercie de votre bonne idée. J'ai besoin d'un peu de repos, et, en ma qualité de curieux, je ne serai pas fâché de faire connaissance avec Kalima. Merci.

— A merveille! dit Surcouf, il continue sa diplomatie! C'est trop fort! Eh bien! je vais vous relancer comme un cerf dans votre dernier taillis... dans quelques jours, nous souperons chez Davidson avec la belle comtesse Aurore...

— Une femme charmante, dit le comte.

— Et veuve de sept mois! reprit Surcouf; en voilà une qui n'aura pas un long veuvage!...

Et, prenant un ton sérieux, il ajouta :

— Comte Raymond, je ne suis pas content de vous.... Vraiment, une diplomatie trop prolongée est une espèce d'offense entre bons amis. Je suis Breton, moi, et, si j'aimais la comtesse Aurore, je vous l'avouerais en toute franchise. De quoi diable voulez-vous que nous parlions en mer et dans les ennuis du bord? Parlons femme, il n'y a rien de plus amusant au monde après un abordage. Il y en a même qui mettent l'abordage au second rang. Chacun son goût.

— Je suis de ceux-là, moi, dit le comte en tendant la main à Surcouf, je n'ai pas le cœur marin.

— A la bonne heure! répondit Surcouf en serrant la main de Raymond, j'accepte votre cœur tel qu'il est, pourvu que vous le mettiez sur vos lèvres... Voyons! quel grand mal y a-t-il là? Certes, du vivant du pauvre Despremonts, j'aurais compris votre retenue, votre diplomatie, votre délicatesse. Mais le mari est mort depuis sept mois. Vous avez été héroïque, mon cher Raymond, vous avez exagéré le devoir, à Timor, et beaucoup d'amoureux, c'est-à-dire tous les amoureux, ne se dérangeraient pas pour délivrer un mari prisonnier, s'ils aimaient sa femme. Cela ne s'est jamais vu à Paris, ville où on voit tout. Votre belle veuve ne se brûlera pas sur un bûcher indien comme une sutée; elle respectera sa jeunesse et sa gloire. Elle vivra comme une veuve française; elle sera inconsolable trois mois, jusqu'à l'expiration légale du deuil créole indien. Ici, on peut se remarier après dix mois : c'est un intérêt colonial ; il y a beaucoup de déserts à repeupler en Asie, et les veuvages trop longs seraient une calamité sociale. En fait de rivaux, vous n'avez personne à craindre. Aurore n'est entourée que de visages noirs, surtout de ceux qui ont été blancs. Vous avez gardé, vous, votre teint de Versailles malgré notre soleil, votre esprit malgré nos sauvages, votre noblesse malgré notre révolution. Qui oserait lutter avec vous? Vous seriez le premier à Paris; dans l'Inde, vous êtes seul.

Une émotion de sensibilité douce se peignit sur le visage de Raymond, il serra la main de Surcouf et dit :

— Je ne crois pas au bonheur. Un jour, il y a eu un homme heureux sur terre : c'était le comte Despremonts... le ciel l'a puni.

— Et vous craignez la mort qui punit le bonheur? demanda Surcouf.

— Oui, Surcouf, c'est la mort seule que je redoute. L'agonie de Despremonts a laissé son secret dans une hutte de Timor, mais jamais ce soleil n'en a éclairé de plus déchirante. Laisser les richesses de Palmer en mourant, ce n'est rien; laisser Aurore, c'est inventer la mort.

— Comme il l'aime! dit Surcouf attendri; comme il l'aime!

— Eh bien, reprit le comte en changeant de ton, puisque vous m'avez arraché diplomatiquement mon secret en me le prenant à l'abordage, traitons une question à laquelle vous ne songez pas.

— Ah! dit Surcouf, ne luttez pas avec un joueur d'échecs; il devine toujours la pièce que vous allez avancer.

— Voyons, devinez ma pièce, capitaine.

— Il s'agit d'annoncer à Aurore la mort de son mari.

— Bien joué! dit le comte en s'inclinant.

— Vous chargez-vous de lui annoncer la fatale nouvelle, vous, Raymond?

— Non certes pas! si elle s'évanouissait, je tomberais mort.

— C'est dangereux, dit Surcouf; ordinairement, dans ces occasions, on s'évanouit.

— Et vous, capitaine, qui n'avez aucune raison de tomber mort, pourquoi ne vous en chargeriez-vous pas?

— Moi, cher comte! je refuse par amitié pour le comte Despremonts. Si sa veuve ne s'évanouissait pas, je recevrais un coup de poignard au cœur.

— Cependant, murmura nonchalamment le comte, il faut bien lui apprendre... il faut bien qu'elle sache... même, on peut ajouter un mois de plus...

— Mon Dieu! qu'il faut être complaisant avec vous! dit Surcouf. Eh bien! je lui écrirai une lettre, un homme du port la portera chez les Davidson, et nous ignorerons toujours, l'un et l'autre, l'effet que la nouvelle aura produit sur la veuve Despremonts.

— J'adopte la lettre, dit le comte... une lettre courte...

— Oh! quatre lignes, reprit Surcouf; les grandes nouvelles tiennent toujours un petit espace... Voici, par exemple :

«En rade de Kalima, le...

» Ma chère comtesse, votre meilleur ami a la douleur de vous annoncer la mort du comte Despremonts. Nous avons fait, avec le brave comte de Clavières, une tentative désespérée sur Timor; l'héroïsme de mes compagnons a été inutile. Le noble comte était mort depuis huit mois, etc. »

— C'est suffisant, dit le comte.

— Vous n'avez aucune observation à faire sur cette rédaction de marin peu lettré?

— Aucune, Surcouf.

— Nous passerons la nuit en rade, reprit le capitaine,

pour mettre la belle comtesse à son aise, et le lendemain, à la pointe du jour, nous débarquons.

— Une nuit! pensa tristement le comte; une nuit!... c'est bien long sous l'équateur.

« Résignons-nous! dit-il. »

— Savez-vous bien, reprit Surcouf, que la vie que vous vous êtes arrangée est admirable! Vous vous battez comme un lion, vous assommez proprement un pirate, vous respirez l'air de l'océan Indien à pleins poumons, et puis vous avez au cœur une passion de femme; vous avez un rêve charmant qui vous accompagne nuit et jour : vous avez sans cesse sous vos yeux la plus adorable des images, et vous lui parlez toujours, sans épuiser ni vos idées ni votre cœur! Vous nous humiliez, nous, pauvres marins, déshérités des faveurs de la terre; nous, pirates honorables et honorés, qui sommes condamnés à la mer perpétuelle; nous, moins heureux que les oiseaux de l'Océan, car ces confrères ailés peuvent se percher au moins sur l'arbre de la côte, et nous, ce repos nous est interdit; il faut toujours raser la vague à voiles tendues, toujours voler en secouant nos plumes mouillées par la tempête, toujours guetter pour éviter une surprise, toujours dormir les yeux ouverts pour nous éveiller plus vite! Oui, cher comte Raymond, vous êtes plus heureux que nous!

— Quand j'aurai le bonheur, je vous remercierai de votre prédiction, dit le comte; attendons l'avenir, ce grand trompeur.

— Nous marchons vite, dit Surcouf en regardant les voiles, l'avenir file quatorze nœuds à l'heure. Préparez votre remercîment... En attendant, je vais donner un coup d'œil à la boussole et au point.

Dans cet entretien, Surcouf et Raymond avaient tout dit, et, pendant tout le reste de la traversée, ils n'échangèrent plus que quelques mots, quelques phrases, toujours très-significatifs et se rattachant à la situation.

Un soir, avant le coucher du soleil, *le Breton* jeta l'ancre dans la rade de Kalima. Surcouf avait écrit sa lettre à la comtesse Aurore, et appelant Raymond, il lui dit :

— Je vais confier cette lettre si importante au plus fidèle et au plus exact de mes hommes, un véritable esclave de la consigne. Il n'y a pas dans l'Inde un Telinga qui sache mieux porter une lettre. Il a été *swimming-messenger* sur le Gange, de Jagrenat à Chandernagor. C'est un homme né pour être facteur.

Surcouf remit la lettre à ce facteur phénomène.

— Voici, lui dit-il, une lettre pour madame la comtesse Aurore Despremonts. Vous vous ferez indiquer l'habitation de M. Davidson, et vous ne remettrez la lettre qu'à la comtesse, en main propre. Ne perdez pas une minute. J'attends votre retour avec la plus vive impatience; mais il faut remettre la lettre, c'est l'important. Ne négligez rien.

Le facteur s'inclina devant le grand Surcouf, et comme il avait été Telinga et *swimming-messenger* (messager nageant), il avait conservé les outils de sa profession. Il mit donc la lettre dans une boîte de fer-blanc, la lia par un foulard sur le sommet de sa tête, avec les précautions les plus minutieuses, et, descendant l'échelle, il plongea la moitié de son corps dans la mer et nagea vers le rivage en tenant son torse élevé au-dessus des eaux.

Deux heures après, le facteur n'était pas revenu, et le comte se promenait sur le pont, de la proue à la poupe, en donnant des signes d'impatience. Surcouf le calmait par des monosyllabes ou des gestes. Une heure s'écoula encore... puis une autre... pas de réponse... Surcouf ne disait plus rien et n'osait plus rassurer. L'inquiétude arriva aux angoisses, car la moitié de la nuit s'était écoulée, et le *messager nageant* ne paraissait pas. Les angoisses arrivèrent à la fièvre. Le comte Raymond ne se promenait plus, il s'était assis sur l'affût d'un canon et répétait la même phrase comme font les êtres atteints de folie et frappés d'une seule idée :

— Elle est morte! le messager n'ose pas revenir!

La nuit s'écoula : le soleil parut ; toujours le même mystère, seulement, il était devenu plus inexplicable. Ce noble comte Raymond, toujours si calme, si noble, si brave, s'était traîné jusqu'à sa cabine, ne pouvant pas supporter la lumière ironique du soleil ; une passion plus orageuse que la mer javanaise, plus terrible que la Malaisie insurgée, avait brisé cet héroïque jeune homme. S'il n'était pas mort, sur sa natte, du moins il ne ressemblait plus à un vivant.

Surcouf, qui avait fait un si pompeux éloge du facteur, du Melinga, du *swimming-messenger*, n'avait plus osé reparaître devant le comte Raymond ; le grand homme était honteux comme un enfant.

XII

Le messager porteur de la lettre de Surcouf était un de ces hommes qui, sachant plusieurs langues, n'en comprennent aucune ; un de ces esclaves créés par la nature, qui tremblent toujours de l'oreille quand ils reçoivent un ordre d'un maître. Il avait donc compris qu'il fallait trouver la comtesse Desprémonts en quelque lieu qu'elle fût, et les derniers mots de Surcouf pouvaient parfaitement être expliqués dans ce sens par un pauvre subalterne qui confondait les langues dans sa tête et tremblait toujours de peur en écoutant Surcouf.

En touchant le rivage, il demanda le chemin de la ferme de Davidson à des marchands de Kalima qui se baignaient, et on lui indiqua la maison de madame Ovestein, sans lui donner aucune autre explication.

La veuve du complice de Bantam fut ravie de trouver une occasion qui lui permettait d'être agréable à la belle comtesse Aurore, et elle donna tous les renseignements désirables. Le messager, voulant exécuter dans sa rigueur l'ordre tel qu'il l'avait compris, demanda de nouvelles indications sur la route qui conduisait à la case de Vandrusen. Madame Ovestein, ne pouvant répondre à cette demande, désigna quatre Vadankéris qui avaient quitté la veille leur poste devant la porte murée du souterrain de Kalima, et qui s'apprêtaient à partir pour rejoindre leurs compagnons, les Damnés de l'île. En entendant parler de la belle blanche, leur idole, les quatre sauvages firent toute sorte de démonstrations amicales au messager de Surcouf, et s'offrirent pour le conduire tout de suite et profiter de la fraîcheur de la nuit.

— C'est dans le voisinage, dirent-ils.

En effet, la mesure des distances est relative. Ce qui est l'éloignement pour l'habitant des villes est le voisinage pour le coureur des bois.

Le messager, qui marchait d'un pas de sauvage, suivit donc avec joie ses quatre conducteurs.

Ils arrivèrent sur les limites de Vandrusen trois heures avant le lever du soleil; le messager avait trouvé le voisinage très-éloigné, mais il fallait bien suivre ses guides dans les solitudes inextricables dont ils connaissaient seuls tous les labyrinthes. Une sentinelle reçut les cinq nouveaux venus et leur dit d'attendre le jour. Il était défendu de troubler le sommeil des colons, excepté dans une occasion d'attaque nocturne. Les quatre Damnés s'endormirent sous les arbres, et le messager veillait, sa lettre à la main, en attendant le soleil.

Au premier rayon, il courut à la case et trouva, au milieu d'un petit jardin tout rempli de fleurs, une jeune et superbe femme qui puisait de l'eau dans un bassin avec un arrosoir.

— C'est elle! pensa-t-il, il ne peut pas y avoir deux femmes de cette beauté dans ce pays affreux.

Il s'inclina profondément et remit la lettre à la jeune femme, qui la prit, lut l'adresse et fit le signe : Attendez !

C'était Augusta, l'aînée des sœurs Davidson.

Elle entra dans la chambre d'Aurore, qui dormait d'un

sommeil calme et doux, un de ces sommeils respectables que l'amitié n'ose troubler, de peur d'interrompre un bonheur, même faux, dans une âme souffrante qui n'a rien à gagner au réveil.

Augusta déposa la lettre sur le lit d'Aurore, et sortit sur la pointe du pied.

— C'est bien! dit-elle au messager. Et elle reprit son arrosoir.

Une maîtresse ne prodigue pas les mots à un esclave.

Le messager était enchanté de voir qu'il avait perdu si peu de temps, et, la lettre remise, il n'avait plus qu'à regagner les bois par les chemins où il venait de faire ses *brisées* de reconnaissance pour le retour, précaution que n'oublie jamais de prendre un habitant des solitudes.

Le jour avait dépassé son milieu, et Surcouf, qui, jusqu'à ce moment, n'avait pas osé envoyer un autre messager, de peur de connaître quelque mauvaise nouvelle, toujours trop tôt connue, et de peur aussi de faire tomber encore un de ses hommes dans un piége ennemi, si, chose possible, ce coin de Java n'était plus au pouvoir d'une autorité hollandaise et neutre; Surcouf se décida enfin à tout braver pour connaître le fond du mystère, lorsqu'on vit arriver sur le rivage le messager si impatiemment attendu. Aux cris de joie poussés par l'équipage, le comte Raymond se leva sur sa natte, où il avait passé tant d'heures de désespoir, et monta sur le pont.

Le messager fendait l'eau calme de la rade avec ses deux puissantes nageoires, comme un poisson volant. Il atteignit bientôt l'échelle, et après avoir reçu les embrassades de tout l'équipage, il se mit à l'écart, sur un geste de Surcouf, et rendit un compte détaillé de sa mission.

Il y avait un troisième admis à cet entretien, le comte Raymond.

Tous les préliminaires du récit du messager n'avaient aucun intérêt pour le comte et n'étaient, aux yeux de Surcouf, que la justification d'un inexplicable retard. La fin seule pouvait offrir un grand intérêt. Raymond interrogeait d'une voix tremblante, et le messager répondait avec résolution.

— Ainsi, tu as remis la lettre à elle-même? demandait le comte.

— A elle-même, comme j'ai l'honneur de vous le dire; une femme superbe! Oh! quelle belle femme!

— Et à quoi s'occupait-elle quand tu as paru?

— Elle tenait un arrosoir et elle paraissait s'occuper beaucoup des fleurs de son jardin.

— Oh! je la reconnais bien là! remarqua le comte en se parlant à lui-même, et, s'adressant au messager, d'une voix émue et le frisson aux lèvres :

— Et quels mots a-t-elle prononcés, après avoir lu la lettre... Les mots textuels... Tâche de ne pas oublier une syllabe.

— Oh! monsieur le comte, je suis sûr de ne rien oublier; elle n'a rien dit.

— Rien! absolument rien?

— Quand je dis rien, ce n'est pas tout à fait exact; elle a prononcé deux mots...

— Quels mots?

— Elle a dit:

— C'est bien!

Une émotion inconnue et qui n'a pas de nom dans la physiologie de l'amour, bouleversa le comte, de la plante des pieds à la racine des cheveux.

Surcouf, voyant que la parole faisait défaut à son ami, ramassa l'entretien tombé.

— Tu ne changes rien à l'expression, dit-il au messager; ta mémoire ne te trompe pas? elle a dit:

— C'est bien!

— Capitaine, je l'ai encore dans l'oreille, ce *c'est bien*, répondit le messager; et quelle douce voix! la voix de la perruche peinte aux cinq couleurs.

Le messager reprenait toute son assurance en voyant le rôle important qu'il jouait.

— Y avait-il des témoins à côté de vous deux ? demanda Surcouf.

— Non, capitaine.

— Excellente question! remarqua le comte en aparté.

— Et après avoir dit : *c'est bien!* ajouta Raymond, comment vous a-t-elle quitté? qu'avez-vous dit? qu'a-t-elle fait?

— Elle a repris son arrosoir, et elle s'est occupée de ses fleurs.

— Là! tranquillement, comme une femme qui a oublié une chose grave ? demanda Surcouf.

— Oui, capitaine, comme une belle dame jardinière ; et moi, qui me souvenais toujours de vos ordres, je suis parti en courant et très-heureux d'avoir si bien rempli ma commission.

— Nous n'avons plus rien à te demander, dit Surcouf; laisse-nous.

Et quand le messager se fut éloigné, il ajouta la fameuse phrase tant de fois redite par les hommes, et presque toujours avec la même justesse et le même à-propos:

— Oh! les femmes! les femmes! les femmes!

Quand les hommes ont dit sur trois tons, du mineur au majeur, ces trois *les femmes!* ils laissent tomber les bras et se taisent. Que pourraient-ils ajouter de plus sanglant?

Le comte Raymond était trop intéressé, du côté heureux, dans cette question pour chanter un duo avec Surcouf: *Oh! les femmes!* il chercha quelque temps dans sa tête une justification et trouva celle-ci.

— Mon Dieu! Surcouf, n'attaquons pas les femmes. Mettons-nous à leur place surtout, et à leur point de vue pour les juger. En voilà une... la comtesse Aurore, qui souffre depuis quelques années, et surtout depuis les sept derniers mois, tout ce qu'une femme peut souffrir. Elle aimait son mari, certainement; elle a pleuré vingt fois sa mort; elle a même toujours été veuve du vivant de son mari. Pareille existence est intolérable; il faut qu'il y ait une solution heureuse ou fatale, mais une solution. Un homme qui ne ment jamais, un homme sûr, un ami de Despremonts lui annonce, dans un billet, la mort du mari ; voilà enfin la solution fatale... *c'est bien!*

— Et on se remet à soigner ses fleurs? interrompit Surcouf ironiquement.

— Pour cacher des larmes peut-être, reprit le comte ; les messagers sont des échos stupides ; les échos répètent le mot d'un passant; mais ils n'observent pas sa figure... *c'est bien!...* cela veut dire : C'est affreux! c'est désolant! partez! laissez-moi seule, seule avec mon désespoir !

— Comte Raymond, voulez-vous que je vous explique le *c'est bien?...*

— J'écoute votre version, capitaine.

— Cela veut dire que, dans deux mois, la belle veuve se nommera madame la comtesse de Clavières.

Raymond bégaya, murmura, saccada des mots, des lettres, des soupirs, et ne parvint point à composer une petite phrase convenable. Un principe de bonheur agitait son sang et gênait sa respiration.

— Oh ! les femmes! reprit Surcouf encore une fois. Mon Dieu ! que les corsaires sont heureux ! les corsaires seuls ont compris la vie ! Ils brûlent leur première jeunesse à cette fièvre héroïque de tous leurs jours, de toutes leurs nuits; cette fièvre de gloire et de patriotisme qui ne leur donne pas un loisir et un grain de poussière pour roucouler les fadeurs d'une intrigue. S'ils rencontrent une balle ou un boulet, tant mieux! tout est fait; ils ont gagné la fortune de la mort! S'ils échappent, oh! alors, au bon âge, à l'âge vert de leur maturité, ils quittent le mât de leur navire pour le clocher d'un village; ils se marient raisonnablement, ils deviennent de bons pères de famille, et vivent heureux avec l'énorme provision de souvenirs qu'ils ont rapportée des quatre parties de l'univers.

— Mais, capitaine, chacun ne fait pas sa vie comme il

lui plaît de la régler, dit le comte tout à fait revenu au calme, l'homme n'est pas un chronomètre anglais de Cox...

— L'homme est un insensé! interrompit Surcouf; il se sert de sa raison pour devenir fou. Eh parbleu! croyez-vous que moi, par exemple, qui ne suis pas un Colin d'opéra comique, je n'aurais pas pu me laisser enlever comme un autre ma liberté d'homme et ma chère raison par quelque bergère de Florian, quelque Virginie de l'Ile de France, quelque Aline, reine de Golconde? Croyez-vous que la belle Aurore ne m'a jamais ému, quand je la voyais sortir de la mer, avec sa mantille espagnole de cheveux noirs? mais j'ai pris mon cœur à deux mains pour l'empêcher de battre! j'ai veillé sur ma raison comme l'avare sur son trésor! j'ai regardé mon navire, il m'ouvrait ses deux bras; j'ai regardé mon pavillon, il pleurait! Oh! mon cher navire! ô mon saint pavillon! ô ma noble Bretagne! J'embrasserai la gloire, me suis-je dit; elle sera ma maîtresse, ma femme, ma vie, mon orgueil! et elle ne me trompera jamais!

Raymond serra la main de Surcouf, dont la figure rayonnait d'enthousiasme; et, après une pause, il dit timidement :

— Noble marin, vous êtes mon maître. Soyez juste, puisque vous êtes si grand, et prenez pitié des faiblesses des hommes. Je me suis brisé, moi, sur l'écueil que vous avez évité. Grâce pour mon naufrage et achevez mon salut!... hier, vous étiez un ami...

— Hier, interrompit Surcouf, je ne savais pas ce que je sais aujourd'hui.

— Ainsi, vous ne reverrez plus la veuve Despremonts?

— Oh! certes non! je ne la reverrai plus, je suis indigné! j'aurais donné toutes les vertus à cette femme, même la vertu du veuvage... Bah!... fiez-vous aux apparences!... c'est une femme!... c'est bien plus!... c'est une veuve! Pauvre Despremonts!

— Il est mort! murmura le comte.

— Pauvre Despremonts! reprit Surcouf. Il aimait tant cette femme... Tenez, je vais vous raconter une chose...

Le comte interrompit vivement Surcouf :

— Au nom du ciel! je vous en prie, dit-il, ne me racontez pas une histoire d'amour du comte Despremonts et de sa femme!

— Mais vraiment, dit Surcouf, je ne vous comprends pas, comte Raymond; si vous ne m'aviez pas donné tant de preuves de votre courage, je vous croirais le plus poltron des hommes. Cela est-il possible, vous n'avez pas même le courage d'écouter mon histoire de Despremonts?

— Vous m'avez donné le frisson glacial sous ce soleil, dit Raymond.

— Il m'est prouvé maintenant, reprit Surcouf, qu'on trouve à Versailles des femmes nobles qui manient supérieurement une lourde épée, et peuvent tuer trois pirates à la minute, sans éprouver la moindre émotion; mais, dans les questions d'amour, ces gentilshommes s'évanouissent à tout propos et tremblent de froid sous l'équateur!

— J'accepte votre ironie, dit le comte; elle est juste, je ne réclame pas.

— Votre modestie me désarme, reprit Surcouf en rendant la douceur à sa voix. Je vous prends tel que vous êtes et je vous rendrai le dernier service que vous attendez de moi.

— Vous avez encore deviné? dit le comte en riant : c'est votre habitude.

— Parbleu! c'est bien difficile, vous me jouez le *coup du berger,* dit Surcouf; c'est l'enfance de l'art des échecs. Le berger Pâris l'a inventé au siège de Troie pour amuser Hélène. Je vous croyais plus fort, comte Raymond.

— A la bonne heure! dit le comte en souriant, vous rentrez dans votre vrai caractère. Vous venez d'avoir un accès d'irritation qui vous a métamorphosé... Revenons au *coup du berger.*

— Ainsi, vous voulez que je vous conduise à la côte de Samarang, dit Surcouf.

— Oh! il l'a deviné! remarqua le comte sur un ton joyeux.

— Et même, reprit Surcouf, vous êtes exigeant dans votre demande muette : vous ne voulez subir aucun retard?

— Il devine tout! dit le comte, je ne parlerai plus.

— Vous avez même une plus forte prétention, continua Surcouf.

— C'est possible, dit le comte en riant; les femmes militaires de Versailles sont très-exigeantes.

— Vous voulez, comte Raymond, que le vent soit favorable à la minute.

— Il le sera, capitaine.

— Est-il pressé de donner son nom à une veuve!

— Et si cela m'est réservé, dit le comte, j'espère bien voir votre belle signature à mon contrat.

— Oh! s'écria Surcouf avec vivacité, oh! voilà ce que vous ne verrez pas, comte Raymond! Je consens bien à vous débarquer en côte de Samarang; mais, cela fait, je vous souhaite un bonsoir qui sera long... Non, je vous en prie, cher comte, ne me remettez pas en colère... Soyons bons amis, nous deux; mais...

— Mais?... dit Raymond pour faire continuer la phrase.

— Mais, reprit Surcouf, mais l'ami du comte Despremonts ne pardonnera jamais à sa veuve un certain *c'est bien* qui vous a mis à votre aise, vous, cher comte étourdi... Après cela, épousez-vous, soyez heureux, vivez longtemps, entourez-vous de famille, je vous souhaite toutes les prospérités de ce monde; j'attendrai vos bonnes nouvelles en pleine mer, ou à la poste de Chéribon ou de Kalim... mais je ne reverrai plus la belle comtesse de Clavières ; c'est irrévocable, comme une parole de Surcouf.

Le comte s'inclina et garda le silence de la résignation.

Surcouf regarda la mer et dit :

— Ce diable de comte joue vraiment de bonheur en toute chose ! le vent a sauté à l'ouest !

— Je le savais, dit le comte en riant ; capitaine, connaissez-vous la chanson des *Amours d'été ?*

— Quelle question saugrenue me faites-vous là ? ai-je l'air d'un marin de la Loire, d'un capitaine d'un coche de Melun ?

— Alors je vais vous dire le refrain, reprit le comte en riant :

> Voguez la nuit, voguez le jour,
> Zéphyr favorise l'Amour.

— Voyez donc, dit Surcouf, voyez l'effet d'un *c'est bien* sur la cervelle d'un enfant ! il était mort, étendu mort, tout à l'heure, ce beau gentilhomme ; il avait rendu le dernier souffle, et je préparais son épitaphe, moi ! Tout à coup une bonne nouvelle arrive, et le mort est ressuscité !... Avouez que je suis un bon enfant, Raymond !

— Oui, capitaine, vous êtes le meilleur homme du monde ; mais vous m'avez bien fait peur un moment.

— Allons ! dit Surcouf, puisque Zéphyr favorise l'amour, qu'on lève l'ancre, et partons.

— Pour Samarang ? demanda le comte d'une voix émue.

— Pour le paradis, répondit Surcouf.

Un quart d'heure après, *le Breton* sortait à pleines voiles de la rade de Kalima.

XIII

Le beau trois-mâts de la Compagnie, *Star*, était parti des Philippines à la même époque, et il faisait voile pour Batavia. Il portait une riche cargaison, et il pouvait la défendre contre les pirates de l'archipel malaisien, avec dix-huit pièces d'artillerie et d'excellents matelots.

Star, ayant déjà dépassé la côte de Samarang, n'avait plus rien à redouter des pirates des Célèbes, de Timor et de Bornéo. Sa vigie signala une voile à l'ouest. Le capitaine prit sa lunette, et le nom de Surcouf, quoique prononcé à voix basse, mit la consternation parmi les marchands, les colporteurs et les passagers.

Les braves canonniers du *Star*, ravis de trouver de l'ouvrage, se mirent à leur poste, non pas pour protéger la marchandise, mais pour défendre le pavillon.

A bord du *Breton*, la joie était grande. Quelle bonne fortune! un trois-mâts des Philippines! Un seul homme paraissait fort contrarié par cette rencontre : on devine le comte Raymond. Il regardait le ciel, croisait les bras, agitait la jambe droite sur la pointe du pied, et envoyait mentalement à tous les diables ce vaisseau qui perçait l'horizon de la pointe de ses mâts.

Surcouf avait déjà fait toutes ses dispositions, et sa figure rayonnait de bonheur.

Il frappa sur l'épaule du comte et lui dit :

— Vous ne m'avez jamais vu prendre un marchand à l'abordage?

— Jamais, capitaine, répondit Raymond d'un ton sec.

— Eh bien, vous allez le voir !

— J'aimerais mieux le voir dans un autre moment, je ne vous le cache pas, dit le comte.

— Ah! monsieur le comte de Clavières, reprit Surcouf, vous n'êtes pas raisonnable : *le Breton* n'est pas une gabare de transport au service d'un seul passager ; *le Breton* est un soldat qui fait son devoir et ne peut pas se déranger par excès de complaisance.

— Capitaine, dit le comte avec une dignité affectueuse, dès qu'un ami introduit l'aigreur dans une discussion, je me tais, de peur de perdre l'ami.

— C'est que vous êtes d'un égoïsme révoltant, mon cher Raymond. Vous ne le remarquez pas, parce que vous ne pouvez vous placer à une certaine distance de vous-même.

Vous êtes égoïste comme ce soleil, qui fait son métier de soleil, sans se soucier des fièvres et des fléaux qu'il donne au monde indien.

— Votre comparaison me place trop haut, capitaine, et je n'ose vous répondre ; permettez-moi de descendre sur la terre, et je vous répondrai.

— J'écoute toujours une bonne raison, et je voudrais bien que le soleil me répondît quand je l'accuse.

— Eh bien, là, vraiment, de bonne foi, mon cher capitaine, vous croyez-vous obligé à prendre à l'abordage tous les vaisseaux qui font leur chemin comme de bons bourgeois? Ne pourriez-vous pas, une seule fois, par tolérance, permettre à un de ces pauvres trafiquants d'arriver à bon port avec sa cargaison?

— Je suis charmé, dit Surcouf avec calme, de vous voir provoquer une question très-grave, et, comme nous n'atteindrons pas ce navire avant deux heures, j'aurai le temps de vous éclairer.

— Éclairez-moi, dit Raymond, je ne demande pas mieux que d'avoir tort.

— Mon cher comte, reprit Surcouf, pourquoi faisiez-vous de la tapisserie à Versailles aux pieds des duchesses? pourquoi vous habilliez-vous en berger à la laiterie de Trianon? pourquoi bâtissiez-vous vos cheveux avec du ciment d'amidon? pourquoi portiez-vous des habits chargés de paillettes d'arlequin?

— Belle question ! parce que... parce que... je n'en sais rien... c'était la mode.

— Comte Raymond, un matin, si quelque loup de mer comme moi vous eût conseillé de paraître à l'Œil-de-bœuf avec vos cheveux noirs naturels, un gilet de drap jaune et une veste bleue de marin, qu'auriez-vous répondu à ce loup de mer?

— Je lui aurais tourné le dos en haussant les épaules.

— Eh bien, moi, je continue à vous regarder en face,

sans hausser les épaules, lorsque vous entrez dans mon métier, qui vous est inconnu, et je vous réponds.

— Surcouf, vous êtes charmant, dit le comte en serrant la main du capitaine.

— Vous croyez donc, reprit l'illustre marin, vous croyez donc que les galions courent la mer comme les carrosses sur l'avenue de Versailles. *Ces rencontres sont rares*, comme dit la Fontaine. Savez-vous le métier que je fais, je vais vous l'apprendre. Tant pis pour moi ! je devrais garder mes secrets... J'ai là trente hommes à nourrir; vous croyez voir toute ma famille; vous ne voyez rien. J'ai au Bengale des vieillards qui ont servi sous Dupleix, et qui sont pauvres et ne reçoivent rien du Directoire, qui n'a rien. J'ai des familles de colons ruinés par la guerre, et qui demandent des indemnités à Paris. Vous savez comment Paris répond à des Indiens qui demandent des indemnités? il n'ouvre pas leurs lettres. J'ai de malheureux Bretons qui attendent de moi un peu d'argent pour cultiver des terres à Pulo-Pinang, aux Célèbes, à Madura. Ce que la France ne peut faire, je m'efforce de le tenter, moi. Je donne des pensions aux invalides, des indemnités aux ruinés, des ressources aux défricheurs ; le bon Davidson, ami secret de la France, est mon dépositaire; il fait valoir notre peu d'argent. Sa plantation, dans laquelle tous nos pauvres ont un intérêt à leur insu, donne déjà les plus belles espérances. Mais vous comprenez que les besoins absorbent tout dans le présent, car ma famille est trop nombreuse. Mais la guerre doit payer le présent, et améliorer l'avenir. Oui, c'est chose triste, je le sens, d'arrêter des navires de commerce et de prendre leur cargaison ; mais nous avons perdu, nous Français, tous nos vaisseaux marchands sur les mers, et tous nos vaisseaux de ligne à Aboukir. Il nous reste, dans l'océan Indien, une coquille de noix, ce *Breton* où nous sommes, et, avec cet atome, il faut faire vivre et consoler ceux qui meurent de faim et désespèrent de l'avenir. Maintenant, cher comte, êtes-vous d'avis de prendre ce trois-mâts qui vient à nous?

Le comte Raymond releva fièrement la tête et dit :

— J'avais mis l'épée à la main pour vous suivre chez les pirates de Timor, et vous avez paru satisfait de mes humbles services. Aujourd'hui, quand on a signalé une voile marchande à l'horizon, et en vous voyant faire vos prépatifs d'abordage, j'ai pris l'énergique résolution d'assister à cette affaire en simple spectateur, si je ne pouvais vous en détourner par mes conseils. Mais, en coutant vos nobles paroles, mon cher Surcouf, je vous prie d'oublier mes conseils comme j'oublie ma résolution. J'irai à Samarang quand Dieu m'y enverra ; je suis à vos ordres, mon épée est à vous, je reste sous votre drapeau, et je le défendrai comme si c'était le mien.

Surcouf remercia par un geste et un sourire et ne parla plus, pour mieux préparer l'action.

Le Breton rasait l'eau comme un oiseau de mer. Les marins s'occupaient des préparatifs de l'abordage avec autant de calme que s'il se fût agi d'un débarquement.

Après avoir jeté un coup d'œil sur sa toilette de bord, le comte Raymond ne la jugea pas digne d'un jour de bataille, jour qui doit toujours être regardé comme le dernier, et il descendit à sa cabine pour choisir tout ce qu'il avait de mieux pour les grandes occasions, les fêtes ou les funérailles.

On apercevait déjà, sans le secours des lunettes d'approche, *le Star*, couvert de ses voiles, et présentant une respectable bordure de canons.

Surcouf fit ranger son escouade de marins sur une seule ligne, et leur dit :

— Cette prise est à nous. Une part pour l'équipage du *Breton*, l'autre pour nos pauvres ; rien pour le capitaine. Êtes-vous contents ?

Tous les marins secouèrent leurs haches d'abordage et crièrent :

— Vive Surcouf!

— Vive la France! cria le capitaine breton ; et il commanda la manœuvre d'habitude.

Le comte Raymond, dont la poitrine disparaissait sous

des flots de dentelles, s'était placé au milieu des marins, et il affectait de ne pas regarder du côté de Samarang, tant il craignait d'être surpris dans une distraction puérile par l'œil de l'infaillible Surcouf.

Le Breton vola comme un aigle et tomba dans les eaux du *Star*. Tous les marins du corsaire se couchèrent sur le pont, le comte resta debout pour ne pas chiffonner ses dentelles; la mitraille et les balles sifflèrent comme un ouragan. Surcouf cria :

— *Échec et mât!*

Tout le monde se releva, on jeta les grappins d'abordage, et trente hommes, trente géants, armés de haches et de pistolets, se précipitèrent aux sabords du *Star*, Surcouf en tête, et envahirent le pont avec une furie d'attaque impossible à décrire par la plume ou le pinceau. Les tempêtes qui déracinent les arbres, les lames de l'Océan qui coupent les mâts, les coups de foudre qui abattent les temples indiens, peuvent seuls être comparés à cette trombe vivante d'hommes de fer qui secouaient un navire comme un jouet d'enfant, et, le tenant captif sous leurs pieds, criaient à l'équipage ennemi :

— Bas les armes, ou nous exterminons tout!

Il y avait sans doute à bord du *Star* de braves marins qui auraient combattu jusqu'à la mort et ne se seraient pas contentés d'une première défense; mais un navire marchand n'est pas *un homme de guerre (man of war)*, comme disent les Anglais. Il y avait sur le pont des femmes, des enfants, des vieillards, des passagers, dont les cris lugubres glaçaient le courage du capitaine et qui, par un encombrement tumultueux, gênaient les manœuvres du bord.

On mit bas les armes; on se rendit à discrétion.

Aussitôt *le Breton*, dégageant ses grappins, et monté par quatre hommes seulement, prit le large pour naviguer de conserve avec *le Star*. Surcouf et presque tout son équipage restèrent à bord du vaisseau pris, et on gouverna pour atteindre la côte de Samarang.

Surcouf fit faire un ballot énorme de toutes sortes d'étoffes servant à la toilette des femmes ; il joignit à ce colis presque tout le tabac et toute la paille de Manille que *le Star* avait à bord, et une grande quantité d'armes à feu et de munitions de chasse et de guerre ; cela fait, il appela le comte Raymond et lui dit :

— Cher camarade, voici votre part. En arrivant chez Vandrusen, vous pourrez faire des heureux.

— Ainsi, dit le comte, vous me donnez mon congé.

— Bien à regret, car vous êtes un bon soldat ; mais vous vous êtes si noblement conduit que vous méritez un congé absolu.

— Ma vie est toujours à vous, capitaine, répondit le comte du ton le plus affectueux.

— Je l'accepte, dit Surcouf en riant, et je la donne à la plus belle de nos créoles. Ne lui parlez pas de notre abordage, elle me maudirait ; je crains les malédictions des femmes. Si elle savait que j'ai mis ce grand diable de *Star* sur le chemin de votre paradis, elle crèverait les outres d'Éole, comme Junon.

— Persistez-vous toujours dans votre résolution ?

— Oh ! toujours ! je suis obligé d'hériter de la rancune de mon ami le pauvre Despremonts ; je suis son légataire.

— Nous ferons casser le testament dit Raymond.

— Impossible ; c'est un testament mystique ; une âme le donne, une âme le reçoit ; il n'y a pas de notaire entre deux... Mais voilà de pauvres femmes là-bas qui continuent de se désoler ; permettez-moi d'aller leur dire quelques bonnes paroles.

Surcouf marcha vers l'arrière du *Star*, pour consoler ces pauvres passagères, et c'était vraiment un acte de pure charité, car la jeunesse et la beauté ne brillaient pas dans ce groupe. On devrait toujours choisir ses amis dans les hommes qui parlent avec respect et bonté aux femmes vieilles et laides.

Ce devoir rempli, l'infatigable capitaine, qui pensait à

tout, donna ordre à des matelots du *Star* de placer la grande chaloupe sur le pont.

— Comte Raymond, dit-il en appelant, je ne veux plus la revoir, mais je veux lui envoyer un présent de marin.

— Ah! montrez-moi cela, dit Raymond.

— Regardez.

Et il montrait la chaloupe au comte.

— Il paraît alors, dit le comte en riant, que vous voulez entretenir son amitié.

— De loin, répondit Surcouf.

— Ce sera son canot de promenade, n'est-ce pas?

— Il y a de la place pour deux, comme vous voyez, dit Surcouf.

Et se retournant vers les matelots, il ajouta :

— Apportez-moi tout de suite du cinabre et un pinceau... Le temps presse, comte Raymond; nous filons bien, et vous allez arriver... Tiens! comme ce mot l'a fait pâlir!

— Parbleu! dit le comte, ce n'est pas un abordage que vous m'annoncez! on pâlirait à moins!

— Vous lui direz, reprit Surcouf, que je suis le parrain de son canot de promenade.

Et prenant le pinceau, il le trempa dans le cinabre et écrivit sur l'arrière ce mot : Aurore.

— C'est charmant, dit le comte. Voilà une galanterie de marin qui serait applaudie à Versailles.

— Vous autres, reprit Surcouf en s'adressant aux matelots, faites sécher cette peinture au grand soleil et mettez cette chaloupe en mer.

Raymond tenait ses yeux fixés avec émotion sur un promontoire qu'il croyait reconnaître, à travers l'atmosphère éblouissante qui couvrait la mer comme une gaze de rayons.

— Vous ne vous trompez pas, lui dit Surcouf, c'est bien le cap de l'Amour.

— Porte-t-il ce nom sur la carte? demanda le comte d'une voix émue.

— Il le portera. On corrige les noms. Les premiers parrains sont en général stupides. Ils appellent le cap extrême de l'Afrique *cap des Tempêtes!* Comme cela est rassurant pour les marins! Puis arrive un marin de bon sens qui supprime cette dénomination atroce et la remplace par *cap de Bonne-Espérance.* Ce promontoire que vous regardez se nommait, hier encore, le *cap du Massacre;* il a changé de nom aujourd'hui.

— Hélas! dit Raymond attendri aux larmes, il n'y a jamais de joie complète en ce monde.

— Ambitieux! dit Surcouf, que vous manque-t-il au paradis?

— Je vais vous quitter, répondit tristement Raymond.

— Eh, reprit Surcouf, on passe sa vie à dire *adieu.* Il n'y a que le dernier de redoutable pour deux amis; mais celui-là est bien loin encore : je sens que j'ai de la vie au cœur pour quarante ans.

— Et moi... moi... dit Raymond avec mélancolie, je crains l'avenir de ce soir.

— Mon Dieu! reprit Surcouf, comme le bonheur se fait craindre!... Ce pauvre ami est toujours pâle!

— Le bonheur! dit le comte, le bonheur! il faudrait toujours l'avoir en perspective et ne jamais doubler son cap ; ce serait le seul moyen de ne jamais le voir s'échapper.

— Mon cher ami, dit Surcouf avec une fermeté d'emprunt, nous sommes entourés de témoins, d'étrangers et de prisonniers : ne nous séparons pas comme de jeunes pensionnaires blondes qui partent pour le couvent; il faut soutenir l'honneur du pavillon de toutes les manières: Adieu, cher comte, et au revoir, quand Dieu le voudra!

— Adieu! répondit Raymond en se raffermissant sur ses pieds; je prie Dieu qu'il veuille bientôt...

Alban Révest, qui observait de près cette scène, se présenta et dit à Surcouf :

— Je n'ai plus rien à faire ici; permettez-moi, capitaine, de suivre le comte Raymond.

— Et sans prendre ta part de prise? dit Surcouf.

— Tenez, reprit Alban, il y a, étendue à l'ombre, au pied du mât, une pauvre femme qui va rejoindre son mari à Batavia, donnez-lui ma part de prise. Moi, avec une ligne de pêche et un fusil de chasse, je puis vivre partout comme un roi.

— Tu es un honnête garçon, quoique très-paresseux, dit Surcouf; ta volonté généreuse sera faite... Mais hâte-toi... le comte de Clavières descend l'échelle... Ah! un mot encore... En passant, accostez *le Breton*, qui a cargué ses voiles, et prenez les deux filles malaises et leur père. C'est un renfort pour la colonie de Vandrusen.

Surcouf serra la main d'Alban et s'accouda sur le bastingage pour faire du geste ses derniers adieux à Raymond.

XIV

La chaloupe *Aurore*, conduite par Alban, arrivait dans le golfe de Samarang, une heure avant le coucher du soleil. L'ombre douce du soir couvrait déjà la mer, dans le voisinage de la côte; on voyait même sur la montagne, les eaux endormies et couvertes de teintes crépusculaires dont la fraîcheur arrivait au visage avec des caresses pleines de parfums, pendant que, sur les sommets, la cime des bois était encore incendiée par les feux du soleil. Cette nature sauvage et sublime racontait, en ce moment, des secrets d'amour et de passion mystérieuse inconnus aux cités bruyantes. L'homme empruntait des trésors de mélancolie délicieuse à ce recueillement de la solitude et de la mer.

Le comte Raymond, debout à l'arrière de la chaloupe, contemplait encore de loin ce paysage divin qui lui gardait son amour, son avenir; le coup de rames qui creusait l'eau rebondissait à son cœur et le faisait tressaillir; à chaque élan du canot le paysage semblait faire un pas vers lui pour apporter une image adorée dans son immense corbeille d'arbres et de fleurs.

La rive paraissait déserte au premier coup d'œil, mais, à mesure qu'on s'approchait, on distinguait deux êtres vivants à travers les ombres du soir. Le rameur Alban Révest laissa tomber les rames, prit son fusil et regarda le comte Raymond.

— Il n'y a que des amis sur cette terre, dit le comte en souriant; reprenez les rames et arrivons.

Alban s'inclina et obéit.

En effet, deux bons amis regardaient arriver la chaloupe, et par mesure de précaution ils avaient mis leurs doigts aux détentes de leurs carabines.

Raymond reconnut bientôt Vandrusen et Strimm, et les appela par leur nom. Strimm quitta son arme, poussa un cri de joie et se jeta à la nage pour serrer plus tôt la main du comte Raymond. Les sauvages ont des idées d'hommes civilisés.

Strimm et Raymond ne parlaient pas la même langue, mais ils se comprirent très-bien, avec une pantomime partie du cœur, la langue de tous les pays.

Alban Révest ouvrait de grands yeux, pour mieux voir un gentilhomme *franciot* serrer les mains d'un affreux sauvage cuivré par la nature et noirci par le soleil.

On arriva. Vandrusen et Raymond s'embrassèrent fraternellement, et pendant que Révest, les deux filles malaises et leur père s'occupaient du débarquement du colis, présent de Surcouf, Raymond demandait des nouvelles de tous ses amis, et quand la liste fut épuisée, il dit d'une voix tremblante qui s'efforçait d'être ferme :

— Et madame la comtesse Despremonts?... Ah! je la reverrais avec bien du plaisir.

— Pauvre femme! dit Vandrusen; elle a bien souffert!

Le comte ne put réprimer un mouvement, et, comme Vandrusen n'ajoutait rien et se contentait de secouer la tête en signe de tristesse :

16.

— Elle a bien souffert? reprit le comte... et... excusez, Vandrusen... je suis un arrivant... de quoi a-t-elle souffert?

— Bah! dit Vandrusen étonné; vous ne savez donc pas la nouvelle?

Le comte interrogea étourdiment par le silence et le regard.

— Vous ne savez pas la nouvelle? poursuivit Vandrusen; M. le comte Despremonts est mort, il y a huit mois, chez les pirates de vis-à-vis.

— Je sais cela, dit Raymond avec une émotion dont il n'aurait pu se rendre bien compte lui-même.

— Alors, répliqua Vandrusen d'un ton décidé, pourquoi me demandez-vous la cause qui a fait souffrir la veuve?

— Oui!... c'est juste... Ah! tout à coup, je n'y songeais pas, balbutia le comte, comme s'il eût été soudainement frappé de vertige.

— Cette femme, reprit Vandrusen sans remarquer l'agitation du comte, cette femme aimait son mari, et l'aimait bien; voilà ce qui est maintenant reconnu par nous tous. Elle conservait sans cesse l'espoir de le rejoindre, et un coup de foudre est tombé chez elle, un matin, dans une lettre du brave Surcouf... Jamais vous n'avez vu une pareille douleur.

— Vraiment! dit Raymond d'un air stupide.

— Ah! messieurs les beaux gentilshommes de Versailles, reprit Vandrusen sur un ton léger, vous ne croyez pas aux femmes qui aiment leurs maris... avouez...

— Mais... pourquoi n'aimeraient-elles pas!... Au contraire.

Raymond trouvait difficilement des expressions et se servait des premières qui arrivaient sur ses lèvres.

— Elle paraissait assez heureuse depuis quelques jours, reprit Vandrusen; ce maudit messager ne pouvait pas plus mal choisir son moment; elle...

— Elle arrosait des fleurs, interrompit machinalement le comte.

— Que dites-vous là? Elle arrosait des fleurs? reprit Vandrusen étonné.

— Moi!... je ne sais pas... il me semblait... que, selon ses habitudes, la comtesse aurait pu s'occuper de fleurs, le matin...

— Non... Voici, reprit Vandrusen, elle dormait, et en se réveillant, elle trouve sur son chevet une lettre... elle ouvre... elle lit... c'était la lettre de Surcouf qui lui annonçait un peu sèchement la mort de son mari; les marins ne ménagent rien... Elle pousse un cri affreux et retombe sans connaissance sur son lit. Alors les femmes ont couru lui porter les secours exigés par son état; pauvre veuve! depuis ce moment, elle ne sort presque plus de sa chambre... Aujourd'hui seulement, elle a assisté à notre repas commun, elle a mangé du karrik que notre Aglaé fait très-bien. Nous espérons qu'elle reprendra sa force et sa beauté, car elle a perdu sa fraîcheur et cet embonpoint charmant qui réjouissait les yeux. Il est vrai qu'à son âge, on regagne en trois jours ce qu'on a perdu... Mais vous me regardez, Raymond, comme si je vous contais une fable...

— Oui, interrompit Raymond toujours décontenancé, oui... je n'ai pas bien compris cette lettre... sur le chevet...

— Rien n'est plus simple, mademoiselle Augusta reçut le messager de Surcouf; elle porta la lettre dans la chambre d'Aurore et ne voulut pas la réveiller... Cela fait, elle sortit et dit au messager :

« — C'est bien! partez. »

— Mademoiselle Augusta! dit Raymond au comble de l'égarement, mademoiselle Augusta!... c'est elle qui a reçu le messager?... Je ne connais pas mademoiselle Augusta.

— Une jeune fille très-belle, qui a une sœur,... mais cela nous mènerait trop loin; c'est toute une histoire! On vous mettra au courant...

— Et c'est mademoiselle Augusta qui a dit : C'est bien ! demanda Raymond.

— Oui, je vous le répète, puisque vous me le demandez, c'est mademoiselle Augusta qui a dit : C'est bien! mais que vous importe, à vous, ce détail?

— Oh! cela m'est indifférent! et Surcouf qui disait :

« — *Oh ! les femmes ! les femmes !*

— Surcouf vous a parlé d'Aurore et de mademoiselle Augusta? demanda Vandrusen naïvement :

— Non... c'est-à-dire, oui... il prétendait... en général... que les veuves... sont des femmes... c'est-à-dire... vous comprenez, Vendrusen?

— Je crois comprendre... Oui, les marins n'ont pas une trop bonne idée des femmes... Cette opinion tient à ceci... les marins, par exemple, promettent à une femme de l'épouser, et ils s'embarquent pour faire deux fois le tour du monde. A leur retour, au bout de sept à huit ans, ils apprennent que la fiancée a trouvé le futur trop loin, et qu'elle n'a attendu que cinq ans... on se déchaîne alors contre les femmes... Les marins ne sont pas justes, vraiment. Je suis du pays des marins de long cours, moi, et j'en ai vu bien d'autres. Mais les femmes ont toujours raison, ou presque toujours. Je voudrais bien voir comment se conduiraient les hommes, si l'inverse arrivait, si les femmes voyageaient à leur tour pendant cinq ans sur les mers. Je voudrais voir les hommes reclus entre quatre murs, attendant le retour de leurs fiancées, et même de leurs femmes, et se révoltant d'indignation contre toutes les belles étrangères qui viendraient les demander en mariage ou les entourer des plus dangereuses séductions! Vraiment, les marins devraient être plus justes envers les femmes, et je ne comprends pas Surcouf, lui qui a autant de courage que de bon sens breton.

En écoutant ces sages réflexions hollandaises de Vandrusen, le comte Raymond reprenait insensiblement ses esprits, élevait sa force virile au-dessus de son désespoir, et se préparait ainsi à revoir la belle comtesse avec une figure et un maintien convenables. Survint

Alban Révest, qui demanda des indications pour mettre à couvert les précieux colis qui venaient d'être débarqués.

— Provisoirement, dit Vandrusen, placez tous ces ballots-là sous le hangar.

Et il désignait sur un angle de rocher et de mer une construction toute récente que Raymond, malgré les préoccupations du moment, examinait avec curiosité.

— Oh! vous trouverez du nouveau chez nous, reprit Vandrusen; on a beaucoup travaillé. Nous ne sommes plus en république; nous avons une reine. Personne n'aurait obéi à un roi, mais tout le monde s'incline devant Aurore et exécute ses ordres avec bonheur. On défriche, on bâtit même; puisque tous les castors sont architectes, tous les hommes sont nés pour bâtir, a dit notre reine, et nous avons déjà un petit village, qui sera une ville peut-être dans un avenir plus ou moins éloigné.

Raymond regardait toujours le hangar, où Alban Révest, les deux Malaises et leur père déposaient les présents de Surcouf.

— Ce que vous regardez là, reprit Vandrusen, c'est la seule chose que la comtesse-reine n'a pas demandée; c'est une surprise que nous lui ménageons. Quand vous êtes venu ce soir, Strimm et moi nous étions occupés à y mettre la dernière main. Les demoiselles Davidson, que vous ne connaissez pas et qui sont charmantes, paraissent beaucoup regretter leurs exercices maritimes de tous les matins. Alors nous avons construits cette grande cabane et cette haute muraille de bambous et de feuilles sèches de lataniers. Nous venons de terminer cette vaste salle de bains, Strimm et moi. La mer est toujours calme dans ce coin du golfe; elle est abritée contre les vents du nord et d'ouest.

— Oui, dit Raymond; mais du côté du bois...

— C'est prévu, interrompit Vandrusen; deux hommes feront bonne garde tous les matins et accompagneront les trois femmes à leur retour, dans le court trajet qui sépare la mer du mur de clôture de l'habitation.

— Je retiens mon tour de garde pour demain matin, dit Raymond.

— Alors, vous remplacerez Paul, reprit Vandrusen.

— Ah! dit Raymond de l'air d'un homme qui se souvient tout à coup d'un nom oublié, ah oui! Paul!... il est toujours des vôtres, cet excellent jeune homme!

— Hélas! oui, répondit Vandrusen avec un soupir.

— Vous auriez à vous plaindre de lui?

— Non, cher comte, au contraire; il est impossible de voir un camarade plus dévoué, un colon plus actif. C'est lui qui a dirigé tous les travaux et qui a fait à la fois son métier d'architecte et de maçon...

— Eh bien? interrompit Raymond sur le ton interrogatif.

— Mais, par malheur... Au reste, je ne commets pas d'indiscrétion : c'est aujourd'hui le secret de tout le monde.

— Par malheur, disiez-vous? interrompit encore le comte, en affectant le calme, dans une interrogation fiévreuse.

— Par malheur, reprit Vandrusen, il est amoureux à perdre la raison.

— Je l'avais déjà soupçonné de cette folie, dit Raymond avec un sourire désolé.

— Ah! reprit Vandrusen, vous n'avez rien vu! il était sage quand vous le soupçonniez d'être fou. Vous ne le reconnaîtriez plus. Il ne voit que cette femme, il ne vit que pour elle; il ne travaille que pour elle; il ne pense qu'à elle. On dirait que le nom d'*Aurore* est écrit sur son front en lettres de feu. Il n'y a pas d'exemple d'un pareil amour.

Vandrusen jouait, en cette occasion, un jeu innocent et perfide à la fois. Il n'exagérait pas la vérité en parlant de l'amour de Paul, mais il voulait savoir aussi jusqu'à quel degré la même passion pour la même femme s'était élevée dans le cœur du comte Raymond, ou dans quel oubli un voyage ou une absence l'avaient plongé.

Raymond luttait avec énergie depuis le commencement de cet entretien pour cacher de son mieux ce que Vandrusen voulait savoir.

Il prit une de ces poses de gentilhomme qui lui étaient si naturelles en des temps plus heureux, et dit d'un ton nonchalant :

— Et comment M. Paul, que vous dépeignez si passionné, a-t-il reçu la nouvelle de la mort de Despremonts?

— Ah! il faut lui rendre justice, répondit Vandrusen, Paul a été très-convenable ; il a paru même très-affligé, puis sa figure a repris ses lignes joyeuses d'autrefois; il a hasardé quelques plaisanteries, comme dans son bon temps; il a fredonné de vieux noëls de son pays...

— Aurait-il vu, par hasard, arriver une lueur d'espoir du côté d'une robe de veuve? demanda Raymond d'une voix frissonnante.

— Non, reprit promptement Vandrusen; oh! non, la belle veuve ne s'est plus montrée à Paul ni à nous. Tous les soirs, après le coucher du soleil, elle sortait avec les deux sœurs qu'elle appelle ses filles, pour se promener dans un petit jardin que les Damnés lui ont arrangé devant sa porte ; un jardin qui vous fera plaisir à voir. Il y a des bananiers transplantés, des arbustes de vanille, des canelliers superbes qui embaument, des *hibiscus* et surtout des roses d'ivoire. En quelques jours, ce jardin a été improvisé. Voici comment Aurore a récompensé les sauvages jardiniers du désert : elle a pris deux de ses robes et elle les a réduites, comme une habile ouvrière, pour les donner aux deux pauvres femmes des Vadankéris, qui sont de très-petite taille. Vous ne sauriez vous imaginer l'effet que ce présent a produit chez nos sauvages. L'aiguille et les mains d'Aurore venaient de passer sur ces deux robes; il n'y avait donc rien au monde de plus précieux pour ces deux femmes ; elles se sont parées tout de suite, et la comtesse a pris la peine de corriger quelques petits défauts du corsage avec le soin le plus minutieux. Cela vous attendrit, comte Raymond? Oui, cela nous a fait tous pleurer aussi comme des enfants. Il faut si peu de chose à des solitaires.

Le comte Raymond, tout honteux d'être surpris en sensibilité flagrante, raffermit sa voix et dit :

— Vraiment... on est ému en voyant les deux pauvres femmes sauvages se réjouir pour si peu... Mais voilà Strimm et Alban qui ont fini leur besogne, et il serait temps, je crois, d'aller voir nos bons amis, n'est-ce pas?

— Oh! mes amis travaillent encore ; c'est même le moment où nous travaillons le plus ; car, de midi à quatre heures, par ordre de la reine, on suspend les travaux et on dort sous les arbres. Nous regagnons ce temps perdu après le coucher du soleil.

— Ainsi, en ce moment, demanda le comte, nous ne trouverons personne à l'habitation?

— Absolument personne. Nous faisons une rivière dans le marécage du sud, et tout le monde s'occupe du dessèchement.

— Tous ces braves gens travaillent! dit le comte ; et il ajouta en aparté : — Et moi!

— Enfin, allons toujours voir, reprit Vandrusen ; nous trouverons les femmes, et elles nous recevront peut-être.

— Oh! non, Vandrusen, dit Raymond ; les ténèbres de la nuit sont tristes ; je veux me rencontrer pour la première fois avec madame Despremonts, à la clarté du jour.

— Comme vous voudrez, dit Vandrusen.

Et ils prirent le chemin de l'habitation.

Alban Révest, déjà très-lié avec Strimm, les deux Malaises et leur père, suivaient Vandrusen et le comte Raymond.

La nuit était sombre sous les grands arbres. Vandrusen toucha légèrement le bras du comte et lui fit signe de regarder à droite.

Il y avait une haie dans le jardin, et on apercevait confusément, dans des massifs d'arbustes et de verdure, trois silhouettes blanches qui marchaient lentement et se détachaient sur le fond noir du paysage, comme on voit luire trois étoiles, dans les nuits d'orage, sur un firmament ténébreux.

Raymond serra la main de Vandrusen et lui dit à l'oreille :

— Me pardonnez-vous une absurde méfiance?

— Oui, oui, mon ami, dit Vandrusen à voix très-basse mais très-affectueuse.

— Qu'il est absurde, reprit le comte, qu'il est injurieux même de ne pas tout dire à l'amitié...

— Quand l'amitié a tout compris. J'achève votre phrase, dit Vandrusen.

— Eh bien, cela étant ainsi, reprit le comte, rendez-moi un service. Ne parlez à personne de mon arrivée ; recommandez le secret à Strimm et à Révest et laissez-moi ici... Demain, au jour, je me montrerai à tous les nôtres. Au lever du soleil, j'accompagnerai les femmes à la mer, et, pour ne pas enlever à Paul son tour de garde, il sera mon compagnon.

— Diable! fit Vandrusen, je ne me charge pas de lui dire...

— Vous ne lui direz rien, interrompit le comte ; il me trouvera levé, debout sur le chemin de la mer, et je me charge du reste.

Vandrusen s'inclina et murmura entre ses lèvres :

— Tout cela finira mal !

Le comte resta seul, et, profitant d'un terrain très-favorable, il se mit à très-peu de distance de la haie du jardin ; sa tête et son torse étaient ensevelis dans des massifs épais de feuilles flottantes. Par un de ces phénomènes que la science explique, sous l'équateur, une éclaircie lumineuse traversait par intervalles les ténèbres du bois, comme si le soleil eût laissé un rayon qu'il avait oublié de recueillir en se couchant, et alors, dans un moment rapide comme la pensée, Raymond distinguait très-bien Aurore avec sa robe blanche, semée de rubans noirs.

Les trois femmes se tenaient par le bras et gardaient le plus profond silence ; on entendait le frôlement des robes sur les herbes et le petit bruit cadencé de trois pieds effleurant ensemble le gazon. Le murmure de la fontaine accompagnait cette promenade, comme la plainte d'un ami invisible qui veut se mettre en harmonie avec les soupirs des affligés.

Est-il nécessaire de faire tant de fracas sur le domaine de la nature pour donner des émotions aux ennuis de l'homme? Creusez l'Océan pour rire aux tempêtes; glissez sur l'écueil, comme l'alcyon, pour défier les oiseaux de la mer; mettez une planche entre vos pieds et le gouffre de l'infini; marquez du doigt sur la carte immense de l'Asie un point noir, qui est un repaire de cannibales et de bandits; lancez votre coquille de noix sur ce rocher formidable, livrez bataille à ces démons, incendiez leurs huttes, dévastez leur hideux domaine; percez le cercle de leurs milles pirogues et de leurs lances pleines de poison; sortez triomphants de ces étreintes de fer qui vous étouffaient sur l'abîme; passez, le front haut, sous une grêle de plomb et sous le feu des batteries; abordez, la hache au poing, ces îles flottantes hérissées de canon, ces volcans de l'homme, allumés sur l'Océan; tout cela n'est rien; tout cela n'effleure pas l'épiderme; ce sont les jeux puérils de l'humanité folle! Approchez-vous, la nuit, d'un petit jardin où passe une robe blanche et un souffle aimé, voilà ce qui brûle les artères, ce qui brise le cœur, ce qui glace le front! voilà la vie! voilà la noble fièvre de l'homme! tout le reste n'est pas digne de donner une émotion à l'âme! Tout le reste n'est rien : l'histoire de la passion commence, et elle va dominer le fracas des batailles et de l'Océan.

XV

Avant le lever du soleil, le comte Raymond était déjà sur la terrasse et attendait.

La porte s'ouvrit, et un léger cliquetis d'armes se fit entendre. C'était Paul, qui devançait aussi le jour pour attendre les trois jeunes et belles amies dont les destinées semblaient désormais unies à l'avenir de la colonisation.

Paul vit une ombre immobile à quelques pas de lui, et il s'avança hardiment pour aborder un ami ou combattre un ennemi.

En reconnaissant le comte Raymond au son de la voix, il recula d'un pas, comme s'il eût vu un tigre noir; mais il corrigea bientôt cette faute en se rapprochant.

— Si vous étiez un autre homme, dit Raymond, je vous aurais crié : N'ayez pas peur!

— L'étonnement produit l'effet de la peur, dit Paul en maîtrisant son émotion; vous n'étiez pas attendu, monsieur le comte, et surtout à cette heure.

— Je pouvais venir hier au soir avec les autres, mais Surcouf m'a voulu faire passer une dernière nuit à bord.

C'était le premier mensonge du gentilhomme, et le bégaiement qui l'accompagna n'échappa point à la fine oreille de Paul.

— Et nous ne nous serrons pas les mains! ajouta Raymond d'un ton qui s'efforçait d'être affectueux.

Paul, emporté par un bon mouvement, serra la main que lui tendait Raymond.

— Vous avez bien des choses à me conter, sans doute, dit le comte, et moi je ne vous apporte rien de nouveau, puisque vous connaissez la mort de ce pauvre...

— Oui, dit Paul machinalement... une mort qui nous a

tous attristés... mais nous sommes tous mortels; aujourd'hui celui-ci, demain celui-là, et moi après-demain, et toujours ainsi jusqu'à la fin du monde.

Avec des phrases de ce genre, Paul ne se compromettait pas.

Le jour perça le dôme des arbres et on entendit des gammes joyeuses retentir sur le clavier des perruches dans la salle basse de l'habitation.

Ce chant du matin annonçait la reine.

Le moment était solennel. Paul et Raymond ne se trouvant plus au cœur assez de courage pour supporter, en face l'un de l'autre, l'apparition d'Aurore, cherchaient dans les massifs d'ébéniers un recoin favorable où la nuit avait laissé un peu de ses ténèbres.

Elle se montrait sur le seuil de l'habitation avec une simple robe blanche serrée à la ceinture par le cordon d'un *postha* à menus grains. Un nœud de rubans noirs fermait les manches sur le coude, et une gaze de la même nuance couvrait les épaules et le sein.

Le comte Raymond regarda la terre comme pour la prier de s'ouvrir, et, marchant au hasard comme un homme foudroyé qui se survit à lui-même, il salua Aurore de la main sans se découvrir.

La belle veuve, en reconnaissant le comte, retint un cri de surprise et s'avança pour lui faire un accueil triste, mais affectueux. Quelques larmes descendirent sur ses joues pâles, et la main qu'elle tendit au jeune homme était glacée par le froid de l'émotion, le froid de toutes les latitudes.

Paul observait tout et gardait l'attitude respectueuse d'un courtisan au petit lever d'un reine.

Les deux sœurs Davidson arrivèrent de suite et fort à propos.

— Mes filles, dit Aurore, je vous présente M. le comte Raymond de Clavières, un de nos meilleurs amis.

Raymond s'inclina en bégayant ces paroles confuses qui,

même dans le calme du monde, accompagnent souvent une présentation.

A un regard et à un salut amical d'Aurore, Paul répondit par cette réflexion :

— Ne laissons pas trop monter le soleil.

— Vous nous accompagnez, monsieur le comte? demanda Aurore.

— Avec mon camarade Paul, répondit Raymond.

— Marchons les premières, dit Aurore en prenant le bras d'Augusta et de Marie et en se plaçant au milieu ; vous permettez, messieurs?

Les deux hommes s'inclinèrent, mirent leurs carabines sur l'épaule, et suivirent de très-près. Ils essayaient de se tromper mutuellement par toute sorte d'innocents artifices; ils affectaient de regarder avec intérêt les arbres, les fleurs, le gazon, le ruisseau, le rayon, l'insecte, tous les accidents du petit chemin de la mer, et jamais un coup d'œil ne s'égarait sur le groupe divin qui marchait devant eux et donnait la vie au désert en le remplissant de grâce et d'amour.

On arriva bientôt sur le rivage, et Aurore ne témoigna aucune surprise en voyant le hangar et la muraille de bambous. Elle se retourna et dit avec un sourire imperceptible :

— Je vous remercie; mais cela ne me surprend pas. Hier au soir, lorsque M. Vandrusen m'a conseillé de conduire mes filles à la mer, j'ai tout deviné.

Paul et Raymond s'assirent, au grand soleil, à cinquante pas des nouveaux Bains de Diane, pour surveiller la lisière du bois et faire bonne garde.

Aucun d'eux ne voulait prendre la parole le premier; ils paraissaient absorbés dans leur devoir de gardiens, ce qui leur donnait une contenance naturelle. Paul, qui cherchait une occasion de faire rompre le silence au comte, mit la main sur la détente de sa carabine et remua plusieurs fois la tête de droite à gauche, comme fait un chasseur qui voit ou croit voir poindre un gibier dans un massif ténébreux.

— Y a-t-il quelque chose là-bas? demanda le comte, dupe du roturier.

— Je crois voir remuer des feuilles dit Paul, et il n'y a pas un souffle d'air... Tenez-vous prêt comme moi.

— Mais, reprit le comte, point d'alarme inutile; n'effrayons pas, pour un gibier innocent, ces trois pauvres femmes qui nagent. Il faut faire feu s'il y a péril.

— Me prenez-vous pour un enfant, monsieur le comte? Je ne tirerai pas ma poudre à un oustiti ou une perruche; la poudre coûte cher.

— Oui, dit Raymond, lorsque le chasseur est calme...

— Mais je suis très-calme, moi, interrompit Paul; pourquoi serais-je agité? j'ai vu trois tigres noirs dans ma vie... Savez-vous ce que signifie *vu*, chez nous, en termes de chasse?

— Non. Que signifie *vu*?

— Il signifie *tué*.

— Ah! fit le comte en souriant faux.

— La comtesse Aurore sait que je suis prudent; elle m'a vu en chasse, et le gibier était plus dangereux et plus fin qu'un tigre noir, croyez-le bien.

Paul venait d'atteindre sont but. Il s'agissait pour lui, à la faveur d'une heureuse transition du silence à la parole, il s'agissait de décourager le comte Raymond, en lui racontant les services miraculeux qu'il avait rendus à la belle veuve. Cette espèce de fanfaronnade, assez commune chez les natures méridionales, répugnait pourtant à Paul; mais lorsqu'il y a péril de mort, on se sert de toutes les armes de défense, et, dans l'occasion présente, c'était l'excuse du jeune colon. Il fallait écraser un rival.

— Un gibier plus dangereux et plus fin que le tigre? dit Raymond avec un accent de raillerie imperceptible.

L'oreille des amoureux ne trouve rien d'imperceptible

dans la modulation d'une parole tombée de la bouche d'un rival.

— Oui, monsieur le comte, oui, monsieur! reprit Paul, tout enchanté d'avoir amené l'entretien tout naturellement sur la bonne voie.

— Voilà un gibier, reprit le comte sur le même ton, voilà un gibier que M. de Buffon n'a pas classé dans son histoire naturelle.

Une aigreur douce s'infusait peu à peu dans l'entretien, comme il arrive toujours entre deux rivaux qui se respectent et qui vont se détester.

— Je n'ai pas l'honneur de connaître M. de Buffon, dit Paul en imitant le ton du comte, mais je le regarde comme un faux historien, s'il n'a pas classé le *Bantam*.

— A ce nom, le comte tressaillit et regarda Paul fixement.

— Oui, le Bantam, reprit Paul d'un ton de triomphateur. Si vous connaissez M. de Buffon, recommandez-lui cet animal. Le tigre noir est le meilleur enfant du monde; il vous regarde avec de grands yeux hébétés et vous prie de lui mettre une balle au front. Tant que vous ne lui rendez pas ce service, il est furieux. J'en ai obligé trois comme cela dans ma vie. Mais le Bantam! oh! le Bantam! c'est une autre espèce! il entre à minuit dans la chambre des femmes, les arrache de leur lit et les emporte dans un souterrain.

Raymond pâlit et la demande expira sur ses lèvres; une sueur froide courait sur son corps, sous la rage du soleil.

— Mais il n'y a point d'animaux féroces, reprit le jeune colon; il y a des hommes féroces. Le lion et le tigre n'ont jamais arraché des femmes de leur lit. Ce sont des propriétaires qui défendent leurs déserts contre les voleurs. Nous sommes les voleurs, nous. Si vous entrez de nuit dans une habitation de Palmer, à Batavia, M. Palmer vous tuera d'un coup de pistolet. C'est ce que font les lions et les tigres; ils sont chez eux. Les griffes sont leurs armes: ne pouvant vous brûler la cervelle, ils vous la mangent, c'est leur droit de propriétaires depuis Adam; mais les hommes féroces n'ont pas le droit d'entrer dans vos chambres à minuit. Pourquoi ne se bâtissent-ils pas des chambres, les paresseux? Mais les hommes féroces ont reçu la raison de Dieu, et ils doivent respecter les femmes qui dorment, et la sainte pudeur qui ne dort jamais.

— C'est très-juste, dit Raymond, toujours agité du même frisson; mais vous ne m'avez pas achevé l'histoire de Bantam.

Raymond tremblait à l'idée d'entendre un récit horrible; mais nous avons en nous une curiosité infernale qui nous fait solliciter froidement les secours qui brûlent notre âme et déchirent notre cœur.

Alors Paul raconta l'épouvantable nuit de l'habitation d'Ovestein, l'enlèvement d'Aurore et la mort de Bantam dans le souterrain de Kalima.

La prudence et la retenue abandonnèrent un moment le jeune Raymond; il se composa une parole inouïe avec des larmes, des sanglots étouffés, des soupirs stridents, et dit:

— Quoi! vous avez vu cela! vous avez assisté à cette scène de violence et de terreur!

— Oui, monsieur!

— Et vous n'êtes pas mort?

— Au contraire, j'ai tué!

— Vous avez vu Aurore se débattant dans les griffes du monstre?

— Mais je vous dirai vingt fois oui... êtes-vous sourd?

— Et Aurore vous a parlé le lendemain? a levé les yeux sur vous?

— Ah! ceci est fort! dit Paul en croisant ses mains sur sa tête, vouliez-vous qu'elle me donnât mon congé parce que j'avais commis le crime de lui sauver la vie ou l'honneur?

— Excusez, Paul, reprit le comte en revenant à lui comme après un évanouissement moral, excusez-moi; cet affreux récit m'a bouleversé! je cherche ma raison au fond de ma tête. Jamais les hommes n'ont entendu rien de pareil. Il y a de quoi devenir fou en écoutant! Paul, vous avez fait une héroïque action! comme le ciel vous récompense!

— Je ne cherche pas ma récompense si haut, murmura Paul!

Raymond tressaillit et regarda Paul, qui garda un silence étrange, malgré l'interrogation d'un regard attaché sur lui.

— Si vous l'avez trouvée sur la terre, cela doit vous suffire, dit Raymond d'une voix sombre.

— Et cela me suffit, répondit Paul. Faire une bonne action, c'est se récompenser soi-même.

Le comte respira.

En ce moment les deux femmes des Vadankéris passèrent devant les deux jeunes gens, qui ne les remarquèrent pas. Toute vigilance était suspendue par l'exaltation de l'entretien. Ces femmes se rendaient auprès d'Aurore et des deux sœurs Davidson pour les servir, après l'exercice de la mer.

Raymond, la tête appuyée sur ses mains, assistait à la scène du souterrain de Kalima.

Paul regardait à la dérobée ce noble jeune homme, qui ne dissimulait plus son désespoir et montrait tant d'amour à force de le cacher, et il oublia un instant sa position de rival pour donner un peu de compassion à son ancien ami.

— Et vous, dit-il d'une voix affectueuse, vous, monsieur le comte, je sais ce que vous avez fait à Timor... Cela vaut bien, au moins, ce que j'ai fait à Kalima. Hier au soir, j'ai retrouvé mon cousin Alban Révest... Il m'a tout raconté... Vous avez été noble comme toujours... Vous ne daignez plus me répondre, monsieur le comte?... Ai-je commis une faute? Devais-je laisser madame Despremonts au pouvoir de Bantam?

— Oui, murmura le comte à voix très-basse.

— Pardon! monsieur le comte, reprit Paul, je crois avoir mal entendu... S'il vous plaisait de...

— Vous avez bien entendu, dit Raymond, mais vous ne

comprenez pas ma pensée... Si vous eussiez laissé madame Despremonts au pouvoir de Bantam, j'aurais fouillé dans tous ses recoins l'archipel de la mer javanaise ; et c'est moi, c'est moi qui aurais tué le bandit !

— C'est vous, c'est vous ?... dit Paul en remuant la tête ; la chose faite est plus sûre que la chose à faire. L'archipel est grand.

— Oui, vous avez raison, Paul, j'ai tort.

— Si, aujourd'hui, monsieur le comte, je vous avais dit ceci : Je tenais Bantam sous mon poignard, mais je ne l'ai pas tué ; je lui ai permis d'enlever Aurore, pour vous réserver à vous, monsieur le comte, l'honneur de la chercher dans les mille cavernes et forêts de l'archipel malaisien...

— Mon Dieu ! interrompit le comte, encore une fois, je vous le répète, vous avez raison. Que faut-il vous dire de plus ?

— Et je parierais bien que la comtesse Aurore est de mon avis, reprit Paul avec un accent d'ironie subtile, bien permise à un triomphateur, car le comte avait l'air profondément abattu.

La vision de Kalima était toujours devant ses regards. De larges gouttes de sueur tombaient de son front et baignaient la terre ; un soleil dévorant le couvrait de ses rayons ; une réverbération torride enflammait ses yeux ; il était insensible à ces tortures vulgaires, à ces accidents inoffensifs du climat. Aurore, enlevée par un bandit ; Aurore, étendue sur la poussière du souterrain de Kalima, et livrant le mystère de ses nuits aux regards d'un homme, voilà ce qui brûlait le corps et l'âme de Raymond ! le soleil de l'équateur était glacé !

Un suave roucoulement de voix se fit entendre du côté de la mer. Les deux jeunes gens se levèrent ensemble pour prendre l'attitude sérieuse de la vigilance ; l'entretien avait fait oublier le devoir.

Aurore parut, toujours marchant au milieu des deux sœurs, ce qui ressemble assez à une précaution prise contre les adorateurs indiscrets, et en passant devant Paul et Raymond, elle se contenta de dire :

— Messieurs, je vous remercie de votre dévouement, mais une autre fois vous vous mettrez à l'abri. Comte Raymond, le soleil vous a rendu méconnaissable.

Les deux sœurs Augusta et Maria saluèrent les yeux baissés; elles méritaient bien un regard en ce moment sous leur chapeau de paille, qui laissait tomber deux torrents de cheveux d'or sur des épaules d'agate, mais le double coup d'œil, rapide comme l'éclair, qui tomba sur le visage d'une seule femme, ne se détourna plus : il expira.

Paul et Raymond éprouvèrent à la fois une espèce de bonheur; la moindre chose prend le nom de bonheur en amour: chacun remarqua que la comtesse Aurore les avait regardés tous deux avec une égale indifférence. Il fallut donc se contenter de cela pour le moment. Paul avait pris un air grave, et dit :

— Voici l'heure du travail. Les autres sont déjà au chantier ou au marécage. La reine déteste les paresseux.

Ils suivirent à distance les trois femmes, et, comme ils passaient devant la fontaine des Roses d'ivoire, Raymond ne put s'empêcher de lui donner un long regard.

— Vous devez trouver cela bien dévasté, monsieur le comte, dit Paul; un bel endroit qui plaisait tant à,... Eh bien, elle ne vient plus s'y asseoir; elle ne regarde plus même en passant les roses et la fontaine; elle ne quitte plus ses filles, Augusta et Maria. C'est ainsi. Allons au travail.

Raymond laissa partir Paul et entra dans l'habitation qu'il trouva déserte. La fièvre de l'insomnie avait brisé ses forces, et le silence funèbre qui régnait autour de lui l'épouvantait. Tout semblait porter le deuil du comte Despremonts, tout semblait présager un long veuvage. Le jour s'annonçait avec des tristesses et des ennuis intolérables, et ce jour paraissait être le modèle de l'avenir.

La pensée expirait dans sa tête, et il marchait au hasard, maîtrisé par ses pieds, et non par sa volonté; cette impulsion machinale le ramena sur le chemin de la mer, et comme il passait devant la fontaine des Roses d'ivoire, il s'arrêta, comme un homme épuisé par une course haletante, s'assit sur un amas de fleurs et de gazons dévastés, et, s'abandonnant à une langueur invincible, il s'endormit, comme on meurt.

XVI

Le sommeil est un remède qui vient de Dieu ; la science des hommes n'aurait pu le découvrir. Après avoir dormi quelques heures, Raymond se trouva mieux, c'est-à-dire plus disposé à supporter une souffrance morale. La santé ne sert qu'à cela. Un murmure confus de voix détermina la direction de sa marche, il s'élevait à coup sûr du chantier des travailleurs.

En rentrant en lui-même, il s'accusa de négligence coupable envers les colons, ses amis, et voulut se hâter de réparer des torts qui s'aggravaient d'heure en heure. Comme il connaissait parfaitement les localités, il trouva sans peine le terrain des défricheurs, et son apparition fit suspendre tout à coup les travaux. Ce fut un long cri de joie sur toute la ligne, même parmi les colons qui ne connaissaient pas le jeune gentilhomme.

Il fallut demander une trêve à la douleur et montrer un visage joyeux, c'est ce que fit le comte. D'ailleurs le tableau qu'il avait devant lui amenait une diversion de surprise, pour un moment, du moins.

Raymond assistait à la fondation d'une ville. Cinquante Damnés ou bandits déposaient, dans cette solitude javanaise, le germe d'une civilisation. La ferveur du travail bouillonnait dans cette immense ruche. On élevait des huttes en bois de fer, revêtues de maçonnerie, ou de petites maisons en bonnes pierres, avec des jardins clôturés de haies vives ; on bâtissait des fermes, des hangars, des étables, dans les positions les plus pittoresques du monde et sous des arbres séculaires dont les racines se baignaient d'eaux vives, dont les cimes s'arrondissaient en arceaux. Au centre du chantier, et sur un tertre de gazon fleuri plus beau qu'un trône, la jeune comtesse Aurore était assise entre les sœurs Davidson et donnait l'exemple du travail en tressant la paille de Manille, comme font les jeunes femmes d'Empoli dans la vallée florentine de l'Arno. D'heure en heure, la belle veuve se levait et passait devant les travailleurs en donnant à chacun de bonnes paroles d'encouragement et d'éloge. Jamais salaire n'a trouvé plus de prix sur un chantier. Tous ces hommes, enlevés aux habitudes de la vie sauvage par la fascination d'une femme, suspendaient un instant leur travail pour regarder, avec des yeux humides, cette apparition céleste, cette reine majestueuse et charmante, qui n'avait plus de sourire depuis son veuvage, mais qui se rapprochait mieux des pauvres de la terre en leur montrant des larmes humaines, ces exquises perles du cœur.

L'aimant attira l'acier. Le comte se rapprocha insensiblement d'Aurore en usant de précaution, car, au moindre geste, au moindre signe, au moindre mouvement équivoque, partis du groupe des trois femmes, le comte se proposait de faire un pas rétrograde, et de changer sa direction.

Aurore, assise et tressant la paille, ne témoignait par aucun mouvement qu'elle approuvât ou désapprouvât la visite du comte Raymond. Les deux sœurs Davidson tinrent constamment leurs yeux baissés sur leur ouvrage, et, comme le velours des hauts gazons amortissait le bruit des pas, le comte pouvait croire qu'il n'avait été aperçu qu'au dernier moment.

Il salua les trois femmes, sans oser accompagner d'une parole le mouvement gracieux de sa tête et de sa main, et il attendit.

Son cœur avait moins d'agitation le jour de l'attaque de Timor.

17.

Aurore leva la tête, donna un regard tranquille à Raymond, et continuant son ouvrage, elle dit :

— Monsieur le comte, il y a deux bonnes choses en ce monde, le travail et la prière, n'est-ce pas?

En toute autre occasion, le comte en aurait trouvé facilement une troisième, mais les nœuds de rubans noirs de la belle veuve ne permettaient aucune profane observation.

Il chercha une réponse convenable et un organe ferme, et fut assez heureux pour trouver le mot de la situation.

— Aussi, madame, dit-il, je viens, comme un émigré pauvre, demander du travail au chantier de nos amis.

— Votre œuvre est faite, monsieur le comte, reprit Aurore sans lever les yeux, tout ce qu'une noble épée pouvait accomplir est accompli.

Cette allusion timide, mais claire, à l'attaque de Timor, releva un peu le courage de Raymond.

— Madame, dit-il, par droit d'aînesse, la charrue est plus noble que l'épée. Je puis donc travailler au défrichement sans déroger.

— La maîtresse d'un chantier, dit Aurore, ne refusera jamais les services d'un ouvrier intelligent et dévoué.

Alors, madame, l'ouvrier dévoué attend le geste qui lui désignera sa place.

— En attendant, prenez celle-ci, dit Aurore en désignant un siége de gazon. Veuillez bien vous asseoir à côté de ma fille Augusta.

Raymond n'attendit pas une seconde invitation.

Aurore prit une corbeille pleine de paille de Manille, et dit :

— Voici un travail pour des mains de gentilhomme.

— Mais nous avons tous fait de la broderie à Versailles, dit le comte d'un ton qui ne voulait pas paraître joyeux.

— Alors, reprit Aurore, vous trouverez le métier plus facile. C'est de la broderie en paille. Ma fille Augusta est très-habile ouvrière en ce genre. Elle va vous donner les premières leçons.

— Croyez-vous, madame, que nos amis me permettront de travailler la paille quand ils travaillent la terre ?

— Nos amis ne vous permettront jamais de travailler avec eux, dit Aurore avec fermeté ; nos amis savent tout ce que vous avez fait pour moi et pour cette colonie naissante : ils ne vous demanderont rien de plus.

Et donnant un coup léger sur le bras d'Augusta, elle ajouta :

— Allons ! ma fille, donnez une première leçon à monsieur le comte. Il faut que l'écolier vous fasse honneur.

Quoique le ton de cet entretien fût léger, personne n'osait hasarder un sourire. Le sérieux du deuil et du respect était encore empreint sur tous les visages. Toutefois, un observateur aurait remarqué une imperceptible tendance vers la transition qui sépare la dernière larme du premier rayonnement. Les grandes douleurs ont leur progression ascendante et descendante, et c'est fort heureux pour notre humanité toujours destinée à souffrir. Il faut que le cœur se repose pour élaborer de nouvelles larmes qui ne peuvent manquer de trouver leur emploi.

Augusta prit dans ses petites mains d'ivoire les mains de Raymond pour les façonner au mécanisme du travail, et parut satisfaite des dispositions de son élève.

Pendant cette leçon élémentaire, l'entretien continuait :

— Il faut que je remercie le capitaine Surcouf au nom de tous nos amis, dit Aurore ; il nous a fait des présents comme un roi de l'Inde. Le tabac et la paille de Manille ne pouvaient arriver plus à propos. J'ai rendu tous ces braves gens heureux avec du tabac, et j'ai gardé la paille de Manille pour les doigts délicats. Quant aux étoffes de toute espèce, elles nous seront plus utiles encore. Tant que ces pauvres Damnés ne se verront pas convenablement vêtus, ils se croiront toujours sauvages. L'habit fait l'homme.

— C'est parfaitement juste ! dit Raymond qui ressuscitait.

— Croyez-vous, monsieur le comte, reprit Aurore, que

le capitaine Surcouf nous rendra bientôt une visite de quelques instants.

— Je ne le pense pas, madame.

— Et la raison?

A cette demande, tirée à brûle-pourpoint, le comte affecta d'embrouiller ses doigts dans une gerbe de paille de Manille et chercha une réponse acceptable.

Augusta aidait naïvement son élève dans son travail.

Aurore renouvela sa question sur un ton plus impératif.

— La raison... la raison dit le comte plus embrouillé que sa main, c'est que Surcouf... on peut parler sans crainte ici, n'est-ce pas?

Aurore regarda fixement le comte et répondit :

— Personne ne comprend le français, excepté nous.

— Alors, madame, je vous dirai que Surcouf ne veut pas brouiller votre colonie naissante avec quelque puissance ennemie. Nous devons être neutres, nous; si nous étions soupçonnés d'entretenir des intelligences avec Surcouf, il pourrait nous arriver malheur. Le capitaine Surcouf, tout brave qu'il est, est le plus prudent des hommes lorsqu'il s'agit de ne pas compromettre la vie ou les intérêts de ses amis.

Raymond s'applaudit d'avoir trouvé quelque chose qui ressemble à une bonne raison.

— Oui, dit Aurore, je comprends ce scrupule; il est honorable, et je reconnais bien la prudence du vrai courage. Je reconnais Surcouf... Mais on peut lui écrire... vous lui écrirez sans doute, comte Raymond!

— Oui, madame, à un port neutre ou à un port libre... à Chéribon ou à Kalima.

— Lui écrirez-vous bientôt?

— A la première occasion, madame.

— Oh! je vous trouverai facilement un facteur dans cette troupe; ils savent tous le chemin de Kalima. Vous me permettrez d'ajouter quelques lignes à votre lettre?

Le comte fit un signe d'assentiment; il venait d'apercevoir Paul qui s'avançait avec une nonchalance naturelle et faisait courir sa main droite sur ses yeux, comme un homme qui doute de ce qu'il voit.

Paul salua les trois femmes, et, se donnant un peu d'assurance, il prit le ton d'un agent rapporteur et dit:

— Madame la comtesse, le défrichement du sud sera terminé demain. La saison est bonne pour les semailles; nous pourrons ouvrir la rizière à la nouvelle lune. Les mûriers de Chine s'annoncent bien; j'ai fait entourer leurs pieds d'une petite flaque d'eau pour les préserver des insectes. Nos caféiers sont en plein rapport et nous donneront un grain comparable à celui de Bourbon; le chanvre de Chine est superbe avec ses belles feuilles étroites et pointues. Toutes nos autres plantes texiles promettent beaucoup. Je suis heureux d'annoncer ces bonnes nouvelles à madame la comtesse.

Aurore avait déposé son ouvrage sur ses genoux, et elle écoutait le rapport avec l'attention d'une bonne reine qui s'intéresse au bien-être de ses sujets.

— C'est bien, dit-elle, très-bien, monsieur Paul. Je connais votre zèle, et, si nous prospérons, la petite colonie vous devra beaucoup... Êtes-vous content de tout votre monde!

— Oh! madame, il est impossible de voir des hommes plus sincèrement unis. On ne voit chez eux ni rivalité, ni mauvais vouloir, ni jalousie. Ils se souviennent toujours de cette belle parole que vous avez dite:

« — Vous n'êtes pas mes serviteurs, vous n'êtes pas mes esclaves, vous êtes mes compagnons et mes aides.

Il suffit d'un mot comme celui-là pour humaniser des lions. On n'a pas oublié aussi une réponse de madame la comtesse...

— Laquelle? dit Aurore, je l'ai oubliée peut-être; rappelez-la-moi, car je tiens à connaître le bon effet d'une parole. Cela me fera mieux réfléchir avant de répondre.

— Eh bien, dit Paul, voici... Lorsque nous arrivâmes

avec les Vadankéris, leur chef Minian, qui travaille là-bas, vous dit, les larmes aux yeux :

« — Vous n'appartenez pas à la terre, parce que vous avez pris pitié des Damnés.

Alors, madame la comtesse répondit :

« — Eh, mon Dieu ! nous sommes tous des damnés dans ce désert ; c'est un bon état que nous avons pris, pour ne pas être des damnés dans l'autre monde.

— Je me rappelle parfaitement cette réponse, dit la comtesse, et je la maintiens. Nous sommes tous des damnés. C'est l'égalité du désert... qu'en dites-vous, monsieur le comte ?

— Moi, madame, répondit l'émigré, je vous approuve fort : ils parlent beaucoup d'égalité, là-bas, et je ne l'ai trouvée qu'ici.

— Eh bien, vous nous quittez, monsieur Paul ? dit Aurore.

— Madame, répondit Paul, revenant sur ses pas, j'ai encore une tournée à faire du côté de la bâtisse ; mon temps est précieux.

Il retenait l'épigramme prête à jaillir de ses lèvres, mais il regardait le comte Raymond obliquement, pour remplacer l'épigramme par le coup d'œil.

Aurore, qui devinait la pensée de Paul, jugea qu'il était prudent de ne pas le retenir et dit :

— Oui, votre idée est bonne, monsieur Paul ; montrez-vous à ces braves travailleurs qui vous aiment, et racontez-leur quelques-unes de ces histoires qui les amusent dans un quart d'heure de récréation.

— Madame la comtesse l'ordonne ? dit Paul en s'inclinant.

Et il descendit au chantier en murmurant des paroles sourdes dont le sens n'arriva pas aux oreilles de la jeune veuve. A quelques pas du groupe des femmes, il cessa de parler à voix basse, mais il arracha une petite branche de chêne, la brisa et en jeta brusquement les morceaux sur le gazon.

Aurore ne regardait pas son travail en ce moment ; elle

avait suivit de l'œil le jeune homme, et le grincement de la branche brisée lui arriva au cœur et en arracha un soupir.

Le comte Raymond remerciait son travail de tressines ; il lui avait rendu un grand service dans un bien mauvais moment.

Paul trouva son cousin Alban parmi les travailleurs du chantier. Le marin quitta l'ouvrage avec empressement et vint serrer la main de Paul, en lui disant :

— Je ne suis pas né pour faire ce rude métier. Puisque tu es le chef, donne-moi la permission de me promener jusqu'à la nuit avec mon fusil sous le bras.

— Tiens ! dit Paul, frappé d'une idée, tu peux me rendre un service, cousin.

— Pourvu que je ne fasse rien, dit Alban, je ferai tout ce que tu voudras.

— Mais tu me garderas bien le secret ?. dit Paul.

— C'est encore très-facile, dit Alban ; on ne sue pas à l'ombre en gardant un secret.

— Écoute, reprit Paul... vois-tu ces trois femmes assises là-bas sous les arbres ?

— Trois belles femmes ! que diable font-elles ici ? A Batavia, elles épouseraient trois nababs avant quinze jours.

— Cela ne te regarde pas, cousin ; ne te mêle pas de leurs affaires... Vois-tu un jeune homme, tout habillé de blanc, assis à côté d'elles et qui s'amuse à gâter de la paille de Manille ?

— Pardi ! belle question ! je le connais beaucoup. C'est un ci-devant noble.

— Cela ne te regarde pas, et ne parle jamais de ci-devant ici ; nous sommes tous des Damnés de Java ; en attendant le paradis. A deux pas de ce jeune homme, sur cette hauteur, il y a un terrain entamé... Sais-tu ce que c'est, un terrain entamé ?

— Non, cousin.

— Eh bien, tu le verras, reprit Paul ; nous avons commencé à extraire des pierres blanches de ce terrain... Connais-tu les pierres de ce Cassis ?

— Oui, des pierres superbes ; la fontaine du Bausset est faite avec ces pierres-là.

— Prends cette corbeille et va sur ce terrain...

— Ah ! il faut encore travailler ! interrompit Alban ; je me débarque.

— Imbécile ! tu appelles cela travailler ! les pierres sont toutes prêtes. J'en ai fait sauter hier une cargaison avec deux livres de poudre. Il s'agit d'en ramasser de quoi remplir cette corbeille.

— Diable ! en voilà un de métier que tu me donnes, cousin.

— Attends donc... quand tu auras mis une douzaine de pierres dans la corbeille, tu pousseras un soupir comme un homme fatigué.

— Je te promets que ce soupir sera naturel.

— A-t-il les côtes plantées au long sur le flanc, ce cousin, reprit Paul avec un accent railleur ; alors, comme nous sommes tous égaux ici, tous damnés, tu prieras le comte Raymond de vouloir bien t'aider dans ton travail.

— Et s'il refuse ?

— Il ne peut pas refuser ; nous sommes tous égaux, et il n'est pas juste alors que les uns remuent des pierres et les autres de la paille...

— Bien parlé, cousin.

— Écoute toujours, Alban... et quand la corbeille sera pleine, elle sera lourde.

— Je crois bien, un quintal au moins, et avec cette chaleur, deux quintaux.

— Veux-tu donc me laisser finir?

— Finis, cousin.

— Tu diras au comte :

« — Diable ! je ne puis porter tout seul cette corbeille au chantier ; voulez-vous avoir la bonté de m'aider, monsieur le comte ?

— Et s'il refuse, cousin?

— Il ne peut pas refuser, cousin, nous sommes tous égaux, reprit vivement Paul; vous apporterez donc ici ce chargement de pierres...

» Après vous recommencerez jusqu'à la nuit. C'est une promenade, comme tu vois.

— J'aimerais mieux me promener tout seul, sans pierres.

— Fais ce que je dis, et demain je te permettrai la pêche à la ligne et un tour de promenade dans la réserve des cailles.

— A présent, je t'obéis... Mais quelle idée as-tu de troubler le repos de ce pauvre ci-devant noble?

— Cela ne te regarde pas, interrompit Paul; fais ce que je te dis cousin; tu es aveugle et je te conduis.

Alban prit nonchalamment la corbeille, la posa sur son épaule gauche et gravit, à pas lents, la petite hauteur.

Paul, tout en inspectant les travaux, suivait de l'œil son cousin.

XVII

Alban Révest, alléché par la promesse d'une pêche et d'une chasse, ces deux plaisirs capitaux des paresseux du midi maritime de la France, s'acquitta très-bien de sa commission et joua son rôle avec un naturel admirable.

Après avoir remué nonchalamment quelques pierres, il prit un foulard et s'essuya la sueur de son front avec des contorsions exagérées; puis, élevant sa voix fortement timbrée par la nature, il dit:

— Quelle chaleur de four! je donnerais volontiers ma bénédiction à une âme charitable qui viendrait m'aider!

— Mais je vous aiderai gratis, mon cher Alban, dit le comte en quittant sa paille pour répondre à l'appel indirect du marin.

— Pardon, monsieur le comte, reprit Alban en feignant la surprise, je me disais cela à moi-même.

— Non, vous avez raison, dit le comte; il fait très-chaud, même sous ces arbres, et un peu d'aide fait du bien dans le travail.

Et le gentilhomme ramassa gaiement çà et là des pierres pour aider Alban.

Aurore trouva quelque chose de suspect dans ce qu'elle voyait, et, après une courte réflexion, elle crut deviner une manœuvre ou une raillerie de Paul, ce qui lui causa une certaine irritation.

— Eh bien, monsieur le comte, dit-elle, pourquoi quittez-vous votre leçon?

— Madame, répondit Raymond, je connais ce jeune marin, il ne sait travailler qu'au jour de bataille, et alors il travaille bien; mais, sur un chantier comme celui-ci, il a toujours besoin de quelqu'un qui travaille pour lui, et comme il m'a aidé beaucoup à Timor, je veux l'aider un peu aujourd'hui.

— Ah! dit Aurore, ce jeune homme était à l'attaque de Timor? il a des droits alors à ma juste reconnaissance... Son nom?

— Alban Révest, du Baussct, près de Toulon, répondit le jeune marin.

— Approchez, dit Aurore avec cette voix nonchalante dont les femmes créoles se servent à propos quand elles veulent cacher aux autres une pensée trop sérieuse.

Et elle ajouta, sur le même ton, en s'adressant au comte:

— Veuillez bien, vous, monsieur, vous remettre en apprentissage à côté de ma fille Augusta.

Paul examinait de loin cette scène et n'inspectait pas les travaux. Une colère sourde l'agitait et crispait ses mains sur l'écorce de l'arbre contre lequel il s'appuyait pour se donner une contenance d'inspecteur.

— Monsieur Révest, dit Aurore, le comte Raymond vous a remarqué à l'affaire de Timor; il est bon juge en fait de courage. Je vous remercie du fond de mon cœur.

— Pardon, madame, dit Alban. Je ne me rappelle pas ce

que j'ai fait de si extraordinaire à Timor. Nous avions devant nous un vol de sansonnets, nous les avons assomés à coups de bâton. C'était plus facile que de porter ce tas de pierres blanches au chantier.

Alban eut l'honneur d'arracher le premier sourire franc au visage de la belle veuve.

— Je comprends, dit-elle; vous devez trouver beaucoup d'ennui en arrivant ici... où vous ne connaissez personne.

Alban tomba dans le piége dressé par la plus douce des voix.

— Excusez, madame, dit le jeune marin; j'ai trouvé ici mon cousin.

— Ah! vous avez trouvé votre cousin! dit Aurore... et il se nomme comme vous?

— Non, madame, son père était le frère de ma mère, il se nomme Paul Tanneron, de la Ciotat.

— M. Paul est votre cousin?.... ah! je vous en félicite... c'est un honnête garçon... il est très-aimé ici... mais vous ne trouvez pas souvent l'occasion de lui parler; il est très-occupé, lui... Nous venons de le voir passer tout à l'heure... L'avez-vous vu?

— Oui, madame, je viens de le voir.

— Et de lui parler? demanda nonchalamment Aurore.

— Oui, madame.

— C'est bien!... laissez ici votre corbeille et descendez avec moi; je vais donner un coup d'œil aux travaux.

Et s'adressant aux sœurs Davidson et au comte:

— Vous m'attendez, n'est-ce pas? je vais voir ces braves gens, mais sans suite... ils sont trop timides quand je suis trop accompagnée, et s'ils avaient quelque chose à me demander, ils n'oseraient pas... Augusta, ma fille, êtes-vous contente de votre élève? fera-t-il des progrès?

— Oui, mère, répondit Augusta; monsieur le comte vient d'achever une tressine où il n'y a pas la moindre aspérité.

— Je vous l'ai dit, ma fille, cet élève vous fera honneur.

Et Aurore, usant de toutes ces ruses que le but rendait

innocentes, s'achemina lentement vers le chantier, en travaillant toujours à ses tresses de paille, comme une ouvrière active qui ne veut pas perdre du temps.

Les travailleurs ramassaient le caillou déplacé par sa sandale, cueillaient la feuille qui avait effleuré sa joue, et serraient ces précieuses reliques; ils aspiraient l'air qu'elle venait d'embaumer en le traversant, et ressentaient une joie ineffable lorsque leurs yeux avaient rencontré un instant son regard si doux. Les oiseaux chantaient sur les arbres leurs chansons les plus mélodieuses, pour répondre à sa voix. L'amour, l'extase, l'admiration, le respect entouraient cette femme et lui servaient de cortége dans ce désert.

Elle sembla se laisser conduire par le hasard de la promenade et rencontra Paul, vers lequel elle se dirigeait, par d'adroits méandres, depuis son premier pas.

L'œil toujours fixé sur ses tresses de Manille, elle dit à Paul :

— Ceux qui nous entourent ne savent pas un mot de français, n'est-ce pas ?

— Pas un mot, reprit Paul en tremblant : il n'y a que les cinq Damnés.

— Paul, reprit-elle, il y a deux manières de parler : celle qui exprime et traduit avec le visage et le geste le sens de la parole, et celle qui ne laisse rien comprendre de ce qu'on dit par les mouvements de la figure, des yeux et des mains.

Paul, ravi et consterné par ce mystérieux préambule, resta immobile, et attendait de plus simples explications.

— Ainsi, reprit Aurore, quel que soit l'effet que produira sur vous ce que je vais dire, faites violence à votre caractère et ne vous trahissez pas.

En parlant ainsi, Aurore affectait de suivre minutieusement le travail de ses petits doigts sur les tresses de paille.

— Écoutez-moi, ajouta-t-elle; vous venez de commettre

une grande faute ; ne vous excusez pas, ne vous justifiez pas.

— Quelle faute, madame? dit Paul du ton d'un homme qui connaît sa faute et qui la demande.

— Et vous en commettez une seconde en ce moment! reprit la belle veuve, en coupant avec vivacité un brin de paille parasite qui n'embarrassait nullement son travail.

— Mon cousin Alban... murmura Paul.

— Votre cousin ne m'a rien dit, interrompit Aurore ; j'ai tout deviné... Maintenant, avez-vous bien pesé les conséquences de votre première faute? Elle pouvait briser l'union et la bonne intelligence qui doivent régner chez nous. Par bonheur, le comte Raymond n'a rien soupçonné ; il allait même s'exécuter de bonne grâce et vous obéir en dupe, sans le savoir. Je veux donc couper court au mal dans son principe, et je ne veux pas attendre une seconde équipée de votre façon ; celle-là pourrait être comprise et le résultat serait fâcheux.

— Madame, madame, dit Paul en se contenant, vous êtes bien sévère aujourd'hui envers un homme qui vous...

— La faute est grande, interrompit Aurore, mais ma sévérité n'ira pas plus loin ; elle n'existe même déjà plus dans mon cœur.

— Ah! dit Paul en retenant deux larmes ; rien n'existe plus dans votre cœur, du moins pour moi. Rien n'existe plus dans votre mémoire. L'oubli est venu le lendemain du service. Gardez-moi votre sévérité, il restera quelque chose de moi dans le fond de votre cœur.

— Ah! monsieur, dit Aurore piquée au vif, je ne m'attendais pas à trouver de si cruelles paroles dans votre bouche. Votre âme était plus noble, et votre conduite plus délicate autrefois... Brisons-là...

— Non, madame, interrompit Paul, vous m'avez donné une occasion de vous parler sans témoins et j'en profiterai. Je ne veux pas briser là, je veux tout dire ; et si vous ne m'écoutez pas, je le dirai à ces arbres, à ces pierres, à ce ruisseau ; je le crierai dans ce désert. C'est que je suis juste, madame, juste comme Dieu... Je vous aime, vous le savez.

— Paul, interrompit Aurore en désignant un nœud de ruban noir, tant que vous verrez ceci sur ma robe, soyez respectueux dans vos paroles, au nom du ciel !

— Mais au nom du ciel aussi, madame, permettez-moi d'achever ma pensée... Je suis juste, vous dis-je ; moi, je veux bien respecter le signe sacré de votre veuvage, mais j'exige que les *autres* le respectent aussi.

— Vous exigez ! vous exigez ! dit Aurore d'un ton de reine.

— Oh ! pardon, madame ! reprit Paul avec une humilité charmante ; si nous étions seuls, je tomberais à vos genoux...

— Restez debout, dit Aurore, et soyez convenable ; les génuflexions ne prouvent pas le respect, ce sont les paroles qui le prouvent.

— Que voulez-vous, madame ! reprit Paul tout bouleversé, ma tête n'est plus à moi ; ma pensée est à Kalima. Votre beauté me donne l'ivresse de la folie ; je suis un autre, oui, oui. Oh ! que je le comprends aujourd'hui, ce démon d'amour, ce satyre de Ramaïana, qui vint dans les ténèbres...

— Monsieur, interrompit Aurore, vous perdez la raison !

— Elle est perdue ! c'est maintenant que vous vous en apercevez ! reprit Paul... Mon Dieu ! madame, je suis juste... éloignez-moi, je me résignerai ; mais éloignez... l'autre aussi ! L'autre !... qu'a-t-il fait de plus que moi ?... la campagne de Timor ?... Qu'ai-je fait de plus que lui ? la campagne de Bantam ! Il voulait sauver le mari ; c'est beaucoup ! J'ai sauvé la femme ; c'est plus ! Il vous aime comme un homme qui a été noble ; je vous aime comme un homme qui le sera. Pourquoi donc a-t-il le privilége, lui, de s'asseoir à l'ombre, près de vous, comme un amant heureux, lorsque je travaille au soleil, moi, pour obéir à votre volonté sainte? Pourquoi donner la vie à l'un et la mort à l'autre? Il a laissé la tombe de votre mari chez les sauvages, je vous ai retirée vivante et pure du souterrain de Kalima. Justice! justice! madame! que votre rûban noir de veuve ait la même couleur pour tous deux!

Aurore ne s'attendait pas à cette foudroyante apostrophe. L'amour extrême trouve toujours de bons plaidoyers; c'est le plus éloquent et le plus passionné des avocats.

Et pendant ce discours, Aurore se rappelait cette nuit des ruines de la pagode, où Paul fut un ange gardien, et l'autre épouvantable nuit de Kalima, où Paul fut un ange sauveur. Les larmes coulèrent sur ses joues pâles et descendirent sur ses lèvres de corail; elle regarda Paul avec une expression qui ressemblait à la tendresse, et qui, peut-être, ne mentait pas, et elle dit :

— Paul, croyez bien ceci, je ne ferai rien qui puisse vous causer la moindre peine. Vous méritez de ne jamais souffrir à cause de moi.

— Madame, reprit Paul, tout ce que vous me dites reste gravé là, dans ma tête, comme sur l'airain.

— Nous avons beaucoup trop parlé, ajouta Aurore; Dieu fasse que personne ne nous ait compris!

— Oh! ceux-là, dit Paul en montrant cinq ou six travailleurs, ne comprennent pas les gestes français.

— Adieu, Paul, reprit la belle veuve, croyez bien que je serai toujours pour vous au lendemain de Kalima!

Elle reprit avec lenteur le petit sentier qui la conduisait aux sœurs Davidson, et s'assit à peu de distance du comte.

— Eh bien, dit-elle d'une voix revenue au calme, avons-nous avancé le travail?

— Mère, dit naïvement Augusta, je ne suis pas contente de mon élève : il est fort distrait et n'écoute pas mes observations.

— Bien, pensa Aurore, je comprends!

Et elle poussa un léger soupir qui signifiait : il est impossible de vivre tranquillement entre ces deux exigences.

Cette réflexion mentale fut rapide comme l'éclair. Aurore prit un organe exempt de toute émotion et dit :

— Comment! monsieur le comte, vous faites des progrès en arrière?

— Oui, madame, depuis une demi-heure, répondit Raymond d'un ton sec.

Le double sens de la réponse n'échappa point à la jeune veuve; elle ajouta :

— La chaleur vous incommode peut-être?

— Non, madame.

— Si nous changions de place? mes filles, qu'en dites-vous? Le soleil s'est ménagé une brèche dans ce latanier, et par moments il nous brûle les mains. C'est probablement ce qui arrête les progrès du comte Raymond.

— Oh! ce n'est pas le soleil que je crains! dit le comte en appuyant sur chaque mot.

Aurore affecta de ne pas comprendre le sens de cette phrase, et elle se leva pour examiner les environs et chercher l'ombre.

— Je vous prie de ne pas vous déranger pour moi, dit le comte en se levant aussi, je vais avoir l'honneur, mesdames, de vous dire au revoir.

— Ah! vous nous quittez? demanda lestement Aurore, en coupant un brin de paille avec ses petites dents de perles.

— Oui, madame, je vais écrire une lettre au capitaine Surcouf... Vous savez, madame, c'est convenu.

— On a toujours le temps d'écrire une lettre, dit Aurore en roulant la paille autour de son doigt, pour l'assouplir.

— Oui, à Paris, dit Raymond, on a toujours le temps d'écrire une lettre, quand on ne fait pas une révolution; mais ici, c'est autre chose, il faut écrire par duplicata, au moins... à Chéribon, à Kalima, à Madura. Trois lettres pour dire la même chose, c'est fort long.

— Comte Raymond, dit Aurore, je dirai ce soir à Minian

de me choisir son plus agile télinga pour porter vos trois lettres demain.

— Madame, je vous serai bien reconnaissant.

Le comte fit un salut charmant et prit le chemin de l'ancienne habitation.

Aurore se retira un instant à l'écart, loin des deux sœurs; elle laissa tomber son travail, croisa les mains sur sa tête et s'écria:

— Mon Dieu! donnez-moi la force de faire mon devoir jusqu'au bout! Mon Dieu! ne m'abandonnez pas!

Aucun pinceau ne pourrait reproduire le regard désespéré qui accompagnait cette ardente prière.

XVIII

Une jeune et belle veuve qui poursuit une idée généreuse a toujours rencontré sur ses pas des obstacles insurmontables; les hommes ne l'ont jamais prise et ne la prendront jamais au sérieux. Il y aura toujours autour des sages Pénélopes des prétendants acharnés qui leur arracheront la broderie des mains pour les obliger à donner un regard à leur amour. La position d'une jeune et belle veuve est donc intolérable; il faut qu'elle se réfugie dans un couvent ou qu'elle écoute d'ennuyeuses ou amusantes déclarations. Il lui est défendu de poursuivre un but qui ne serait pas un second mariage, et toutes les veuves n'ont pas, comme Artémise, le courage de s'enfermer dans une cellule et de manger, grain à grain, les cendres de leur mari pour dégoûter les amoureux.

La comtesse Aurore Despremonts n'avait reçu pour tout héritage que la pensée généreuse de son mari; elle voulait continuer son œuvre interrompue, et fonder une colonie française sur la côte sauvage de Samarang; ce qui, depuis ce temps, a été tenté par d'autres Françaises, entre autres par la veuve de Fortuné Albrand, sur la côte de Madagascar, à Nossi-Bé, et par la veuve de Joseph Donnadieu, à Pulo-Pinang. Par malheur pour la comtesse Aurore, elle rencontrait sur son chemin deux exigences inexorables qui ressemblaient à des droits légitimes, deux rivalités invincibles qui ne voulaient entendre parler ni de défrichement, ni de colonisation, et qui entravaient les projets les plus sérieux avec des obsessions acharnées, comme les femmes disponibles en trouvent au milieu des villes calmes, entre les ennuis et les loisirs.

Il y a de ces erreurs qui traversent les cerveaux les mieux organisés. La comtesse Aurore s'imagina ingénument qu'à la faveur d'une vie isolée et recluse elle parviendrait à éteindre peu à peu ces deux passions, l'une des deux au moins, car l'obstacle était dans la rivalité des deux hommes, également chers au souvenir et à la reconnaissance d'Aurore. Tendre la main à l'un des deux et repousser l'autre ? tuer celui-ci et faire vivre celui-là ? jamais elle n'adopterait une préférence. L'unique ressource devait être employée sur-le-champ.

Elle réunit autour d'elle les colons et ses filles adoptives, et leur dit, en retenant ses larmes :

— Mes amis, la résolution que j'ai prise est irrévocable ; aucune puissance humaine ne la ferait changer. Dupleix, le comte Despremonts et Surcouf, ces trois héroïques enfants de notre France, me trouveront fidèle à mes devoirs. Je jure devant vous et devant eux, je jure devant ces deux anges de pureté, mes filles adoptives, je jure que cette main n'acceptera jamais un mari, et que la veuve sera veuve jusqu'à sa mort, et ne changera jamais contre un autre le nom de comtesse Despremonts.

À ce serment inattendu, une exclamation sourde, faite d'impressions diverses, retentit dans la rotonde de la fontaine.

Vandrusen se leva et serra respectueusement les mains

d'Aurore. Paul et Raymond ressuscitèrent d'entre les morts, sans trop se demander le motif de leur résurrection.

Épuisée par un effort suprême, la jeune veuve respira quelques instants, et, s'adressant à Vandrusen, elle dit :

— Veuillez bien conduire mes filles à l'habitation, et dites à Aglaé de dresser la table sous les lataniers... Nous avons à causer avec ces messieurs, et nous vous rejoindrons ensuite.

Les deux sœurs embrassèrent Aurore en pleurant de joie, et suivirent Vandrusen, qui ne cessait de dire avec énergie :

— C'est bien ! c'est très-bien !

Quand ils se furent éloignés, Aurore reprit ainsi la parole :

— Ce qui me reste à dire est réservé pour nous trois... Vous avez un crime à expier, messieurs, et... ne m'interrompez pas, comte Raymond... je me sers du mot crime et je n'exagère rien... C'est une femme qui vous condamne, et Dieu inspire la faiblesse du juge... Le ciel m'est témoin que j'ai tenté l'impossible pour maintenir la paix et la concorde dans la colonie; ma reconnaissance, mon estime, mon affection, ma vive amitié ont rencontré deux cœurs, deux nobles cœurs; il fallait briser l'un des deux. Je n'ai pas eu ce courage, je ne l'aurai jamais. Dieu seul connaît les combats intérieurs que j'ai soutenus; ce sont des secrets éternellement ensevelis au fond de mon âme. Comte Raymond, et vous, mon cher Paul, vous avez fait pour moi tout ce que l'héroïsme peut faire, et je n'ai trouvé d'autre récompense pour vous que la promesse immuable d'un veuvage sans fin. Je ne serai à aucun de vous deux, mais je ne serai à personne. En renonçant aujourd'hui au bonheur d'être la femme de l'un ou de l'autre, je vous prouve, bien mieux qu'avec un serment, que je garderai ma robe de veuve toujours.

Paul et Raymond écoutaient, les yeux baissés, et ne répondaient que par des larmes.

— Maintenant, reprit Aurore, l'obéissance sera l'expiation, et l'expiation bien douce de votre crime... Paul, et vous, mon cher comte, m'obéirez-vous?

Ils prirent une main d'Aurore et la serrèrent en pleurant.

Après un moment de silence, la jeune veuve reprit en ces termes :

— L'obéissance que je vous demande vous sera douce, et ce sera le bonheur de tous. Si, par un déplorable aveuglement, vous vous obstiniez l'un et l'autre dans des rêves d'un avenir impossible, je serais contrainte à prendre une résolution extrême qui briserait mon âme en détruisant l'édifice que nous élevons ici au prix de tant de sueurs. Je quitterais cette terre fatale, où je n'ai trouvé que larmes et angoisses; j'irais bien loin de vous, messieurs, bien loin d'ici, chercher non pas le bonheur, chimère à jamais perdue, mais cette vie solitaire et désolée qui est l'essai quotidien de la mort.

— Ah, madame! s'écria Raymond, que faut-il faire pour vous rendre heureuse? Parlez!

Paul répéta mentalement la même phrase en joignant ses mains.

Aurore prit une main de Raymond, et, regardant Paul avec des yeux humides de larmes, elle dit d'une voix pleine d'une émotion inconnue :

— Vous savez que je suis mère d'adoption et que j'ai deux filles... Voulez-vous être deux maris que je pourrai avec tendresse nommer mes enfants?

Paul et Raymond regardèrent fixement Aurore; ils ne comprenaient pas.

— Il faut parler plus clairement, reprit Aurore : je reste toujours fidèle à mes devoirs de chef de colonie, ainsi que vous allez voir... Il y a dans le monde une foule de mariages ainsi improvisés, par convenance ou par position; il peut bien y en avoir deux au désert... et pour le bien d'une colonie naissante... Raymond, je vous donne en mariage ma fille Augusta; vous lui avez fait, ce matin, votre cadeau de noces; et vous, Paul, je vous donne ma fille Maria... Vous acceptez, mes chers enfants? Votre mère vous prie d'accepter.

Paul et Raymond tombèrent aux pieds d'Aurore et baignèrent de larmes les franges de sa robe.

— Relevez-vous, mes fils, dit-elle; je vous comprends; vous n'osez pas encore me répondre... mais vous acceptez... Oh! soyez tranquilles; ces deux mariages ne peuvent pas se terminer demain... il nous faut écrire à Chéribon ou à Sourabaïa pour demander un missionnaire... Ainsi vous avez tout le temps de vous préparer... Ces deux anges, d'ailleurs, ignorent tout ce qui s'est passé... Vous commencerez ce soir à vous faire galants auprès d'elles, mais sans affectation, et moi, je me charge de tout mener à bien... Est-ce convenu?

Raymond prit timidement la parole et dit :

— Il faut vouloir ce que Dieu veut... et mon beau-frère est-il résolu aussi?

— Paul, embrassez Raymond, dit Aurore avec une voix irrésistible... C'est très-bien, mes enfants, je suis contente de vous; ce beau moment me fait revivre et met le baume dans mon âme... Raymond, cher fils, embrassez-moi...

Raymond effleura de ses lèvres la joue d'Aurore.

— Et vous, mon cher fils Paul? dit la comtesse en se penchant vers le jeune colon.

— Pas encore, dit Paul en se tournant les yeux baissés.

Aurore sourit, et, prenant le bras de Paul, elle dit :

— Allons voir mes filles et vos femmes. Mon Dieu! que je suis heureuse de penser qu'elles seront aimées...

— De tout l'amour qui vous était dû, interrompit Raymond à voix basse.

— Allons, mes fils, dit-elle, et, chemin faisant, effaçons sur nos visages, dans nos yeux et dans notre voix, toutes les traces de notre émotion.

La jeune veuve était radieuse de bonheur; elle avait repris son ancienne gaieté, et Paul et Raymond trouvaient déjà une consolation bien douce en voyant ce changement subit opéré dans le caractère de l'adorable femme; ils étaient d'ailleurs si relativement heureux de savoir qu'elle passerait toute sa vie dans un veuvage virginal et qu'elle allait devenir leur mère d'adoption! Dans un désespoir consommé, cette péripétie inattendue ressuscitait deux morts.

On se mit à table, en famille, dans le petit jardin, et la belle et éternelle veuve, agitée par la joie, faillit annoncer, sans préparation, la grande nouvelle à ses deux filles et à Vandrusen. Un éclair de prudence la retint; mais elle ne put s'empêcher de conduire l'entretien sur le mariage au premier prétexte venu :

— Augusta, dit-elle, tu ne m'as pas remerciée de mon bouquet...

— Ah! chère mère, votre mémoire vous trompe; je vous ai remerciée; demandez à ma sœur; mais vous paraissiez fort distraite en ce moment.

— C'est possible! reprit Aurore en riant; mais tu me pardonneras ma distraction, lorsque tu en connaîtras la cause.

— La cause peut-elle se dire, maman?

— Je songeais à ton mariage, ma chère fille...

— A mon mariage! dit Augusta en bondissant sur sa chaise; vous songez encore à me marier?

— Aujourd'hui plus que jamais, mon enfant; mais sois tranquille, tu ne te marieras pas seule...

— Ah! mon Dieu! dit Augusta avec un effroi naïf; vous avez déjà oublié votre serment, vous vous mariez aussi?

— C'est ce qui te trompe, Augusta; je reste veuve à perpétuité, moi.

— Tiens! vous avez décidé cela sérieusement?

— Je l'ai juré, mon enfant, et mon serment est écrit là-haut... Mais comme il faut des mariages dans une colonie au berceau, tu te marieras, toi qui n'es pas veuve, et ta sœur se mariera le même jour.

Ce fut au tour de Maria de tressaillir, comme si la terre eût tremblé dans le jardin.

— Moi aussi ! s'écria la jeune fille en colorant ses joues d'un incarnat de feu.

— Oui, oui, mes filles ; vous vous marierez toutes les deux, le même jour et bientôt.

— Eh bien, dit Augusta avec une ingénuité charmante, puisque notre mère le veut, nous nous marierons.

— Viens m'embrasser, Augusta, dit Aurore ; tu seras heureuse. Je te donne un mari qui t'aimera comme je t'aime, un jeune homme charmant qui ne vivra que pour toi... et qui nous rendra de grands services dans notre travail de colonisation... N'est-ce pas, comte, que le mari que je destine à ma fille Augusta la rendra heureuse?

Raymond essuya furtivement deux larmes et serra les mains d'Augusta et d'Aurore.

— Maria, chère fille, reprit la jeune veuve, viens m'embrasser... Je te donne un mari qui ressemble à celui d'Augusta ; il y a deux nobles cœurs en ce monde : je les connais, ils seront à vous deux... N'est-ce pas, mon cher Paul, que le mari destiné à Maria fera son bonheur?

Paul tomba aux pieds d'Aurore en pressant la main de Maria.

Vandrusen regardait cette scène avec des yeux attendris, et il levait les mains vers le ciel pour le remercier.

Aurore se leva rayonnante, et appelant Vandrusen :

— Mon ami, lui dit-elle, prenez dans l'habitation tous les flacons de liqueurs que vous pourrez emporter, avec l'aide des deux Malaises, et allez annoncer aux travailleurs le mariage du comte Raymond avec ma fille Augusta, et de leur ami Paul avec Maria, ma fille cadette. Dites d'interrompre le travail et de boire à ces deux mariages. Les vœux des pauvres appellent les bienfaits de Dieu !

Vandrusen partit en courant, comme s'il eût craint d'être prévenu par un autre messager.

— Oui, dit Aurore après la sortie de Vandrusen, oui, mes chers fils, je devine votre reproche amical ; oui, j'aurais pu ajourner tout ce que je viens de faire ; mais je pense que le bonheur ne doit jamais être remis au lendemain et préparé adroitement par le travail de la froide réflexion. Ils ont dans les villes des usages qui ne sont pas ceux du désert. Demain est plus douteux ici qu'ailleurs. Soyons d'abord heureux aujourd'hui, et nous verrons ce que la bonté de Dieu nous réserve. Quant à moi, j'éprouve une joie si grande qu'elle paye déjà toutes les infortunes de mes jours passés, et même celles qui peuvent m'atteindre dans l'avenir.

Augusta et Maria se groupaient aux côtés d'Aurore et confondaient leurs cheveux d'or avec les tresses noires de la jeune veuve. Paul et Raymond admiraient ce tableau divin, encadré par les feuilles flottantes, les grappes de fruits, les cascades de fleurs, tout le luxe de cette grande nature indienne qui se mêle, avec tant de grâce, à toutes les scènes de l'amour.

Paul et Raymond ne hasardaient encore que des paroles brèves et timides ; mais tout ce qu'ils disaient était empreint de l'esprit du moment et recevait l'approbation d'Aurore. La jeune veuve, en accablant de caresses ses deux filles adoptives, semblait vouloir leur donner la meilleure part d'elle-même et s'incarner dans ces deux anges pour les rendre dignes de ce double amour qui devait s'éteindre par devoir et se rallumer dans deux passions légitimes.

Des cris de joie annoncèrent bientôt l'arrivée des travailleurs.

— Mes chers fils, dit Aurore en s'adressant à Paul et à Raymond, donnez le bras à vos femmes, et allons recevoir ces braves gens.

Fort heureusement, Aurore avait préparé depuis longtemps, comme on l'a vu, Augusta et sa sœur à la pensée du mariage : aussi étaient-elles moins étonnées et elles acceptaient avec assez de calme leur nouvelle position.

Les colons se livrèrent aux plus bruyantes démonstrations de joie ; ils voulurent tous serrer les mains de Paul et de Raymond, qui trouvèrent des sourires pour remercier. Aurore parcourait les rangs de ses sujets soumis, et parlait à chacun d'eux avec une familiarité charmante, en leur exposant ses idées et ses projets pour l'avenir de la colonie. La main de la jeune femme leur montrait déjà une ville et un peuple créant une civilisation sur cette côte sauvage de Samarang, et la main ne trompait pas. C'est la comtesse Despremonts, c'est une femme qui a changé en plaines fécondes et en jardin délicieux ce coin autrefois désert de la belle Java.

Aurore se fit conduire tout de suite aux trois nefs ouvertes dans la forêt de Fer par le génie de Minian et le travail des Damnés, et son enthousiasme ne trouva point d'assez bonnes paroles pour admirer dignement cette merveille et pour remercier l'architecte. C'était une superbe cathédrale sans façade et sans porte. Pour la bâtir ou la creuser, il fallait des ouvriers comme les amis de Minian ; il fallait des sauvages habitués à grimper aux cimes des arbres et à se suspendre aux extrémités flexibles des rameaux : aussi on n'avait élevé aucun échafaudage ; on n'avait appliqué aucune échelle ; les ouvriers découpeurs, armés de haches et de ciseaux, sautaient de branche en branche et ciselaient l'ogive ou l'arête dans la mesure exacte indiquée par le dessin de Minian. Le poëte grec a dit que la présence des divinités inspirait cette respectueuse terreur qu'on éprouve en entrant dans une forêt sombre. Nos colons chrétiens furent saisis de la même émotion en s'avançant sous ces voûtes, dont l'architecture naturelle a des secrets religieux et des mystères de recueillement.

La belle veuve s'agenouilla dans ce temple, sorti des mains de Dieu, aux premiers jours de la création, et ouvert par les mains de l'homme soixante siècles après ; aucune antiquité connue n'était plus authentique, plus sainte, plus auguste, et, en présence de sa famille adoptive, agenouillée aussi sur le parvis de la création, Aurore renouvela le serment de consacrer sa vie à son œuvre de bienfaisance, et de garder la fidélité du veuvage à la mémoire du noble comte Despremonts.

FIN.

TABLE

PREMIÈRE PARTIE

Pages
Les Colons. 1

DEUXIÈME PARTIE

Le pouvoir de la femme. 167

POISSY. — TYP. ET STÉR. DE AUG. BOURET.

www.ingramcontent.com/pod-product-compliance
Lightning Source LLC
Chambersburg PA
CBHW060458170426
43199CB00011B/1255